小学数学职初教师的专业发展

王凌　著

丛书顾问　周洪宇

丛书主编　刘大伟　张爱平

南京教育文库

生活·实践教育系列成果

顾明远题

南京出版传媒集团
南京出版社

育文库

邓明达题

南京教

图书在版编目（CIP）数据

小学数学职初教师的专业发展 / 王凌著. -- 南京：南京出版社

（南京教育文库）

ISBN 978-7-5533-4008-1

Ⅰ. ①小… Ⅱ. ①王… Ⅲ. ①小学数学课－师资培养－研究 Ⅳ. ①G623.502

中国版本图书馆CIP数据核字(2022)第234448号

丛 书 名：南京教育文库
丛书顾问：周洪宇
丛书主编：刘大伟　张爱平
书　　名：小学数学职初教师的专业发展
作　　者：王　凌
出版发行：南京出版传媒集团
南　京　出　版　社

社址：南京市太平门街53号　　邮编：210016
网址：http://www.njcbs.cn　　电子信箱：njcbs1988@163.com
联系电话：025-83283893、83283864（营销）　025-83112257（编务）

出 版 人：项晓宁
出 品 人：卢海鸣
责任编辑：翟聪睿
装帧设计：张　淼
责任印制：杨福彬

排　　版：南京新华丰制版有限公司
印　　刷：江苏凤凰通达印刷有限公司
开　　本：787 毫米 × 1092 毫米　1/16
印　　张：23.25
字　　数：310千
版　　次：2023年3月第 1 版
印　　次：2023年3月第 1 次印刷
书　　号：ISBN 978-7-5533-4008-1
定　　价：60.00元

用微信或京东APP扫码购书

用淘宝APP扫码购书

总　序

不忘本来　吸收外来　面向未来

南京作为六朝古都，历史悠久，底蕴深厚，自古以来就是东南一带的政治、经济、文化中心。南北朝时期，宋文帝首开中国古代教育分科先河，在南京开设儒学馆、史学馆、文学馆和玄学馆，以分科的形式传经授道；梁代的五经博士以考试选拔人才，为隋唐科举制的实施奠定了基础。南京教育在明代更是达到了一个巅峰，不仅全国最高学府国子监设立于鸡鸣山下，且乡试、会试考场也设置于秦淮河畔的夫子庙，“天下文枢”也因此而闻名宇内。与官学相颉颃，私学在南京也有着悠久的传统，宋代的明道书院，明代的江干书院、新泉书院、崇正书院，清代的钟山书院、惜阴书院等，为学术思想的传承、学术流派的形成打下了扎实的基础。

民国以来，南京成为中西方教育思想汇聚的交融地，一大批本土教育家和海归教育家以南京为基点，加入了绘制中国近现代教育改革的蓝图大业中。张謇、沈恩孚、江谦、袁希涛、黄炎培、郭秉文、陶行知、陈鹤琴、邰爽秋、吴贻芳、俞子夷等一批学贯中西的教育家致力于南京教育的改革与发展，“生活教育”“活教育”等教育思想在南京萌芽、丰富与完善，铸就了传承至今的晓庄学院、鼓楼幼儿园等一批教育实践的典型代表。这些源于南京的教育思想与实践以中国基本国情为基础，对西方教育思想与实践进行了创造性转换与创新性发展，走出了一条独具中国特色的教育改革发展之路，一改民初“仪型他国”的社会风气，也为随后很长一段时间的中国教育改革与发展指明了方向。如果说，北京是近现代中国思想变革的策源地，那么南京一定是近现代中国教育思想变革的策源地，也是中国式教育现代化的起源地。

“敢探未发明的新理，敢入未开化的边疆”，这是我对南京教育的一个直观看法。这既有陶行知、陈鹤琴等教育先辈们对我的影响，也有我与南京教育人交往后的感触。早在1982年，我因为编撰《陶行知全集》，就多次来到南京市晓庄师范学校、南京大学、南京图书馆查找资料，认识了一批南京教育界的朋友。近年来，由于工作的关系，我常常有机会参加南京的基础教育活动，也因此与百军局长、张生书记结下了深厚的友谊，对新时代以来南京教育的高质量发展有了深厚的感悟。在学前教育普惠优质发展方面，南京普惠性幼儿园覆盖率达89%，优质园覆盖率达92%，率先全市域创成“江苏省学前教育改革发展示范区”；在义务教育优质均衡发展方面，南京义务教育优质资源覆盖率达98.6%，学校标准化率保持在100%，率先全市域通过“全国义务教育发展基本均衡县（市、区）”评估；在高中教育多样特色发展方面，南京整体规划和建设学术型、特色型、综合型普通高中，实施高中布局优化行动计划，全市达省定三星级以上的公办普通高中比例达95.5%；在特殊教育融合优质发展方面，南京建立了特殊教育工作联席会议制度，建立起从学前教育到高等教育全纳性的现代特殊教育体系，实现了全市所有街（镇）学前、义务教育阶段学校融合教育资源中心全覆盖。

南京教育能够取得如此优异的成绩，既有教育行政部门在方向上的正确指引，也有每一位普通南京教育人在岗位上的默默付出，因而我们既要关注教育宏观问题，也要关注微观上每一位教师、每一件事、每一个孩子。2022年1月，我的学生大伟从南京晓庄学院调任南京市教育科学研究所主持日常工作，我建议他既要在宏观上发挥市教科所作为教育智库的功用，也要关注到学校的内涵发展，更要关注到每一位教师的专业发展，因为教师的发展是学校发展的基础，只有教师发展好了，学校才能发展，而最终指向的必然是孩子的发展。因此我提议他能否整理出版一套“南京教育文库”，通过文库工作推动一批专家型教师梳理提炼教学主张、教育理念和学术思想，以时代为观照，立足南京教育实际，解决中国教育问题，推进南京教科研在知识创新、理论创新和方法创新上不断传承与发展。大伟很快邀请了南京一批名特优教师参与“南京教育文库”的编写工作，并规划了持续长达8—10年的发展计划，其中包括了写作指导、出版、评奖、宣传等全方位的保障体系建设。这一宏大体系建设还得到了顾明远先生的肯定与点赞，并欣然赐予墨宝“南京教育文库”六字。

“南京教育文库”的提出与推进，对于基础教育界具有非同寻常的意义，具体我认为有以下几点价值：

第一，独特性。毋庸置疑，每一个城市的教育发展都有独到之处和自身特点，但南京的教育发展与其他城市相比，其特点更加明显、风格更加独特。在江苏提出率先实现教育现代化的进程中，南京确立了“加快建设现代化教育强市、以高质量教育支撑高质量发展”这一战略目标，更加自觉地坚持教育优先发展、科学发展、创新发展。南京教育的主要发展指标已达到或超过OECD（经济合作与发展组织）发达国家和地区的平均水平，教育现代化水平连续六年获江苏省第一，在省对设区市政府履行教育职责考评中连续三年位居江苏省前列。可以说，南京教育在江苏省甚至全国都具有标杆性的独特作用。而如何将这种独特价值展现出来，“南京教育文库”的编撰正好起到了这一作用。这套丛书通过挖掘梳理南京教育的内涵，将南京教育的独特做法与经验理论化和系统化，既是对南京教育光辉历史过往的追溯与总结，也是对南京教育未来的期待与展望，更是可以成为中国教育改革与发展的地方样本。

第二，人本性。人的发展是教育的出发点和归宿，人的活动是教育的核心和关键，这是我近些年来提出的教育活动史的一个重要观点。教师是教育发展中的人，我们各级教育行政部门应该给予他们更多的关注与关心，特别对于一批具有典型性和代表性的教师，我们应该提供各种条件帮助他们总结、凝练、宣传、推广他们的教育理论与实践。就我所知，目前国内还尚未有类似的丛书出版。南京市教科所率全国之先，关注教育活动中的人，为教师的研究提供物质保障和学术指导，帮助他们在研究中发展，在实践中成熟，在推广中完善，可谓真正地将教师置于教育活动的中心地位，实现了以人为本的目的。

第三，开放性。对于这套丛书的设计与出版，我跟大伟提议，除了考虑名特优教师的教育思想总结与凝练外，还要在未来考虑对青年教师的支持，特别是要支持一批“学带”“优青”等具有基础的青年教师。南京教育近年来提出了如“宁教杰青”等一系列教师培育计划，我想我们的工作在未来还要吸收这样的教师参加“南京教育文库”的编写工作，加快对青年教师的培养速度。在学段上，我建议他要综合考虑各学段人员的配置，中学、小学、幼儿园各学段教师都要涉及，还要考虑在教师发展中心、教研室、教科所等单位工作的人员，更要考虑在学校管理岗位有丰富经验的教育管理者，这样就可以让我们这项工作更加开放、更加多元。

第四，持续性。南京教育的发展历史是一个整体，我们要做到不忘本来，吸收外来，面向未来，既要思考南京教育从哪里来，也要想好往哪里去，更要做好走向的持续性。因而对于这套丛书我还是有一个期待的，期待这套丛书能够持久地做下去，做成制度，做成系列，做成品牌，让更多的教师参与其中，享受到教育改革发展的红利，并在这项工作中得到发展、得到进步。我还希望将来“南京教育文库”能够借鉴“教育智库与教育治理50人圆桌论坛”的思路，形成一支队伍、一项制度、一套丛书、一个论坛、一个品牌的“五个一”发展思路，为南京教育的高质量发展注入持续不断的动力。当然，我也知道为了这套丛书的出版，大伟费尽了心思，他跟我说他要以陶行知办学的事迹为榜样，四处化缘筹措出版经费，找寻出版社确保进度，策划高级别平台宣传，以及筹划、参与各级各类评奖。我希望他能够保持这种工作激情的持续性，将这项工作一直做下去，实现陶公所说的“为一大事来，做一大事去”的理想目标。

合抱之木，生于毫末；九层之台，起于累土；千里之行，始于足下。“南京教育文库”的出版在不久的将来必然会成为中国教育界重要的一棵“合抱之木”、一座“九层之台”。我也衷心希望参与到文库编写工作的同志们千里之行，永不停歇！

是为序。

周洪宇

2022年11月22日

于武昌东湖

（作序者系第十三届全国人大常委会委员、湖北省人大常委会副主任，中国教育学会副会长、中国教育发展战略学会副会长、长江教育研究院院长、华中师范大学国家教育治理研究院院长，博士生导师）

目　录

绪　论 / 001

第一章　小学数学职初教师专业化现状及分析

小学数学教师要用专业挺直脊梁

——对小学数学教师的教学情况调查 / 001

对小学数学青年教师职后专业发展的思考 / 007

第二章　为了学生的发展

学科教学的基点是育人 / 019

培养学生的社会适应力 / 020

让学习成为学生的欢乐 / 032

为了孩子更好地学习数学 / 035

第三章　新教师怎样解读教材

研读教材的常用方法 / 045

从单元整体视角把握单元例题关系 / 051

发现例题背后隐藏的风景 / 060

教材习题的二度开发 / 070

第四章　开展有效的教学活动

学生发展是有效教学的出发点 / 085

了解学生是教学的起点 / 092

新教师怎样备课 / 097

教师怎样理解“以学定教” / 114

情境创设的目的和途径 / 118
教学方法的选择（一） / 126
教学方法的选择（二） / 136
例题加工的常用方法 / 149
从发展数感的视角设计认数教学 / 178
计算教学的常用方法 / 203
重视培养学生的估算能力 / 221
厘清认识，发展运算能力 / 230
简析统计教学失误成因 / 251
数学实践活动的实施要素 / 258
开展“动手做”和“数学小课题研究” / 267
怎样上好复习课 / 283
第五章　教师的自我发展
教师要有教学主张 / 297
立足教学，走向教育 / 300
警惕“舒适性依赖” / 304
从“不怕慢，就怕站”谈起 / 306
阅读在于唤醒自我 / 313
做一个会思考的教师 / 317
教学研究不妨“老生常谈” / 320
教师怎样开展听课与评课 / 323
教师如何反思教学 / 328
要有发现数学问题的能力 / 338
参考文献 / 353
案例索引 / 357
后　记 / 359

绪 论

“三十而立”于我而言是具有特殊意义的。刚过三十，工作单位就调整到南京市建邺区教师进修学校，从事小学数学教研。除了组织教研活动和研究教材教法，最重要的工作就是培养骨干教师了。

教师的重要性不言而喻，高素质人才培养的关键在于教育，而教育的发展离不开教师。在世界各国，无论是教育界人士，还是政府部门都已经清楚地认识到：教育改革、教育发展最终都是要通过教师的教育实践才能够实现的。时代对教育的挑战不只是数量的扩充或是原有教育的修补和完善，而是要求教育的重建，要求教师教育素质的提高。正如《从现在到2000年教育内容发展的全球展望》中所指出的：为组织适应未来的教育，我们需要有新型的教师。这说明教师的专业化水平对学生的学习有至关重要的作用。

教师队伍的建设和培养，是以教师专业化作为教师教育目标的，希望通过提高教师的专业化水平，提高教师素质，提高教育质量。早在20世纪60年代，世界各国就开始把教师专业化作为教育努力发展的方向。数学教师专业化是教师专业化的重要组成部分，也是数学教育发展的趋势和潮流，是数学教师教育改革的方向和理论基础。数学教师专业化发展在国际数学教育界获得了普遍的重视。在ICM-2002数学教育（西藏）卫星会议上，来自德国、意大利、以色列等国家的学者就曾围绕数学教师在教师专业化进程中存在的问题、提升数学教师教育质量应采取的对策、数学教师教育与培训及改革策略做了精彩而深入的论述。南京大学郑毓信教授早在1999年就提出了“数学教师的专业化”，分析了一个好的数学教师应具备的专业知识，并给出若干培养专业化数学教师的方案。根据国际知名教育学家舒尔曼的研究，教师应该具备：①内容知识，主要是指学科知识；②一般性教学知识，指超越各具体学科之上的关于课堂管理和组织的一般原理和策略；③课程知识，指对教材和教学计划的掌握；④教学的内容知识，指对将所教的学科内容和教育学原理有机融合而成的，对具体课题、问题或论点如何组织、表达和调整，以适应学习者不同兴趣和能力的知识，以及对教学的理解；⑤学习者及其特点的知识；⑥教育环境的知识，包括班组或课堂的情况、学区的管理和经费分配、社区和文化的特征；⑦关于教育的目的和价值，以及它们的哲学和历史基础的知识。

在开展教师培训的过程中，笔者发现教师的专业发展涉及诸多具体的方面：教师自身的解题水平、对小学数学涉及的数学知识的理解、教学方法研究、对小学数学涉及的数学史的了解程度、对学生学习思维的了解、对习题和试卷的编制、对教学理论的掌握与应用等等，这些内容都会对教师形成自己的教学观、学生观等观念产生重大影响。在与南京大学吕林海教授合作开展的对我区小学数学教师教学信念的调查中发现，教师的教学行为与教学信念并不完全一致。所以，有好的想法，却未必能产生好的行为。当下，教师的专业发展在区域层面的实现主要通过观摩公开课或是听专家讲座，根据华东师范大学范良火教授的研究，这两者对教师的专业发展起到的影响效果并不太大。因此，构建一个贴近一线教师专业发展需要的培训体系就显得十分迫切。笔者结合本职工作，开展了以问题解决为主线的小学数学教师专业发展的研究并申报了课题，通过课题研究，一方面在理论上是对小学数学教师专业化实证研究的一种有益尝试，希望为数学教师专业化提供有力的实证素材，丰富数学教师专业化的理论和实践；另一方面在实践层面上，希望能够切实有效地探索出数学教师专业化培养和建设的具体操作方法，解决一线教师在数学教学中的实际问题，提高教师们教学研究的水平，进而提高数学教学的质量。

初生之物，其形必丑。谨以此书提供给关心小学数学教育的各位同仁借鉴与批判！

第一章　小学数学职初教师专业化现状及分析

小学数学教师要用专业挺直脊梁

——对小学数学教师的教学情况调查

在2012年，笔者偶遇一位医生朋友，他戏言“小学数学只要会加减乘除就行了，所以初中毕业生就能教小学了，但是现在医生还没有拿到绩效工资，小学老师却开始拿绩效工资了”。言下之意是小学数学教师是一种没有专业性的大路货职业。他的看法正反映出许多人对小学数学教师工作的不了解，造成这种情形的原因固然是多方面的，但不可否认的是，小学数学教师还需要在各自的职业生涯中体现出应有的专业性。

个人以为，小学数学教师的专业性可以从专业知识、专业技能和专业精神三个方面进行构建。专业知识包括学科知识、学生知识、教材知识、教学法知识、数学史知识、数学与其他学科整合的知识等；专业技能包括教学组织协调能力、与学生交流的能力、教学设计能力、运用现代教学技术的能力、数学语言的应用能力、将生活与数学联系的能力等；专业精神则重点体现在对小学数学教学的教育目标、价值等哲学思辨中，这直接关系到教师的教学信念的形成。

小学数学教师教学的实际状态是如何呢？自2007年开始，笔者在开展大量随机听课的基础上，还陆续开展了教师解题能力调查、新教师教学困难调查、教师教学问题征集、骨干教师教学信念访谈、校本教研效果访谈、教师教学法问题观察等。从开展的调查情况来看，问题不少。

一、小学数学教师的常见问题

1.解题能力偏弱

我们采用问卷测试方式，分三次开展。第一次测试对象为23名小学数学年轻教师，满分100分，测试时间为90分钟。测试结果平均分为75分，达到均分的有13人。由此发现，教师对于常用的解题策略不能够深刻领会，更谈不上加以应用。例如：甲、乙、丙三厂用等量的资金购买钢材，买好后丙的需要量减少，于是就调拨一些钢材给甲、乙两厂，结果甲厂比丙厂多18吨，丙厂比乙厂少12吨，两厂一共要付32000元给丙厂，那么甲、乙两厂各付给丙厂多少元？这是一道差错率较高的题目，可见教师无法应用画图的策略去分析题中的数量关系。我们有理由推定这些教师在教学画图这一策略时不会取得好的教学效果，充其量也就是“教教材”，而不是“用教材教”。

第二次测试对象为刚开始工作的26名新教师，满分100分，测试时间为90分钟。测试结果平均分为32分。新教师虽然是小学教育理科方向本科毕业，但是解题水平较低。例如：时钟在N点整敲N下，每半点敲一下，一昼夜敲（　）下。有12人不会解答，错误答案有“无数下”“N^2”等，让人哭笑不得。在判断题“甲班均分高于丙班，乙班均分高于丁班，则甲乙两班均分不一定高于丙丁两班均分”中，有18名新教师判断为“错误”，这反映新教师不能以数学概念的内涵去分析问题，而是过多依赖经验，同时也反映他们对“加权平均数”概念不了解。另外，他们无法很好地运用算术解法去思考问题，能够用一元一次方程解决的问题，他们也会用二元一次方程组去解决问题。这让我们感到担忧：他们的思维方式能否与小学生一致？他们的数学教学如何以学生所熟悉的方式进行化归？他们能否正确地处理教学难点？

第三次测试，我们请两所小学将小学数学教材中的思考题收集后让全校的数学教师解答，结果没有一位老师能完全解答教材中的数学思考题。在询问平时教学过程中如何处理思考题时，老师们普遍反映“不做”或“选比较简单的”。

2.对学科知识存在理解错误

有骨干教师在教学时将小数的组成部分说成是三个部分，而实际上小数是由两个部分组成的。又有老师说下图中的两条直线不是平行线，因为它们不在同一平面上。

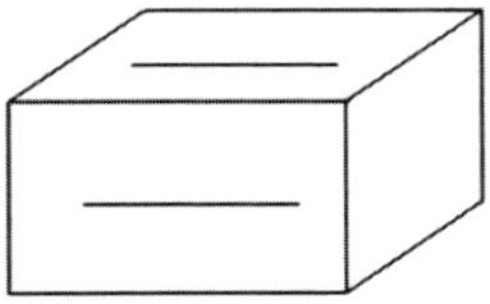

这些例子都如严士健先生指出的：领会课程改革的理念固然重要，而掌握、弄懂新课程中的知识更为重要。

3.不关注学生的现有认知水平和经验

教师的教学一般是从自己的角度出发，忽视学生的认知水平和已有经验，不了解学生的学情，机械地利用教材，对学生的预设较少。在课堂教学中，教师对发生的预设与实际相矛盾的现象处理不当。新教师备课往往不够自信，自己设计了一堂课，却不知道是否可行，是否符合学生的认知规律。

4.对自身存在的教学问题缺少改进的方法

结合日常听课、教师电话或网络咨询、教学视导，我们收集了教师提出的问题44个。分类见下图：

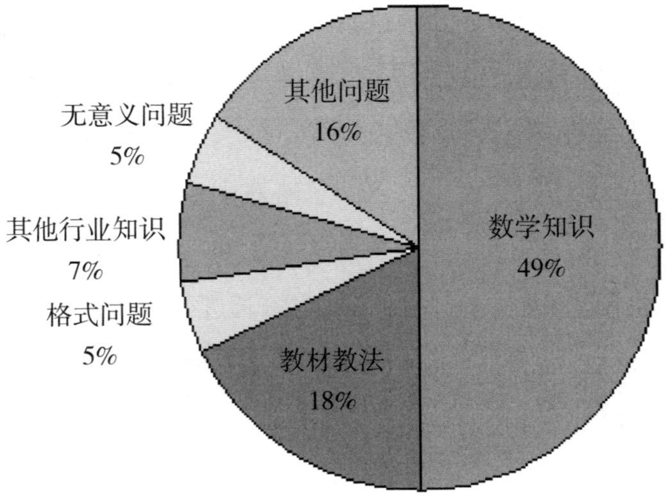

教师在日常教学中关注的问题大多数集中在某些具体问题的求解上，或某些数学概念的理解争辩上，例如200008000怎么读？最小的一位数是多少？在教师的提问中，针对教材、教法的问题不足20%。多数教师知道自己在教材处理、教法选择上是不尽如人意的，回答多为“我想不出如何处理”。因此教师宁愿用补课的方式来提高学生的学习成绩，尽管这种方式对学生来说是可能存在诸多不利因素的，但是可以用“体力”来弥补“脑力不足”。

5.新教师的主要问题

不知如何备课。新教师对教材内容的理解、教学目标的确定、教学重难点的把握、教学手段的应用、教学形式的选择等，都存在着很多困惑。新教师备课时除了参考教师用书，似乎找不到其他更有效的方法。

不会关注学生。新教师备课一般只是从自己的角度出发，忽视了学生的视角，不了解学生的学情，对学生的预设较少，在课堂教学中经常难以应对意外情况。

教学组织困难。第一，组织课堂教学方面有困难。学生做小动作、开小差，上课爱插嘴、不举手就随便说话等各种各样的问题，如何处理好这些问题又不影响课堂教学正常进行，是新教师非常烦恼的事。第二，课堂效率低，不会合理分配时间。课堂时间经常不够用，或者会多出很多时间。第三，缺乏教学机智。对突发状况不知如何进行正确引导。第四，教学语言缺乏吸引力。由于缺乏与学生接触的经验，不会用生动活泼的儿童化语言，不能吸引学生的兴趣，也不能调动起学生的积极性，学生注意力涣散。第五，忽略对学生的评价，不能激励学生学习。

不知如何与家长沟通。教师不敢与家长进行沟通，因为他们不知道怎样与家长交流。教师害怕遇到态度不好的家长，所以遇到学生的教育问题，通常当作看不见。

6. 缺少对教学工作意义的反思

教师的教学观还以知识与技能为主，如提问“你认为教给学生什么最重要？”老师回答“我觉得学生要掌握数学计算等一些基本技能和学会利用数学知识解决生活中的实际问题”，或者“我认为最重要的教给学生解题的方法”等。骨干老师能意识到自身存在的教学问题，这与一般教师有所区别，例如问题“你认为目前迫切需要提高的是什么？”他们回答“我想是教学技巧，即对某一个知识点，教师如何教学才能使学生理解得最轻松、最好”，以及“我认为目前迫切需要提高的是自己的数学理论知识和相关的数学教育理论知识，因为自从工作以来，实践能力在不断增加，可理论知识基本停滞不前”。总体来看，一线教师缺少对教育教学的哲学思辨，对教学是什么、教学与教育的关系是什么、教学生什么、教和学的关系是什么等问题缺少思考，因而也就难以形成自己的教学主张。

二、教师如何走自己的专业发展之路

1.构建教师专业发展的三维架构

教师的专业成长不能寄托于听听课、评评课、赛赛课的方式，同样，教师的专业发展也不能寄希望于课题研究就能得到完美的解决。教师的专业发展应当是一个系统工程，学科知识、教学能力、数学教育素养就构成了这个系统的三个纬度。（见下图）

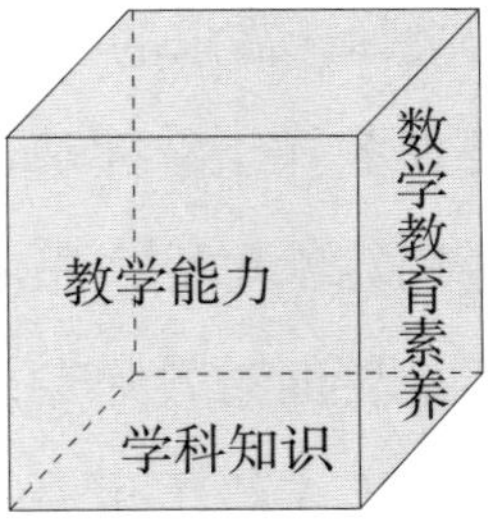

学科知识是基础，包括小学数学概念理解、解题能力培养、小学教材中包含的数学史、分析教材例题知识点的能力；教学能力是支撑，包括教学组织的技巧、常规教学方法的艺术处理、根据学情调查调整教学

设计的能力、练习设计能力、教学反思能力；数学教育素养是灵魂，包括课题研究能力、对教育教学的思辨能力。通过三个纬度的发展，教师专业发展达到强筋、健骨、铸魂，最终达到教师自我的觉醒与成长。

对新教师来说，发展的重点在于学科知识领域；而对于具有一定工作经验的老师来说，特别是工作5年左右的老师，发展重点在于教学能力的提升；骨干教师则应当在提升数学教育素养上下功夫。

2.教师的专业发展需要自我的努力和团队的合作

教师的自我努力包括自查、自学、自行、自悟、自我。“自查”意味着能敏锐地发现自身存在的不足。“自学”不仅包括向书本学习，也包括向他人学习。“自行”是需要勇气的，因为改变自己的过程是一条由不断尝试走出的路，其间交织着失败和成功，注定是曲折的，同时也是艰辛的。要想少走弯路，离不开“自悟”，结合学习与实践，不断地思索与教育教学相关的本源性问题，这些问题既可以是从宏观的角度思索对教育的理解和认识，也可以从微观的角度思索一节课的教学得失。最终，我们期望教师能成为一个有“自我”教学主张的教师，能清晰地构建自我的教学观、教育观。当然，我们的教学主张还会不断成长，这时才能说，我们是拥有自己的教育灵魂的。

除了自我的努力之外，我们还需要团队的合作。团队包括由相同追求组成的成长共同体，也包括由行政部门组织的校本研究和相关培训。需要正视的是，不同年龄的教师，需求的培训内容也有所不同。工作3年内的教师，他们面临的主要任务在于掌握基本的教学组织方法、了解小学教材中的数学概念、学会用算术思维去思考数学问题的解决。对于工作3—5年的教师，他们更多地要面对教师专业发展的瓶颈如何突破的问题，“主要的困难是没有专业人士给予相关的指导，自己找不到解决问题的头绪，缺少点拨，以至于无从下手”。调查还显示培训中最大的问题是“需求错位”。培训人员选定的培训内容、培训形式与教师的需求之间存在较大的分歧。通过与教师的访谈，教师们普遍反映他们需要的是“能将教育教学理论与我们的实际教学结合的例子，因为光听理论感觉有点搞不清楚，听得累”。另外，对已经成为区级骨干教师的培训，更应从如何让他们自发地思考教育教学的本质是什么入手，从而让其对教学能够有自己的哲学认识，能拥有自己的教育理念。

教师是有着极强专业性的职业，不仅要了解所教学科的知识，还要掌握如何教的知识，而教学对象的复杂性又为教学过程带来诸多的不确定性，这些都需要我们用自己的专业发展来挺直教师这个职业的脊梁。

对小学数学青年教师职后专业发展的思考

究竟怎样才能帮助教师实现自身的专业水平的提升呢？对此，世界著名教师教育理论家安迪·哈格里夫斯曾指出，教师发展必然是在教师工作的现场中取得的，除此之外，没有更好地促进其成长的办法。（姜勇，高维华《教师教育转型研究：虚拟现场与教师成长》）因此，教师要获得教育教学的真功就必须在课堂上练就。也就是说，教师发展的重要载体是校本教研。校本教研开展的内容是什么？北京大学教育学院教授、博士生导师陈向明2007年发表在《中国教育报》上的一篇题为《谁决定教师的专业需求》的文章中谈到自己多年到一线指导教师的体会，他说：“当我们要教师表达他们自己的需求时，他们通常似乎不知道自己的‘困难’和‘问题’在哪里。……而且，有时候他们想要的，似乎并不一定是他们‘需’要的。”青年教师的职后专业发展，首先要知道自己究竟需要什么，以及这些不同的需要是否具有一定的序列。

一、关注学科知识

近20年来，我们对青年教师因为难以解决而主动询问教研员或校内骨干教师的问题进行了收集和整理。根据收集的问题，我们发现教师过多关注的是数学概念、解题方法，例如“小数究竟分成几个部分？最小的一位数为什么不是0？”等问题，反映出小学数学教师本源性知识的缺失。类似这样的例子是非常多的，教师常见的错误较多集中在空间与图形、统计与概率及高年级某些复杂的应用问题上。根据巩子坤和宋乃庆关于“统计与概率”教学的调查，小学数学教师在“统计与概率”领域首先表现出的就是基础知识薄弱，并提出“教师培训要处理好提升理念与补充知识的关系”，“新课程提出了一些新的理念，理解、领会、实施这些理念是重要的。但是，正如上面所分析的，由于统计与概率是新增加的内容，许多教师又没有系统地学过，因而补上这一课成为当务之急”。《高中数学课程标准》的负责人之一严士健先生曾一再呼吁：领会课程改革的理念固然重要，而掌握、弄懂新课程中的知识更为重要。义务教育阶段亦然。前文所提舒尔曼的研究定义了构成教学的知识基础的7种类别的知识，他首先关注的就是内容知识，主要是指学科知识。所以，教师培训应在知识的基础性和理解程度上下功夫。掌握牢固的基础知识不一定就能成为一名好教师，但是，不掌握牢固的基础知识则肯定成不了一名好教师。英国学者P. 欧内斯特指出，数学教学的问题并不在于教学的最好的方式是什么，而在于数学是什么，如果不正视数学的本质问题，便解决不了关于教学上的争议。如果教师缺少一定的知识积淀，缺乏对学科知识的深刻理解，就有可能出现“以其昏昏，使人昏昏”的局面。这就丢掉了我国教师对学科知识有着深刻理解的优势传统。

具体来说，学科知识首先是关于小学数学概念的知识，教师需要对教科书中的数学概念逐一梳理，知道“是什么”及关于概念的背景知识。其次要厘清概念间的关系，能用自己的方式进行表达，例如可以画思维导图。教师提高自身的解题水平，一方面在讲解问题时更容易深入浅出，另一方面对教师编制习题的影响较大。在不同版本的小学数学教材中，都有相应的教学内容对教师的解题水平提出较高的要求，例如人教版中安排的“数学广角”、苏教版中安排的“解决问题的策略”、北师版中安排的“数学好玩”，如果教师自身的解题水平不足，在教学相关内容时就会影响教学效果。最后，有关小学数学部分内容中的书写格式与知识应用的依据，也需要年轻教师在教学实践过程中掌握，例如计算“3200 ÷ 80”的竖式书写，再如“38+27+62=38+62+27”运用了什么运算律等。

二、发展解决教学问题的意识和方法

结合日常的随机听课中教师的教学行为进一步分析，笔者发现教师对教学中的不当教学行为（包括对教材理解不到位、学生把握不准确、教法选择不合理等）明显关注不够，存在大量的低效教学行为。例如针对学生的错误，教师缺少应有的分析，而简单地用“粗心”“不认真听讲”等主观理由给予定性，很少聆听学生口述分析从而发现真正的错误所在，也极少有从学生认知特点或教材组织编排上去进行分析的。纠错也往往是以教师讲解为主，学生采用模仿性地练习进行订正，缺少真正的自我反省，因而并不能有效地纠正错误。正如舒尔曼所提出的，教师需要一般性教学知识（指超越各具体学科之上的关于课堂管理和组织的一般原理和策略），以及教学的内容知识（指对将所教的学科内容和教育学原理有机融合而成的，对具体课题、问题或论点如何组织、表达和调整，以适应学习者的不同兴趣和能力的知识，以及对教学的理解）。

教师是否意识到教学问题的存在？在与教师的访谈过程中，众多教师是知道自己在教材处理、教法选择上是不尽如人意的，回答多为“我想不出如何处理”。因此教师宁愿用补课的方式来提高学生的学习成绩，尽管这种方式对学生来说可能是存在众多不利因素的，但是可以用“体力”来弥补“脑力不足”。而这恰恰是优秀教师与一般教师存在的最大差异。优秀教师往往迎难而上，发现问题后集中精力解决问题。

教师为什么愿意用“体力”来弥补“脑力不足”呢？根据走访的学校和教师谈话分析来看，主要可以分三类原因：①想研究，但不知道如何研究——缺少研究的方法；②认为自己研究不出什么——缺少研究意识；③不想研究，我就这样教。相对而言，持前两种观点的教师居多，所以，教师缺少的是研究问题的方法和意识，包括精神的、物质的等方面，特别是内心深处对问题研究的精神。因此青年教师首先应当发展研究意识，心中要有解决问题的意愿，这是影响专业发展是否能够持续提升的关键因素。其次必须有方法上的支持，要具有可操作性，而不是笼统的、模糊的、不着边际的，教师需要针对一个个具体的问题着手进行解决，同时又要厘清解决问题的方法和道理，否则后续的研究难以为继。

三、积极参加培训活动

要提高小学数学教学质量，最为迫切、最为紧要的就是提高教师的素养。而教师对此又抱有何种态度，这是非常重要的问题。参加培训是提升教师素质的外部因素，而被培训者对自身提高的要求则是内部因素。毛泽东同志在《矛盾论》中谈道，唯物辩证法认为外因是变化的条件，内因是变化的根据，外因通过内因而起作用。只有将内因、外因有效地统一起来，才有可能取得培训实效，达到事半功倍的效果。否则剃头挑子一头热，处理不当，反而会引发负面作用。

教师喜欢的培训又是什么呢？教师反映最喜欢的培训活动是听课，不喜欢的培训活动包括线上培训、教科研培训、理论讲座，尤其不喜欢在节假日进行培训活动。调查结果与日常的交流结果还是比较一致的，教师喜欢听课，尤其是喜欢听常态化的课，有比较强的借鉴价值，也贴近教学实际；而线上培训因为与教师的培训需求不太契合，教师往往敷衍了事；教科研培训和理论讲座，教师感到离教学实践过远，可操作性弱而不被接受。根据现状再进行分析，教师喜欢听课往往只关注自己任教学段的公开课，且听课后缺少自身深入的研课，更谈不上与他人就公开课进行研讨从而将公开课内容内化，教师关注的是课中的某些亮点，例如某个情境设计或者课堂中学生的发言等。网络培训的资源丰富，目前的培训方式往往是由培训机构下达培训人数指标到各个区县，然后由区县再分配到各个学校，结果导致被指定参加培训的教师有时主观上并不想参加，而需要参加培训的教师又没有相关渠道，如果将培训资源全开放，由教师自行选择相关培训内容完成培训课时，则更容易为教师认可接受。事实上，培训原本就可以像超市那样，由顾客自行选择需要的商品，期待未来能出现超市式的教师培训。对于教科研培训和理论培训的抵触，一方面是青年教师的教学实践还不够丰富，尚未意识到课题研究和教育教学理论对教学实践的指导；另一方面是培训内容也需要更接地气，最好能“贴着地面飞行”。多数教师对学业质量的理解还囿于学生的测试分数，目前的应试现实也导致了教师某些急功近利的做法，这正反映出某些教师由于理论素养的缺乏而不惜选择饮鸩止渴。

教师听课，最重要的是对课的研讨。笔者多年前开展过关于测量的教学研讨，一位教师在公开课上表现出的对学生的关怀、重视学生科学精神的培养令听课教师感叹不已。教师在教学“速度”时，首先在地上放置了5把米尺，再请每个学生做3次实验：①走5米；②用表面光滑的橡胶球滚动5米；③用表面不光滑的橡胶球滚动5米。老师用秒表记录时间后请学生填在实验记录表中，要求学生用计算器计算各自的速度；请学生讨论速度的快慢与什么有关，再安排学生分组到操场掷飞机，老师分别帮每组记录飞行时间，但是请学生用卷尺度量飞行距离，再计算飞行速度。课后的研讨中，听课教师都对这样的教学行为表示了高度认可，表示“真没想到还可以这样教学”，有教师说“他教的是关于测量的速度，我们在课堂上教的是关于计算的速度，学生在课上学会了计算速度，但是不会测量”。

当下，网络中的教学视频资源非常丰富，教师如果能多听课，多与志同道合的朋友们一道研课，对专业发展是非常有益的。

四、重视发展自身的数学史知识

数学史在数学教育中的作用已经得到各国教育界的普遍重视，成立于1972年的HPM小组（数学史与数学教育关系的国际研究群）标志着数学史与数学教育的研究已经成为数学教育研究的重要组成部分。目前的问题是小学数学教师对与教学内容相关的数学史知之甚少。根据对部分骨干教师的调查问卷显示，教师对与小学数学教学内容相关的数学史了解不多，以至于无法达到利用数学史进行教学的基本需求。因此，普及与教学内容相关的数学史料也应成为教师知识的重要组成部分。更为重要的是，开展将数学史与数学教学整合的实践，开发相关的教学案例，以利于教师进行学习、借鉴。笔者整理了相关的数学史（故事）目录，内容是以苏教版小学数学教材为参照，基本都可以利用网络检索到具体材料，使用其他版本小学数学教材的也可以找到相关匹配的教学内容。

一年级：关于数的产生（包括古埃及计数法、算筹计数法、古巴比伦计数法等）、阿拉伯数字的由来、罗马数字、数字“0”产生的历史。

二年级：加号、减号、乘号、除号等运算符号的由来，大于号、小于号、等号等关系符号的由来，长度单位的历史（配合教学“认识长度单位”的教学使用），奇妙的数字黑洞（配合“三位数加、减法”的教学使用）。

三年级：中国古代的计时方法，质量单位的由来，分数、小数的由来，斐波那契数列，你知道“缺8数”吗（配合“两、三位数乘一位数”的教学使用），奇妙的142857（配合“两、三位数乘一位数”的教学使用），完美正方形。

四年级：容量单位的由来、稀奇古怪的三角形（介绍非欧几何）、括号的来历、计算器的发展历程、雪花曲线、埃拉托塞尼筛法、韩信点兵、完美数与相亲数、哥德巴赫猜想、甩不掉的“尾巴”（即自守数）、“骗人”的平均数（了解极端数据对平均数的影响）。

五年级：“虚伪”的零下（介绍负数的由来）、勾股定理、丢番图的墓志铭、笔尖下的谷神星、蜘蛛与“确定位置”、埃及分数的由来、了解圆周率、什么是无理数、尺规作图与古希腊三大作图难题、高斯的墓碑。

六年级：阿基米德的墓碑、赌徒之学（介绍概率论的产生）、你知道祖暅原理吗、百分数的由来、大金字塔之谜、旋转体是什么、欧拉公式是什么。

五、青年教师职后专业发展的系统建构

对青年教师的职后专业发展，需要从三个维度的专业发展体系去践行。

基础知识：教学基础知识系统，细化教学常规管理的细则，主要包括如何组织教学和学生习惯养成，偏重学生习惯的养成，重点是培养教师形成正确的学生观；还包括小学数学知识基本概念、小学数学解题训练、课堂教学练习设计训练。

教学组织：有效的教学组织系统，主要应对日常教学工作的需要，包括教材分析、学情分析、教法选用、教研课研究、质量监控等。

素养发展：教育素质发展系统，包括数学史学习、教育理论学习、数学教育科研、人文素养提升。

对年轻教师来说，在日常工作中可以先着手完成一些基础性的自我培训。具体有：

第一，解题技能。发展自己的数学解题技能，逐步提升至教材相适用的数学解题水平，在解题过程中再次当一回学生，感受解题方法中所运用的解题策略和数学思想。解题训练以自学为主。诸多优秀教师都有极好的解题水平，当学生问难题时，如果教师回答“明天再告诉你”和当即进行解题指导，给学生留下的印象是完全不同的。笔者曾以课程培训超市的方式，开设了“分数应用题解题训练”课程，分数应用题是小学六年级的主要教学内容，由于其题型变化多样且有一定难度，在解决问题的过程中需要调用相应的解题策略与方法，这始终是毕业班教学的重点与难点。笔者整理了分数应用题的不同类别和解题策略后，采用讲解和练习的方式给教师培训，后来就此出版了《小学毕业班分数应用题解题指导》（南京大学出版社出版）一书。教师参与的积极性非常高，因为很多教师的解题水平亟待提高，这说明在培训内容与教师的需要之

间具有高度适切性的时候，可以真正激发教师内在的学习需求。

第二，练习设计。教师需要整理各单元的教学知识点。逐步完善与教材配套的分项练习设计或单元练习设计，研究练习编制的原则及方法。

第三，教学设计。重点在于根据教学内容选择合适的教学方法。可以通过整理、收集具有典型性的教学案例，研究案例中的教学方法。不过，纸上得来终觉浅，绝知此事要躬行。不亲自去进行教学设计肯定是提高不了教学设计水平的。

第四，丰富数学史知识储备。教师收集、整理、介绍数学史的教学资料，创作、改编适合小学生阅读的数学材料。

第五，学习教学理论。学习教学杂志上有价值的教学理论介绍，坚持读教育理论专著，结合案例为好课寻找教学理论支撑，借助教学理论为教学提供设计思路。

第六，组成学习团队。以集中学习与分散学习相结合的方式进行，一个人坚持下来是需要大毅力的，如果有志同道合的朋友定期交流，可以相互扶持走得更远。定时交流课例设计、解题困惑，互相听课研讨等，都有利于专业的发展。

第七，撰写论文。哪怕是随笔，都是可以写的。如果坚持将日常教学中有意义的片段记录下来，并且尽量作出分析，都能成为写作的素材。每学期完成1—2篇论文，对系统总结本学期工作、提高写作水平都非常有益。在论文写作的过程中，年轻教师比较容易出现两个问题，一是写作格式不够规范，可以通过阅读高质量的教学杂志，以仿写的方法进行调整；二是往往案例描述写得多，分析写得少，甚至不会分析，症结的主要原因是理论素养不足，往往难以分析透彻，所以需要坚持阅读，并且是理论联系实际的阅读，这一点非常重要。

第八，教育教学研究。教师可以确定本学期希望研究的主题，开展相关的研究工作。如果条件允许，可以申报规划课题。即便条件不成熟，源自兴趣的专题研究也是非常有意思的。很多年轻教师反映不知道要研究什么，实际上可研究的内容是非常多的。例如教材研究，可以看看同一教学内容在不同版本的教材中是如何编排的，并进行分析；教学方法研究，以同课异构的方法去对比分析不同教学设计的教学方法；教学主题内容研究，就如概念教学、计算教学、解决问题策略的教学等；关于学生的研究，哪些内容学生容易错？对同一教学内容，不同学生的学习路径是怎样的？等等此类。

六、重视构建校级专业培训机制

教师的职后培训显然不是目前的教研模式所能承担的，仅靠观摩几位教师上公开课或是听专家讲座都不足以支撑教师的职后发展需求。因此，学校需要有目的、有计划地遵循相关研究成果，研制具有校本特色的教师职后培训课程，教师自己查漏补缺选择课程，所以，校本培训的针对性、时效性结合课程建设所达成的课程化、系统化、超市化，应该成为后续教师培训的重要特点。笔者用了1年多时间在1所小学的数学教师团队内进行了相关实验，取得了很好的效果。

1.了解该小学数学教师人员结构现状

当时学校的数学教师有22人，35岁以下的教师占60%，队伍状况可以概括为“两多、两少”，即年轻教师多，初级教师多，市级骨干少，领军人物少。学校有区学科带头人2人，骨干人数偏少，尤其是高端教师缺乏，对教育教学的认识具有深刻见解的教师数量明显不足，教师结构难以满足学校持续发展的目标，因此学校教师管理的重点应关注如何整体提升教师教学素养。该校的优势是青年教师具有较高的基本素质，自我提升的意愿强烈。不足是学校尚未制定青年教师的系统培训计划，学科培训的内容、体系还没有较为成熟的案例可供了解和研究。

2.构建青年教师队伍建设规划的意义

要健全完善青年队伍培养、成长、管理和激励机制，建立更加有利于青年教师成长、满足学校发展需要、符合人才成长规律的培养体系，培育具有师德高尚、业务突出、教学精湛的青年教师队伍。随着教师队伍建设规划的确立，学校将进一步明确青年教师的发展路径，在此基础之上，建立合理的骨干教师培训系统，通过科学适用的体系流程及丰富多样的培训课程，充分利用学校资源，为学校发展提供强有力的教师队伍支持。

3.制定培训内容架构

根据小学数学教师专业成长的相关研究，培训内容可从专业知识、专业技能和专业精神三个方面进行构建。

专业知识培训具体包括：教师解题能力训练、课程标准学习、小学数学教材梳理、小学数学概念梳理、学情调查的方法、教学方法的应用、数学史知识等。

专业技能培训具体包括：数学游戏开发与应用、教学设计、教学案例分析、多媒体与教学的整合、理解学生语言、习题设计、试卷命题、考试分析等。

专业精神培训具体包括：数学教育教学理论学习、教学论文写作等。

4.确定培训实施方法

考虑到要培训的内容复杂且不可能做到完全割裂，所以培训内容需要做出相应的整合。具体的培训方案见下表：

项目	培训内容	培训方法	培训频次
一	教师解题能力训练。	拟定计划、按计划提前布置、教师自行解题、集中讲解。	每周4个专题，需要30周。
二	课程标准学习、小学数学教材梳理、小学数学概念梳理、数学史知识。	根据课程标准的四个领域布置教师自行结合教材进行领域整理，安排专家讲座解析教材编排。数学史知识组织教师自学，组织讨论数学史知识与教学的整合。	按每次4课时计算，需要20次。

项目	培训内容	培训方法	培训频次
三	学情调查的方法、教学方法的应用、数学游戏开发与应用、教学设计、教学案例分析、多媒体与教学的整合、理解学生语言、习题设计。	与校内校本教研结合，以课例研究为平台，结合录播一体室、视频分析手段开展。结合专家讲座，重点结合课例讲解教学方法的运用。	每学期不少于8次。时间放在周二下午的数学教研活动期间。
四	试卷命题、考试分析。	按教学进度安排相关教师命题，进行阶段学业水平测试，安排集中质量分析，做好检测，后续补缺。	教研组集中点评试卷，每学期不少于两次。
五	教学论文写作。	积极参与论文写作，参加论文评比与投稿，骨干教师安排导师进行指导，邀请杂志编辑与教师交流研究热点，指导论文写作技巧。	每学期不少于1次。
六	数学教育教学理论学习。	推荐阅读书目，教师共读1本书，骨干教师必须摘录读书笔记，开展读书交流。	每学期1次。

教师的专业发展等不得，但是也急不得，不可能有揠苗助长式的速成班，完成整个培训内容大约需要3至5年。

5.具体分析培训对象

学校青年教师可分为3种情况：工作不足3年的新教师、满3年还未成为区级骨干的教师、已成为区级优秀青年教师。3种情况的教师起点不同，需要针对不同的需要开展校内培训。

项目一、二、五、六可以在校内开设课程超市，教师根据自身情况有选择地参加，项目三、四则必须全员参加。

对于已经成为区学科带头人的教师，他们应在校内承担相应的培训任务，为青年教师服务，同时也有利于进一步提高自己的业务水平。

6.培训的具体实施与培训效果

通过近3年的实施，按照培训内容与实施方法建议，学校开展了教师的解题能力培训，每周1次，完成4个专题的例题讲解、习题演练、集中评讲、个别答疑，结果是教师的解题水平得到快速提高，由此带来的变化是教师对数学问题理解透彻，课堂教学讲解清晰，自编习题能力明显加强。

改变传统的教研课方式，改变过去先确定上课教师，其他教师听课评课的方式。传统教研课方式的弊端在于教师投入度不足，没有上课任务的教师很少去琢磨，评课发言也难以深入。现在改变为先确定教学内容，但是不确定上课人选，在上课前15分钟抽签决定谁是执教者。这种改变有效地提高了教师的参与程度，因为每个人都有被抽中的可能性，因此每个人都要去认真准备。在准备过程中又有效地促进了相互交流，达到研讨和资源共享的目的；即便没有被抽中，但是有了前期的准备，因此在评课环节中大家都能深入地展开讨论。实施下来，教师们对不同年级教材的熟悉程度大大增加，教学水平提高很快，尤其是青年教师体现得更为显著。在两次区赛课活动中，学校两位老师都以第一名的成绩荣获一等奖，有两位老师被评为市优秀青年教师（此荣誉是有较高含金量的，每3年评比1次，每次全市小学数学学科获此荣誉的年轻教师大约30余人）。

因此，一方面，教师的职后培训需要站在宏观角度去规划，这种规划必须高度重视现有的研究成果，并且要运用好现有的研究成果，同时，又要关注到这种规划必须针对本校教师的特点。另一方面，要重视规划的微观实施，必须脚踏实地，求真务实，培训内容的编写、案例的征集、课程的顺序等都要落实到人，同时又必须考虑教师的承受度。只有真正站在教师发展内在需要的角度考虑培训问题才会得到教师的支持，只有运用研究成果支撑培训体系的职后培训才会具有科学性。

第二章　为了学生的发展

学科教学的基点是育人

诸多年轻教师反映在备课过程中，经常会绞尽脑汁地思考怎样创设一个有意思的情境进行引入。根据教师的描述，好的情境应该是能引发儿童学习兴趣的，是有趣的，最好还是其他教师没有用过的新情境。这样的情境最好还与现实的生活相联系，以体现“数学来源于生活，又应用于生活”，并能引发一定的认知冲突，产生学习相关知识的动机。为了达成这样的目标，教师需要对现实素材进行再加工，会根据教学内容、生活素材、学生现实之间的关联适当裁剪情境原材料。

最近听了一些关于统计方面的数学课。有的教师用“全市要通地铁了，地铁车厢涂什么颜色好”为情境，有的教师以“礼品店在准备12种不同的礼品作为不同月份的生日礼物”为话题，还有通过讨论“校长请同学们比一比哪种校服最好”，或者“学校要开展秋游活动，到底去哪个景区呢”等等话题开展教学，类似的情境引入还有很多。这样的情境具有一些相同的特点：素材都是现实生活中的事情，容易调动学生的生活经验，引发学生的学习兴趣，并且事情的发展“似乎”都与学生的统计结果有关。在整节课的教学过程中，师生针对情境中的现实问题开展了相应的统计活动，并且根据统计结果做出决策，提出了解决问题的方案。不过，问题恰恰出在学生的统计活动与这些问题的实际情况毫无关系。当学生发现地铁车厢的颜色与他们的统计结果无关，当他们发现学校根本没有更换新校服，当他们发现秋游的地点都不在上课讨论的地点之中，这样的现实会怎样影响他们的数学学习信念呢？学生在学习过程中，慢慢发现“课堂里的数学只是用来做题目的，所讨论的生活问题也还是数学题目”“老师要我们讨论的问题并不是真的”。时间久了，数学学习也就逐渐演化为为了考试的学习，这样的学习过程难以发展学生的学科素养。

出现这种症结的主要原因在于教师缺少对学科教学根本任务的理解与把握，这不得不说是教师职业素养的缺失。教学活动的作用不仅在于学生的知识学习与能力发展，同时也会影响学生形成对事物、人生的普遍观念，从而让其逐渐认识自我、发展自我，最终实现社会的进步。这正是立足教学、走向教育的意义所在。创设情境的误区在于仅仅以新、趣、奇为目标，忽视教学活动的整体性，只关注到学科知识的教学，忽视了与知识学习同时发生的情感、态度的发展，也没有意识到不好的学习素材对学生意识发展的负面影响。学科育人的整体性视角不仅包括知识与能力的协调发展，也包括在这种发展中对情感、行为、价值观的影响。正如柏拉图认为真正的教育能给人以智慧，引导人从无知中走出来，使美德和虔诚的种子得以生长。

对教学整体性的理解与把握，直接关系到学科育人目标的达成。如果教学方式缺少对育人目标的关注，会直接影响学生人生观与价值观的形成。教学活动事关培养怎样的人、怎样培养人的大问题，不可忽视。天下大事必作于细，必成于实。教学不仅在于使学生增长知识、提高能力，更在于使他们形成积极的个性和正确的世界观，毕竟学科教学的基点是育人。

培养学生的社会适应力

一、为什么要培养学生的社会适应力

如果想在乒乓球比赛中能更好地扣杀，只加强对双臂的力量训练，

即便双臂达到了健美先生的水平，结果也是差强人意的。因为想要实现完美扣杀，除了臂力之外，腰部、腿部也要同时发力，所以只练臂力是不行的。同样，学生的学习也需要综合发展，只有综合发展，才能真正实现发展。从根本上说，学校教育是促进学生发展的社会活动，通过对学生个体传递社会生产和生活所必须掌握的知识、技能、心理素养、社会适应能力，以促进个体身心发展，为未来的社会化奠定基础。想要实现这个目标，需要学生主体在学习过程中主动地参与，实现知识技能、学习方法、自我管理和社会适应的综合发展。大部分小学数学教师是站在学科的角度去认识教学并以此为信念开展教学的。显然，这是远远不够的，我们需要正视一个问题：只关注知识教学，是否意味着能让学习真正地发生？前面说过，学生的学习是需要综合发展的。只有综合发展，学习才能真正地发生，单靠某个方面很难实现人的教育需求。曾听过一节六年级的数学课，教学内容是一元一次方程。在解答例如“x+5=12”这样的方程时，有学生通过摆学具或画图的方式解答。在与教师的课后交流中，教师向我解释了为什么没有在本节课中讲解最优化解法的原因，因为通过学具操作或者是画图的方法都来自学生的原创，作为教师需要保护学生的自我学习意识，激发兴趣，树立信心，即便是优化方法也需要学生自己开展自我内省的方式达到自我知识的重新建构。这个例子无疑会给我们很多启发，她不仅仅是“教知识”的教师，还是一位“教孩子”的教师。我们常说“让学习真正地发生”，“学习”到底指的是什么？难道会做“x+5=12”就是会学习吗？所以，为了让学习真正地发生，教师必须深入思考：学习到底是什么？我们期望它发生什么？要回答这些问题，还得从学校教育的目的想起。我们不是为培养数学家而教数学，而是为学生未来的社会生活教数学。作为一名处于高速发展时代下的教师，你必须要考虑的首要问题是：你应该教什么？或者说什么是教育的重要目标？“教育目标可以是非常普遍的（如成为好公民），也可以是非常具体的（如教会孩子两位数加法）。……

我们认为，在最广阔的范围内看教育的目标会更有价值；以这个观点来看，教育的主要目的是使学生更有能力。”（盖伊·莱弗朗索瓦兹《教学的艺术》）所以，仅从知识传授的角度来认识教学显然是不够的，教育的主要目的是使学生更有能力。

中央电视台做过一期《对话》节目，节目的参加者是中美两国一些即将进入大学的高中生。其中，美国的12名高中生都是“美国总统奖”的获得者，国内的高中生也是被北大、清华等著名大学录取的优秀学生。节目中有一个环节，要求学生们制订对非洲贫困儿童的援助计划。中国的高中生从中国悠久的历史入手，从追溯丝绸之路、郑和下西洋，到吟咏茶马古道，辅以弹古筝、弹钢琴、吹箫，之后又有深情朗诵和大合唱，最后，对非洲的援助计划只是轻描淡写地一笔带过，只说组织游客去非洲旅游，组织募捐，还去非洲建希望小学。这时，现场有一位留美的华裔作家发问：“你们募捐，要我掏钱出来，首先你们的整个计划得打动我。我还要知道我的钱都花在了什么地方，我捐出的每分钱是不是都真正发挥作用了？”我们的学生被这样的问题问得面面相觑。而美国高中生的方案，则是从非洲目前的实际情况，从非洲社会生活的方方面面，包括食物、教育、饮用水、艾滋病、避孕等一些看起来很细小的实际问题入手，每一项涉及什么，准备怎么做，甚至具体到每一项的预算，而那些预算竟然准确到几元几分。每个人分工明确，又融合成一个整体，整个计划拿来就可以进入实施阶段。（吕赞《只教给学生知识就够了吗？》）

这似乎可以从一个侧面反映出我们的学校教育严重脱离实际，脱离社会。我们只顾及在一个封闭的学科环境中传授知识，忽略在应用中学习，在应用中理解，在应用中感受学科价值。站在教育的角度认识教学，就能明白教学理所当然要为学生的发展服务。更明确些说，要为培养学生的“社会适应力”服务。

二、小学数学教学可以从哪些方面培养学生的社会适应力

培养学生的“社会适应力”，实际上就是为学生将来的生活奠基。

小学数学教学可以为培养学生的“社会适应力”提供哪些养分？结合目前教学的实际情况，培养学生的“社会适应力”需要关注以下几个方面的问题：一是交流能力，二是解决问题的思维方式，三是基本的数学素养，四是责任感、克服困难的毅力等非智力因素的培养。

1.要重视发展学生的数学交流水平

在交流过程中，学生经历知识学习、自我发展和社会发展的过程。课堂给了学生主动表达自我思想的场所，对学生的自我发展和表达能力是极其有益的，充分交流会提高课堂教学的效益。“专制”的课堂会使得学生哑然失声，学生总是接受外部信息，时间久了，学生就不敢甚至也不会表达自己的想法，因为他不知道自己的想法是否正确，是否会引发他人对自己的嘲弄或者来自教师的批评。而事实上，我们都有类似的经验，很多成熟的想法并不是来自本身，而是来自与他人的交流过程当中，这个交流过程使得原本并不成熟的思路逐渐完善，并且显得可行起来。教师要鼓励学生表达自己的观点，要允许学生在发言过程中出现错误。所以在课堂教学当中，我们必须关注学生的表达，以及合作探究与小组合作。学生能否清晰、准确地表述自己的想法，更进一步，表述是否具有感染力，是否愿意积极主动地与他人交流，并能争取到不同意见者对自己的理解甚至是支持，这一点很重要。

数学教学是以数学知识的学习为载体，由教师、学生和数学教学内容组成的多向社会性活动。而社会性活动的特质就表明了跨越界限和超越阶级。这种交流并非单向的表述，而应是在不同的观念冲突中实现的，“学习的经验不仅是主体与环境的交互作用，而且是同客体对话、同他人对话、同自身对话的沟通的重叠性交互作用的经验”（佐藤学《学习的快乐——走向对话》）。

教师的教学预设需要围绕教学目标准备宽松的、开放的问题，让学生有更多参与思考、发表意见、参加争论的机会，教师也就能更合理地理解课堂中发生的意外事件。随着师生对问题研讨的深入，学生对知识的理解越来越清晰。这种以学生活动为主体的教学，是在教师、学生、教学内容的相互作用中得以落实的，教师要从教育的角度形成自身的教学信念，同时也要以一定的深度去认识数学学科，这样才能较好地把握教学主线。谈到对学科的认识，必须强调这里的交流是有数学学科特点的交流，也即应用数学语言的能力，而不是异化为打着“交流”幌子的随意闲谈。2000年颁布的《美国学校数学教育的原则和标准》对数学交流给予了特别的关注，它强调“通过交流组织和巩固他们的数学思维”，使之能“清楚连贯地与同伴、教师或其他人交流他们的数学思维”，“分析和评价他人的数学思维和策略”，“用数学语言精确地表达数学观点”。（全美数学教师理事会《美国学校数学教育的原则和标准》）另外，还必须注意的是数学交流并非纯口头上的。教师应当尽可能地创设相互信任、相互尊重的交流氛围，在进行教学设计时，尽量地思考关于教学内容的不同方法的表征，这对创造好的交流话题是非常重要的。当学生进行交流时，教师要善于倾听，但更重要的是要能抓住学生话题中的重点，并进一步通过问题将之提炼出来，帮助学生厘清思路，明确想法，去芜存菁。

2.解决问题的思维方式对培养学生的“社会适应力”的意义

数学学习的过程是一个发现问题、提出关于解决问题的猜测、尝试解决、验证与修正、形成算法、推广应用的过程；数学学习的过程也是一个学生实现“再创造”与“数学化”的过程，其中包含了丰富的数学实践，与学生今后在生活、工作中解决问题的过程具有高度的相似性。无论从事何种行业，都可以为解决不同的问题提供一个思维的模式。著名作家王蒙先生认为：“回想童年时代花的时间一大部分用在做数学题上，这些数学知识此后直接用到的很少，但是数学的学习对于我的思维的训练却是极其有益的。”（王蒙《我的人生哲学》）鲁迅研究专家朱正先生说：“我在学术研究方面所做的工作，凭仗的也就是当年数学‘体操’所训练出来的思维能力。”（朱正《字纸篓》）两位学者说出了大家的一个共识：即使一个人“从事的几乎是同数学没有什么关系的职业，原来学的代数几何三角中的定理定律几乎全忘记了”（朱正《字纸篓》），然而数学对思维的训练还是有用的。

因此，数学教学是可以对人们解决问题的方式产生积极影响的。在教学中，我们可以将这种充满“数学味”的解决问题的方式在学生面前展现得更明确些。目前，教学中重点展现给学生看的往往是知识物化后的结果，而知识是如何来的，为什么要学，对学生来说是不清晰的，它们更像是变魔术似的从帽子里掏出个兔子来的感觉。所以，教师在教学中应该更加关注怎么会从帽子里掏出个兔子来（问题），再通过观察，甚至让学生自己试着在帽子里掏掏，看是否会掏出兔子（探究），也可以重放慢镜头让学生看看怎样才能掏出兔子（接受）。所以，无论你采用何种教学法，重要的是让学生通过数学学会思维。

以《义务教育数学课程标准（2022年版）》中的例44为例：2018年7月，国务院颁布了《打赢蓝天保卫战三年行动计划》，北京市积极响应，聚焦移动源、扬尘源、生产生活源等重点污染源，深化秋冬季大气污染防治攻坚，人们普遍感觉到雾霾天数明显减少，请用统计图表达空气质量是否得到改善。该例题给我们的启示是：在教学中不仅要帮助学生解决问题，求得结果，更重要的是让学生了解我们是用什么方法来解决问题的。教师如果能经常性地组织学生对解决问题的过程与策略进行反思，必然“能够促进学生对自己原有知识基础和学习背景进行不断地检验和发展”（胡典顺，何晓娜，赵军《数字教学走向对话》）。布鲁纳指出，教育过程很大程度上包括一种能力，即通过反思自己的思想从而以某种方式将自身与自己所知道的区分开来。（小威廉姆·E. 多尔《后现代主义课程观》）

3.小学生的基本数学素养包含哪些方面

小学生的基本数学素养包括创新意识、用数学的意识、感受数学中的科学精神和人文精神等几个方面。

小学生的数学创造当然不等同于数学家的，由于数学知识是人类已经认识到的知识，有历史的经验教训可以借鉴，因此学生可以凭着这种经验教训而少走一些不必要的弯路，通过相对简捷的途径去学习它、掌握它。另外由于第一次发现过程的历史条件已经不存在，教学时间也有限制，因此学生不可能（也没必要）重复漫长的第一次发现过程，学生的数学学习只能是一个“再发现”的过程。（曹才翰，章建跃《数学教育心理学》）这就意味着如果教师能意识到给学生创造的机会，就可能在数学教学中给予学生更多的独立思考的空间，这样的教法对培养学生的独立性的重要意义是毋庸置疑的。

课程改革以来，广大教师已经意识到培养学生探究能力是非常重要的，但在操作层面仍然存在一个误区：我们的探究目的是寻得问题的结果，而非探究能力本身。回顾诸多课例，教师通常引出一个问题之后请学生探究，偏重于探求问题的答案，注重结果，强调应用，并且往往探究的时间过短。更令人担忧的是，我们有时似乎在引导学生用并不科学的方法从事科学探究。让学生探究的目的成了验证答案，因为在探究前已经知道了结果。例如有课例表明，教师引导学生通过测量的方法探究圆周率的值，如果学生的结果离3.14很接近，学生会认为是对的；如果计算结果不接近3.14，学生会认为自己探究的不对，而不是怀疑现有结论。教师往往也会在其中起推波助澜的作用，对有的学生点头赞许，对有的学生提出质疑，而不是引导学生比较探究方法是否合理、操作过程是否准确、计算过程是否正确等。如此带给学生的信念是：如果你的探究结果与现有答案不一致，那说明你的探究方法不对。

“用数学”当然离不开基本的数学知识和技能，应该说数学知识和技能是理解数学、应用数学的重要基础，同时更要关注数学核心素养的培养与发展，数感、量感、运算能力、几何直观、空间观念、符号意识、推理意识、数据意识、模型意识都是通过知识学习去得以发生发展的。数学教学如果只囿于知识的传授和技能的训练，完全为应试而教，必然会与数学教育的目标南辕北辙。牢固的“双基”为数学的应用提供了可能，但这也仅仅是一种能力储备而已，没有应用数学的意识，所学的数学也只是一堆死物。要落实课程标准提出的：会用数学的眼光观察现实世界，会用数学的思维思考现实世界，会用数学的语言表达现实世界。武汉大学路见可教授举过一例：常常看到报载某地某种农作物年产量超过历史最高水平，这当然是件好事，但若不与该地的人口关联起来考虑，意义就不大，因为人口数量年年在超过历史最高水平，必须是产量的增长率超过人口的增长率才是我们所期望的增长。（严士健主编《面向21世纪的中国数学教育》）

“用数学”的意识怎样才能形成？这必须通过数学在生活、生产、科学研究等不同层面的实际应用来感受和获得。教材中有很多关于数学应用的鲜活材料，比如数字与信息、确定位置、统计与可能性、图形的测量等。教师必须将数学知识的学习与数学知识的实际应用建立联系，更广泛地收集数学应用的材料，并充实到教学过程中，让学生浸润在数学应用的环境中，让“用数学”成为习惯，从而逐步形成“数学的眼光”。事实上，几乎每个人都会说数学是有用的，问题在于对数学的作用每个人所理解的深度是不一样的。（严士健主编《面向21世纪的中国数学教育》）从这个角度说，在教学中关注“用数学”还可以让学生更清楚地认识到数学的价值。

4.关注对责任感、克服困难的毅力等非智力因素的培养

教育的力量在于发生“精神的作用”，教育的功能在于促进精神的引领。我们应当通过数学教育，让学生感受数学的科学精神和人文精神，培养对真、善、美的追求。培养正确的学习方法和态度、良好学风和品德修养，也包括从数学欣赏带来的学习愉悦以致对知识的尊重。（萧文强《数学史和数学教育——个人的经验和看法》）摆脱学科本位，以育人为教学基点，从事学科教学也许是素质教育得以真正实施的唯一大道。否则教师必然会在缺失社会责任感的背景下，从事着与教育

“貌合神离”的辛苦工作。

一个人在与数学打交道时，绝不只是一个认知过程，其间还有心理学所十分强调的意志与情感。“认知过程是伴随着意志过程的，反之也是事实。”（萧文强《数学史和数学教育——个人的经验和看法》）教师要重视学生非智力因素的培养，在教学过程中应当尽可能地让学生经历意志的磨炼、责任感的培养。教师要使自己所提的数学问题处于学生的最近发展区，同时有一定的思考空间，让学生在解决问题的过程中去尝试、验证、调整、经历挫折。数学是关于模式的科学，为发现数学现象中内隐的数学模式，需要从大量的数据中去观察、比较、分析、归纳，这些数据需要学生根据题目学会按照原型进行举例，举出的数据为便于观察需要有条理地排列，得出的结论需要代入同样数学结构的问题中进行验证，这正是对责任感的培养。也正是由于责任感的缺失，以至于学生在得到“种了45.6棵树”“全班有45.4人”的结果后，都完全没有意识到结果的错误。学生习惯了解题，但是不习惯对解题结果进行验证。学生要学会对自己得出的结论负责。有些教师提出“快乐学数学”“轻松学数学”，但要注意不要把数学学习异化为单纯地增加趣味性或是流于表面热闹的活动。学习数学的快乐建立在对问题的思考和克服困难的过程中，是一种对思维劳动成果的积极情感体验。学习的创新、知识的应用、数学美的欣赏也是提高学生学习动机和兴趣的重要途径，坚持培养学生独立思考和批判反思的能力，可以使学生欣赏到数学的独特魅力。

三、培养学生的社会适应力还应该注意哪些问题

教师首先需要自觉地提高对数学教育哲学的认识。数学教师需要经常地思考关于数学教育的一些本源性问题：数学是什么？数学教学活动是什么？我们教什么？什么对于儿童来说才是最重要的？……并且还必须站在社会发展的角度对上述问题进行思考。这样的思考会使教学过程更贴近全面育人、立德树人的要求，会使得教学行为更具有教育意义。

教师的教学观念要从重视“双基”向重视“四基”“四能”转变。

数学“四基”是指数学基础知识、基本技能、基本思想和基本活动经验（巩子坤等《2006~2007数学教育高级研讨班纪要》），“四能”是指发展运用数学知识与方法发现、提出、分析和解决问题的能力。关于数学基础知识、基本技能、基本思想，教师们在长期的教学实践中已达成共识，需要更加关注数学基本活动经验。数学活动经验是指学习者在参与数学活动的过程中所形成的感性知识、情绪体验和应用意识。感性知识是指具有学生个人意义的过程性知识，也包括学生大脑中那些未经训练的、不那么严格的数学知识；情绪体验是指对数学的好奇心和求知欲、在数学学习活动中获得的成功体验、对数学严谨性与数学结果确定性的感受以及对数学美的感受与欣赏等；应用意识包括对“数学有用”的信念、应用数学知识的信心、从数学的角度提出问题与思考问题的意识，以及拓展数学知识应用领域的创新意识，应用意识是数学基本活动经验的核心成分。基于对数学基本活动的认识，我们认为可以把演绎活动经验和归纳活动经验称之为数学基本活动经验。（王新民等《数学“四基”中“基本活动经验”的认识与思考》）我国的教学传统更偏重于演绎活动经验，例如“讲练结合”“精讲多练”等主要是围绕“演绎活动”开展的，这对于形成演绎活动经验是有利的，但同时，长期以来我们对于归纳活动经验的重视不够甚至是忽略的。庞加莱认为，仅仅依靠逻辑原则，数学毫无获取新真理的可能。欧拉也早就指出，数学这门学科，也需要观察，还需要实验和归纳。高斯亦曾明确指出，他的很多定理都是靠经验归纳和类比联想发现的，而基于逻辑推演之证明只是补行手续而已。（严士健主编《面向21世纪的中国数学教育》）某种意义上讲，“儿童不可能通过演绎法学会新的数学知识！”（弗赖登塔尔《作为教育任务的数学》）所以教师应重点关注并引导学生参与到观察、实验、类比、联想、归纳、想象等数学活动中去。在发现、提出、分析和解决问题的能力中，分析和解决问题的能力在以往的教学中都已较为重视，需要强化的是发现和提出问题的能力。目前的课堂教学中，教师习惯于在课始问学生“有哪些问题”，学生通常会提出经典三问“它是什么”“它是怎么来的”“它有什么用”。在课中教师也会在让学生根据情境中的信息提出问题，学生通常会提出“求和”“求差”等问题。尽管学生也在发现和提出问题，总体看还处于浅层次的提问，究其根源还是在于教师本身发现和提出问题的能力不足，自然也就难以期望学生提出高质量的数学问题。后面会专门探讨如何提高教师发现数学问题的能力。

在活动过程中，教师要重视学生的参与程度，让学生在数学活动中逐步认识学科价值。心理学家通过研究发现学生参与包括了心理投入，而且这是实质所在。学生存在两种参与：程序性参与和实质参与。程序性参与是指单纯的行为参与，后者包括了合理的心理投入，并且认为只有实质的参与和学生高层次的思维发展有关。（孔企平《数学教学过程中的学生参与》）学生参与涉及了对知识的学习、理解和掌握。教学内容的心理投入，并非指完成指定作业或取得较高成绩，学生可以完成作业或表现良好，但并不一定投入其中。大量的研究表明，学生往往投入大量精力于一些细节或程序，并没有发展真正的理解。（孔企平《数学教学过程中的学生参与》）综上所述，在组织学生获取基本数学活动经验的过程中，要说明这些学习内容是哪里需要、从哪里来的，它们和哪些问题有关，能解决什么问题。应尽可能地讲“来龙去脉”，不能让学生感觉数学不过是一大套推理、计算和解题的思维游戏和技能而已。（严士健主编《面向21世纪的中国数学教育》）数学问题应加强与生活的联系，能吸引学生的兴趣，让学生产生解决问题的心理指向。问题应具有适度的开放性，更重要的是教师的教学思想要有一定的开放性。问题解决的过程应有利于学生经历列举、实验、观察、分类、比较、归纳等数学活动，从而逐步建立归纳活动经验。

在强调学生探究的同时，必须同时强化验算的意识。这里的验算并非计算后用重算一遍的方法检验计算结果，而是指学生在探究出结果后，将结果代入原题中看结果是否符合题意的检验。更重要的是，教师要引导学生不仅探究结果，更要思考得到结果的算法，更好的检验是利用得到的算法去解决类似问题，并将所得的结果再次代入原题进行检验。教学中的检验唯有当探究出某种算法但又未得证实之时，才有意味。换句话说，检验应该在探究算法之时发挥更大的作用，而不是目前以重复计算为形式的缺少思维活动的机械行为。

数学活动并不囿于课堂之中，相反地，随着年级的增加，应该不断地、逐步地在现实社会中应用数学，学生可以在教师指导下适当地开展一些小课题研究。如六年级学习统计后，教师请学生利用统计知识完成一项感兴趣的小课题研究。有4位学生想研究奶酪在自然情况下会有什么变化，于是他们用奶酪做成花朵的形状，放在花盆中，每天记录日照时间、温度等自然情况以及奶酪的变化，最后写成研究报告。在这个过程中，教师关心的是学生如何进行记录、为什么选用折线统计图进行记录、奶酪的变化与什么有关、如何通过统计的数据说明自己的研究成果等等。这样的研究犹如一次利用数学知识进行的科学研究，其研究方法、解决问题的思路具有较强的可迁移性，在这个过程中，学生的元认知能力在提高，科学探究意识在加强。正如在游泳中学游泳一样，学生应当在应用中不断加深对数学的理解。

教师应结合数学的学习过程加强学生的应用意识，既可以通过在学生的现实生活中对数学知识进行简单的应用，也可以通过相关资料让学生了解数学知识在更广范围内的应用，拓宽其视野。教师在强调数学与社会联系的同时，要关注在数学的应用中凸显数学本质的特点。避免一谈到数学便想到菜场买菜用到的计算、购买商品时如何打折便宜等对数学应用的肤浅认识。教师应该彰显数学的模式特点，从数学学习的角度，数学活动体现为数学化的过程，可分为先后两个层次：水平数学化，指把情景问题转化为数学问题的过程；垂直数学化，指建立数学问题与数学形式系统之间关系的过程。（孙晓天《数学课程发展的国际视野》）这意味着教师教学中要努力实现对具体教学情境的超越。

让学习成为学生的欢乐

很少有人不喜欢玩游戏，即便失败了，也会兴致勃勃地再次投入到游戏中去。正如两人对弈，往往看见输了的一方嚷着“再来一局”，再次思虑布局，鏖战正酣，可谓成败皆乐在其中。学习若也能如此，岂不快哉！

学习，必须有趣才行，必须有挑战才行，必须当作自己的事才行，必须要有毅力才行。在这一过程中，最重要的是保护好学生学习的信心。人的天性是爱学习的，对新的事物有着好奇心和探究欲，总是会有问题产生。这种天性会被不恰当的教学信念和信念指引下的行为扼杀，因为我们总是习惯于用对错去评判学生付出的脑力劳动，这需要引起教育者强烈重视的。教师往往会对正确的回答报以微笑和赞赏，而对错误的答案，从语气和表情中都会让学生感到失落。习惯性的口语伴随着不喜的语气说着“坐下，你再想想”，学生在学习过程中会不断地感受到教师对答案对错态度的差别，会慢慢地将对问题本身的专注思考转移到对教师态度的关注，学生会因为教师对正确答案的肯定而高兴，也会因为教师对错误答案的否定而失落。学生不再关注问题思考的过程本身，只在意教师的态度，这不是正确的学习方式。学生在游戏中面对失误，会自己回顾过程，寻找失误的原因，找到改进的方法，再次进行尝试，倘若自己无法解决就会寻求帮助，这才是教学中教师应该教会孩子们的方法。

教师要尊重学生的劳动，这无关答案的对错，在于教师是否能以平等的心态去看待学生，在于教师是否理解在解决问题的过程当中，出现不同的思路是非常正常的事情，成年人只是比学生早学习了这些知识而已。只有尊重学生的脑力劳动，并请他们就自己的想法展开论述、补充思路，并积极地肯定每个人在其中付出的劳动，而不仅是以对错进行评判，就会让学生感受到教师是引领他们前行的人，是尊重他们的人，是愿意保护他们的人，是爱他们的人。有位一年级学生在做填空题“从0到10，排在最中间的数是（　）”时，他填的答案是“2”，教师没有简单地打叉，而是请他说说自己的想法，这个小朋友伸出了左手，握成拳头，说“这是0”，然后一根一根地数手指一直数到5，告诉老师这里有5根手指，接着又伸出了右手，告诉老师这里还有5根手指，所以合起来是10根手指，最后，他将中间的两根大拇指动了动，告诉老师，“您看，最中间的不是2吗？”老师告诉小朋友，自己教了20多年，这道题从来没有小朋友像他的解答这样有创意，小朋友高兴极了。然后老师说这道题还有一种想法，他请小朋友在纸上依次从0写到10，再请小朋友找出最中间的数，小朋友告诉老师是“5”。事实上，这道题的对错并不会对数学学习的结果有太大的影响，但是教师的教学方式会影响学生学习数学的兴趣和信心。尤其对低年级学生来说，让他们知道学习是有意思的事才是特别重要的，保护、维持并促进学习兴趣与学习信心的发展是教师最重要的教学任务。如果教师已经能关注到这些，那么接下来便是想办法让数学问题变得更有意思了。

前一阵子，笔者给学生出示了这样一道题：小明在菜场买了5元鸡蛋，回家路上遇见小红，小红用6元买了小明手中的鸡蛋，后来小明又用7元买回了鸡蛋，小红加价1元，用8元买了小明的鸡蛋，小明不想走回菜场买鸡蛋，于是用9元买回了鸡蛋，问小明是赚了还是赔了。题目刚出示，学生觉得这是非常有趣的问题，立即开始了解题活动，并且自发地进行了交流。有的说是“不赔不赚”，有的说“赔了1元”，有的说“赔了2元”，还有的说不会做。这道题看上去非常有趣，题目表述简单易懂，但是解答起来又有挑战性，可以选择的解题方法也很多。所以，怎样让学习素材变得有趣、生动、新奇，这是教师在加工学习素材时需要认真琢磨的。比如教书法可以从讲故事入手，聊一聊汉字的演变；最简单的认数，也可以让小朋友去用小圆片摆一摆，让他们有新的发现，就像6个小圆片可以摆成6个1，或是2个3，或是3个2，还可以摆出

"1+2+3"；学习完10以内数的认识，可以讲一讲古希腊数学家是怎样研究数的，再摆一摆10以内的三角形数（见下图），还可以猜一猜下一个三角形数是多少。这样一来，认数就成了很有意思的故事，对一个数就有了不同的表示，就不再是简单地写数，通过动手操作，同一个数有不同的组合方式。事实上，对数的表征丰富程度的认识会很大地影响到数运用的灵活与敏捷水平，这对发展学生数感是非常重要的。

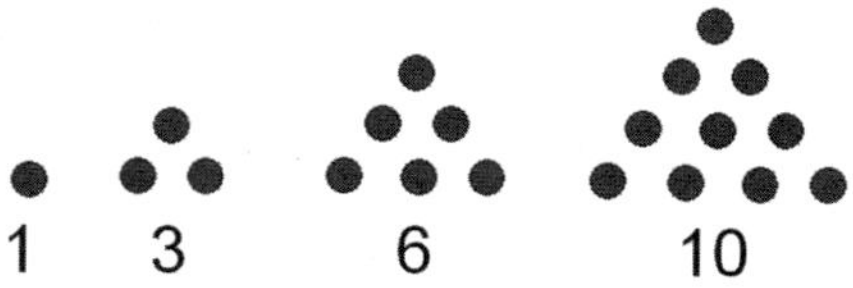

这是多么令人感到惊奇的事情！学习、记忆字母也可以从练习英文歌曲开始。因为学习本来就是有意思的事情。

学习要有挑战，特别是要有自我挑战。来自问题的挑战会让学生更深刻地理解知识，通过自我挑战，会让学生得到精神力量的增长，他们会愈发相信自己。例如学习了"圆的认识"，可以让学生完成挑战任务"画一个三边长度分别是5厘米、6厘米、7厘米的三角形"，问题看上去是非常简单的，但是要完成这一挑战任务，需要对所学知识活学活用才行，这样的问题简单而困难，然而一旦解决，获得的精神愉悦是令人难以忘怀的，这正应和了数学家陈省身先生所说的"数学好玩"。又如学习语文课文之前，可以让学生自行查找背景资料并开展相关的介绍，学生需要经历学习检索、整理信息、有条理地表达、在大众面前展示这一系列过程。教师要鼓励学生展示自我，激起学习的兴趣，让其乐于其中，一定要让学生进行自我的展示，唯有如此，学生才有可能真的成为自己学习的主人。

随着学生年龄的增长，教师要逐渐让学生知道学习是自己的事情，是需要付出努力的事情。良好的师生关系是非常重要的，一旦教师的心灵与学生的心灵亲密地接触了，学生才会相信并且接受教师的教诲。我们要通过事例让学生知道"你不会永远是个孩子"，在学习中、活动中、劳动中、体育锻炼中通过点点滴滴的提示，通过各种不同的活动发展学生的自我，唤醒他们精神中的自我，让其知道“我要做什么”“我应该做什么”。学生一旦将学习当作自己的事情，学习才会有持续发展的可能，要达成这一目的是有挑战性的。许多教师在工作中常常会犯一个很严重的错误，那就是只会去逼迫学生，而不会启发学生让他自己去“逼迫”自己。教师需要更好地体会并理解“五育并举”“立德树人”的重要性，囿于单一的学科学习是很难让学生全面发展的，只有将身体素质、心理品质、道德修养、对美的欣赏与创造、对劳动的态度和能力综合起来，才能从根本上影响学生的发展。所有教学行为的实施都要关注学生的自我教育，让他们知道学习中的付出是一种美好的劳动，是一种创造，这种劳动与创造增添了学校的美。这种美可以是外在的，就如通过劳动使教室变得整洁、使黑板报变得赏心悦目；这种美也可能是看不见的但却可以感觉到，在我们认真对待学习的态度上，在我们真诚的交流中，在我们对待问题锲而不舍的求解里，都可能包含了这种美。只有自己创造的美才会有回忆，才值得珍惜，因为这种美里有真正的、活生生的教育，有老师和学生共同成长的故事。

正如苏霍姆林斯基所说：在学校里，只有当学生渴望学习，只有在学习中（上学、读书、写字、认识）他感到是一种欢乐，得到是欢乐并得到人的一种骄傲时，学校里其他的一切才会成为现实的、可以达到的。（B. A. 苏霍姆林斯基《怎样培养真正的人》）

为了孩子更好地学习数学

面对孩子的发展，有很多问题值得讨论，例如教育怎样塑造孩子，又如何改变他们？哪些重要技能对他们的未来发展至关重要？对孩子需要严格还是宽松？用奖励刺激的方式促进儿童发展是否合适？什么才是成功的教育？类似的问题还有很多，对小学数学教师而言，重点需要考虑在小学阶段怎样做才能达到“为了孩子更好地学习数学”的目的。

一、双生子爬楼实验的启示

事实上，从儿童进入学校学习开始，对于儿童来说是一个重大的转折，儿童是否能够适应校园生活对他们来说是巨大的挑战。在幼儿期间并无太大明显差异的儿童，为什么在进入学校之后会很快地产生分化？就以数学来说，根据哈佛大学研究人员的相关研究，幼儿在很小的时候，就能通过视觉对数量的多少做出判断，这是一个非常让人感到惊讶的研究。那么产生分化的原因来自什么？是提前学习或是高难度学习吗？就像现在众多的幼小辅导班、奥数培训班？美国心理学家格塞尔曾经做过一个非常有趣的实验——双生子爬楼实验，即让一对同卵双胞胎练习爬楼梯。其中一个在他出生后的第46周开始练习，每天练习10分钟。另外一个在他出生后的第53周开始接受同样的训练。两个孩子都练习到他们满54周的时候，一个练了8周，一个只练了2周。这两个小孩哪个爬楼梯的水平高一些呢？大多数人肯定认为应该是练了8周的比只练了2周的好。但是，实验结果出人意料——只练了两周的孩子其爬楼梯的水平比练了8周的孩子好——他在10秒钟内爬上那座特制的五级楼梯的最高层，而先练习爬楼梯的孩子则需要20秒钟才能完成。据格塞尔的分析，46周就开始练习爬楼梯为时尚早，孩子没有做好这方面的准备，所以训练只能取得事倍功半的效果；53周开始爬楼梯，这个时间就非常恰当，孩子做好了准备，所以训练就能达到事半功倍的效果。

这个实验给我们的启示是：教育要尊重孩子的实际水平，在孩子尚未成熟之前，要耐心地等待，不要违背孩子发展的自然规律，要遵循孩子发展的内在“时间表”，切勿人为地通过训练加速孩子的发展，此举会对孩子心理的健康发展产生危害。面向儿童学习的研究，已经从单纯的“智商说”，发展到关注情商、学商、逆商等多方面。这说明对于学习来说，不仅要关注智力因素，同样需要关注非智力因素。对所有的教师来说，面临的一个重要话题就是关于孩子的未来，哪些素质是现在需要关注的?

第一，身体素质。身体素质是必须关注的，包括科学饮食、运动意识与运动习惯、作息时间等。体育作为五育之一，历来为教育者所重视，毛泽东1917年在《体育之研究》中提出：“近人有言曰：文明其精神，野蛮其体魄。此言是也。欲文明其精神，先自野蛮其体魄；苟野蛮其体魄矣，则文明之精神随之。”在体育运动中，与运动行为伴随的不仅是身体负荷的增加，还有坚持、毅力等精神力的增长，这是促进儿童全面发展的重要力量。

第二，道德发展。仅有身体素质是不够的，儿童的道德发展是全面发展中的核心，是立德树人的时代要求。从先贤提出的“先天下之忧而忧，后天下之乐而乐”，到近代的“天下兴亡，匹夫有责”，再到当代的“实现中华民族伟大复兴”，都指向每个国人应当具有的家国情怀。丘成桐教授指出：人格教育和专业教育必须并重，才能够成就一个伟大的民族。小学生需要从具体的行为和事件入手，促进其道德发展。数学学科中的理性追求、数学家追求真理的精神力量，以及数学史实中都有潜在的道德元素。

第三，社会适应能力。在人的活动中，还需要发展社会适应能力，包括对新环境的适应能力、对文化的理解和接受能力、逆境时的自调适能力、对机遇的把握能力、疲劳期的自我调节能力等。此外，还要有良好的心理素质和继续学习的能力。联合国教科文组织在《学会生存》一书中提出了教育的“四大支柱”——学会做人、学会做事、学会学习和学会与他人共同生活。这些需要在家庭教育、学校教育、社会环境教育、自我教育中共同完成，其中起到主要作用的是家庭教育和学校教育。

二、小学数学学习要关注什么

对于低年级学生的数学学习，首先是培养其好的学习习惯，有可能的话，在其幼儿期就可以在其习惯培养上做出努力。其次是让其保持良好的学习兴趣，怎样才能让学生保持数学学习的兴趣呢？一定要给学生进行数学活动的机会与空间，老师和家长要创造良好的外部环境。比如借助拼搭——玩积木对学生空间观念的发展是有好处的，小棒的操作对学生理解运算很有助力。此外，还需要对学生在数学学习上付出的劳动给予肯定，即便学生所得到的结果不正确，只要他在认真地解决问题，教师、家长都应该肯定他，但同时也应告诉他："你所得到的结果还不正确，你愿意再试一次吗？"千万不要用结果的对错来评价学生的学习过程。再次是要及时地给予表扬，对低年级学生学习动力影响比较大的是他人对其学习的肯定，随着年龄的增长，这种影响会有一定程度的减弱，自身兴趣与学科价值所起到的影响力则会增加。最后是帮助他们树立学习认同感，这是至关重要的，要让他们从内心认同自身的学习，相信自己是能学好数学的，是具有学好数学的能力的。

1.培养好的学习习惯

（1）尽早独立作业。这个习惯在孩子上幼儿园就可以培养了，家长可以和孩子约定好每天要完成的任务，可以是讲故事、唱歌、跳舞、锻炼、绘画等，家长和孩子共同完成任务，对孩子来说，这就是作业。

（2）及时订正作业。一方面，订正作业是对自己作业负责的一种表现；另一方面，订正作业可以查漏补缺，数学知识的学习往往是螺旋上升的，如果前面存在知识缺陷，势必会影响后面的学习。

（3）自主检查作业。主要是指对当天疑难作业的检查，而非对所有作业的检查。低年级可以从检查口算开始，年龄增长后，可以重点对新学问题进行检查，检查时不仅要关注计算是否正确，更要学会将答案代入原题检查，看是否符合题意。

（4）上课认真听讲，积极思考问题。对教师来说，需要关注学生上课有没有举手回答问题，因为对学生来说，只有经历了思考过程，有了相应的结论，他才会举手回答问题。相对于结论的正确与否，学生是否积极思考显得更为重要。

（5）主动提出问题。包括自己不明白、想问的问题和对他人意见的质疑，保持对问题的敏感性，这对今后的学习、工作都至关重要，否则只会人云亦云，失去对事物的独立判断。

（6）养成阅读习惯。可以从幼儿时期听故事开始，逐步发展到阅读绘本。每天坚持阅读对发展阅读能力是有益的，数学题意的理解与阅读能力也是有关联的。

（7）学会尊重规则，学会自我克制。尊重规则是人适应社会的要求，如果过于自我，将会在融入社会的过程中产生障碍。同样，不要急于满足学生的愿望，有时需要他们自己通过努力去争取才能得到。教师在课堂上不要“廉价”地表扬学生，获得表扬需要学生付出努力。哥伦比亚大学沃尔特·米舍尔教授曾经设计过一个实验，在一个独立空间中请幼儿园的小朋友面对3块棉花糖，如果能坚持到规定的时间，意味着成功，那么孩子可以吃这3块糖；如果没有坚持到规定时间就吃糖的话，意味着失败。米舍尔教授对参加初始实验的儿童进行了历时40年的跟踪调查，他发现能抵制棉花糖诱惑的孩子，学习成绩更优秀，患病或离婚的可能性也更小。幼儿时对诱惑的抵抗会带来未来人生的幸福，这是米舍尔研究之初也没意识到的。幼儿时代是进行延迟满足训练的最佳时期，不能要什么就给什么，要让他们学会等待，懂得节制，没有延迟满足的训练就难以有自制力，而没有自制力就难以有幸福的人生。教育的成功是靠精神引导实现的，而非物质满足。

2.学习数学需要恰当的学习方法

（1）让孩子自己去尝试。例如：一个数除以5余2，除以7余3，这个数至少是多少？这样的问题可以让孩子自己去试，哪怕方法比较麻烦，尝试的过程也必不可少，因为尝试的过程是孩子数学活动经验的形成过程。知识可以传授，经验要靠自我积累。

（2）用图辅助思考。当孩子解题遇到困难时，我们应当不断地提醒：可以用画图的方法试一试。前些日子，有同学问我一个问题：一个正三角形和一个正六边形周长相等，三角形与正六边形的面积比是多少？我问他：“为什么不画图辅助思考呢？”他在草稿本画出下图：

如上图所示，将图形用小三角形进行等分，很容易发现本题的结果。所以拿到一个数学问题，空看空想对解题所起到的帮助微乎其微。

（3）借助实物操作。例如“横截面”这个数学概念，只要将粉笔掰开，断面就是横截面。再如：一个立体图形由小正方体拼成，从正面、上面、侧面看到图都如下图所示，它至少由多少个小正方体拼成？

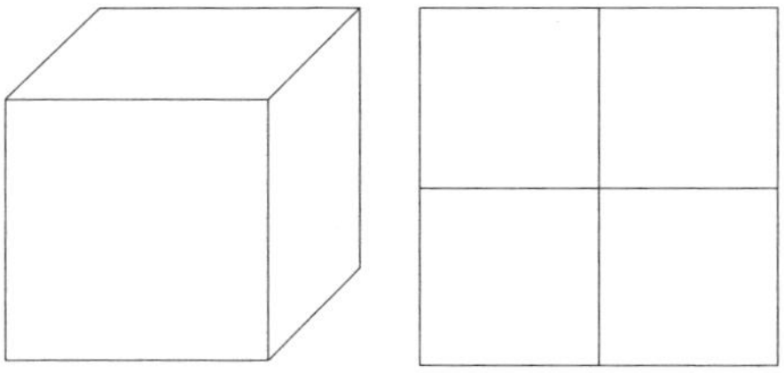

像这样的问题，不操作很难思考，但是利用积木进行拼搭与观察，不难发现只需要6个小正方体就可以完成题目要求。

（4）在比较与应用中理解数学概念。数学概念要在比较和应用中学习。“数与代数”领域的数学概念就有很多：整数、小数、分数、自然数、正数、负数、因数、倍数、公因数、公倍数、倒数、平均数……对学习者来说，面临的任务或者说挑战就是：这些概念如何整理？它们的关系是什么？如果不能很好地进行整理，说明对这些数学概念的理解还不到位。另外，同学们还需要用自己喜欢的方式去整理这些概念之间的关系，可以通过图表或者举例等。同学们可以在每个单元学习结束后，尝试去进行简单的整理。

（5）数量关系要熟练。数量关系是解决问题的基础，要善于将题中的相关信息利用数量关系建立连接。从三年级开始就可以开展数量关系的训练，例如给出“男生20人，女生30人”，学生可以提出哪些问题？问题提出的越多越好。这样的训练也可以看问题来补条件，或者给出一个条件和问题，请学生补出另一个条件。

（6）读题时及时联想。怎样用好数量关系呢？可以在读题时及时将题中信息进行连接，例如：全班男生有25人，女生人数比男生的2倍少15人，全班多少人？那么在读“全班男生有25人”时，就要告诉自己“男生人数是已知的”，读到“女生人数比男生的2倍少15人”时，就要告诉自己“女生人数可以求出”，读到“全班多少人”时，就要想到用“男生人数加女生人数”，那么，你会发现题目读完时，解题思路也就有了。

（7）想不出来，暂时不想。如果一个问题，思考了很久也没有得到解题思路，那么可以暂时搁置。为什么呢？往往在这种情况下，思路已经进入误区了，此时容易陷入既定的思维框架中，往往得不得正解。例如：将一个正方形分成4份，要求每份形状相同、大小相等。这当然不难做到，下图就是其中一种解法。

如果要求将下左图也分成形状相同、大小相等的4份呢？这难度当然有些大，不过还是可以得到答案，如下右图所示。

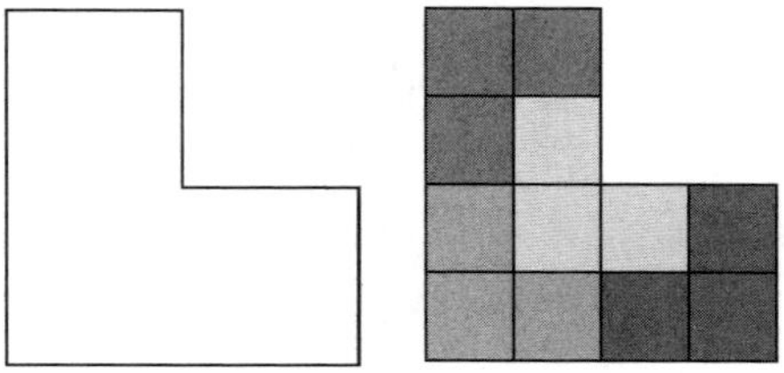

如果把下左图也按之前的要求进行划分呢？答案见下右图所示。

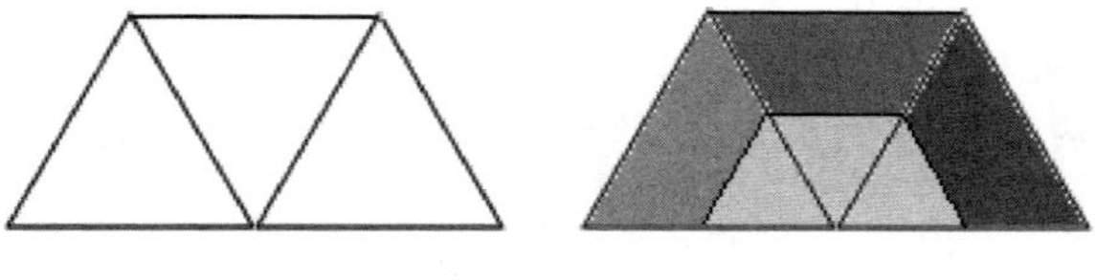

好，如果你也得到了答案，那么最后一个问题就是怎样将一个正方形分成形状相同、大小相等的5个部分，请读者朋友们自己在下图试一试。

（8）会举例子。举例子是常用的解题方法，是一种灵活处理特殊化与一般化的方法。例如：某班男生与女生的人数比是3∶2，在一次测验中，男生的平均分是85分，女生的平均分是90分，全班的平均分是多少分？这个问题中不知道男、女生的人数，不过我们可以根据男生与女生的人数比是3∶2来假设男生有3人，女生有2人。那么全班的平均分可列式“（85×3+90×2）÷（3+2）”求得。为什么可以这样举例呢？因为男、女生的人数比是3∶2，那么可以将每3个男生和每2个女生配成一组，而每组的平均分一定是相同的，这样每组的平均分就与全班的平均分相同了。

（9）及时复述解题思路。有的学生很聪明，速度很快，但是总是会出现一些小错误，在稳定性上有所欠缺。这样的学生可以通过要求他们复述解题思路来帮助其提高解题的正确率，避免无谓的错误。及时复述解题思路可以促进理解，有助于知识内化，可以训练思维的流畅性，有助于数学语言的表达。

（10）学会比较，举一反三。下面提供的两道题看上去不同，但是本质是相同的，都是等积变形问题，因此解题时都要抓住“体积不变”这一要点。

①将一个长6.28厘米，高和宽都是3厘米的长方体铁块，铸成一个半径为1厘米的圆锥体零件，高是多少厘米？

②有A、B两个圆柱形容器，从里面量得A、B容器的底面周长为62.8厘米和31.4厘米，A、B内分别盛有4厘米和29厘米深的水，现将B容器的水倒向

A容器，使两个容器的水一样深，水深多少厘米？

举一反三，就意味着抓住了数学问题的内在结构。举一反三代表了一种对解题思路的回顾，代表了一种将待解问题与其他问题进行比较的能力。如果不会举一反三，那就只能就题解题，囿于题海之中，即便做再多的题，也只能达到“熟”的程度，而很难达到熟能生巧的地步，只有在“熟”的基础上善于思考，才能进一步达到“巧”的状态。

介绍了这么多学习数学的方法，怎样落实呢？就像“在游泳中学游泳”一样，最好的方法就是每天坚持开展思维训练，做到每天进步一点点。练习量并不要求多大，但是所选择的问题要有一定的挑战，如果过于简单就没有必要了，训练重在不间断。

三、数学学习可以给学生带来什么

第一，责任意识。及时完成自己的作业、及时订正、自我检查等都体现出一种责任意识。

第二，理性精神。知道问题所在，能科学地认识“是什么”，不断地追寻“为什么”。

第三，勤奋、刻苦、耐受挫折。解决问题的过程就是一个接受挑战的过程，正如歌词描述的一样：不经历风雨怎么见彩虹，没有人能够随随便便成功。孩子们需要在过程中学习怎样面对困难，怎样克服困难。

第四，有条理地与人交流。要提升交流水平，首先要敢说，逐步达到能够清晰、准确地表述自己的想法，更进一步，表述是否具有感染力，是否愿意主动地、积极地与他人交流，并能争取到不同意见者对自己的理解甚至是支持。

第五，培养一种思维方式。数学学习的过程，是一个发现问题、提出关于解决问题的猜测、尝试解决、验证与修正、形成算法、推广应用的过程。而这个过程与将来要开展的研究工作，或者是解决工作中遇到的问题所要采用的流程基本一致。从这个角度看，就不难理解在小学生中开展的小课题研究，其价值正在于培养这样一种思维模式和积累相关的研究经验。

第六，数学眼光。数据意识随着大数据时代的来临显得尤为重要，我们能否透过数据去理性地分析，这很重要。

四、教师可以提供哪些帮助与支持

第一，教师要学会等待，不要剥夺孩子发现的机会。孩子的学习时间，应该尽量是孩子独立解决问题的时间，成人过早地干预，会让孩子感觉自己是一个失败者，或者形成一种等待别人帮助解题的习惯。什么时候干预合适呢？一定是在孩子经历了挑战并且自己提出了需要帮助的要求之后，正如孔子所说“不愤不启，不悱不发”。

第二，鼓励学生表述自己的观点。不要急于评价结果是否正确，可以心平气和地对孩子说“你是怎么想的？说说看”，或者“这里如果能边画图边讲就更清楚了”，以及“我是这样想的，你看呢？”如果不知道错误是如何发生的，那么纠错也就无从谈起了。教师和家长一定要鼓励学生付出的努力，而不是仅仅为了获得的结果，例如“今天的作业书写不错！”“这道题能想到用画图的办法来解决，真厉害！”不要“廉价”地表扬孩子“真聪明”。

第三，加强口算训练和计算指导。100以内的加减乘除口算要熟练，这是计算的基本功，需要长期坚持训练。要会根据数据特点选择算法，达成这一点仅仅依赖学生的自我发现是比较困难的，例如六年级学生计算“0.125×0.25”，如果孩子只想到用小数乘法计算，那只表示他会算答案，但是还不会“算”，因为这道题如果将小数转化成分数，口算都能得到结果。所以，计算不仅要能算对，还要算得巧。

第四，鼓励学生列综合算式，这将对未来的中学数学学习有帮助。适时、适度地开展预习也是一种好的学习方法，在学习过程中接受适度的挑战，帮助学生制定短期目标并适时奖励，帮助学生了解数学的作用，和他们一起开展小课题研究，这些都会对学生学习数学产生积极的促进作用。

第三章　新教师怎样解读教材

研读教材的常用方法

《义务教育数学课程标准（2022年版）》指出：数学教材为学生的数学学习活动提供了学习主题、知识结构和基本线索，是实现数学课程目标、实施数学教学的重要资源。课程标准要求教材要体现核心素养培养要求，教材内容组织要着重关注核心素养发展的整体性、一致性和阶段性。教师对教材的研读能力也是教师专业技能的重要组成部分，既然是“研读”，显然就不能简单地“读”，还要有“研”的要求。教材研读是具有个人色彩的，不同教师研读教材的视角和方法不尽相同。潘小福认为，小学数学教材的专业化解读可以从三个方面体现“专业化”：一是小学数学教材自身的体系结构；二是教学内容中蕴涵的数学思想方法；三是小学生思维的特点和规律。潘小福也具体指出了小学数学教材专业化解读的三个视角：高观点指导下的视角、数学思想方法的视角和教材编排体系的视角。（潘小福《小学数学教材的专业化解读》）对职初教师来说，可以从整册教材内容的分析、单元教学内容的分析、课时内容的分析三个层次对教材进行研读。对全册教材的把握是以具体的单元内容研读为基础的，单元内容的研读又是以课时内容研读为基本单位组合而成的，教材的研读通常是以“整体—部分—整体”的过程进行的。对全册教材的研读在于整体把握学期教学内容，对单元和课时内容的研读可以采用从数学知识的角度把握教学内容、从结构化的角度把握知识间的联系、从主题研读的角度把握相似内容教学的一般方法。通过对教材的研读，教师了解教学内容的地位、作用和前后联系，以把握新、旧知识的连接点和学生认知结构的生长点。研读时不妨多问几个为什么：例题为什么这样设计？习题的编排有怎样的变化？学生要掌握的基础知识与技能是什么？可发展的能力是什么？与发展学生的数学核心素养的联系是什么？……

一、了解全册教材的内容编排

全册教材的研读，先从教材目录了解单元内容，并按相应领域归类后再分析编排结构。以苏教版《数学三年级上册》教材为例，全册共八个单元（第八单元是期末复习），另安排有两个“综合与实践”活动和一个“探索规律”，具体安排可以按领域划分，涉及“数与代数”“图形与几何”“综合与实践”三个领域。

“数与代数”领域安排的学习内容有“两、三位数乘一位数”“两、三位数除以一位数”“解决问题的策略”，这几个单元内容与数的运算及其应用有关；另外，还有“千克和克”单元是认识常见的量，“分数的初步认识（一）”单元是数的认识。自三年级开始，每册教材都会安排“探索规律”的专题活动，本册安排的是“间隔排列”。

“图形与几何”领域安排了“长方形和正方形”和“平移、旋转和轴对称”两个单元。“长方形和正方形”是学习图形的认识和图形的测量，“平移、旋转和轴对称”学习关于图形的运动。

“综合与实践”领域安排了“周长是多少”和“多彩的‘分数条’”两个单元。

整体来看，“数与代数”领域在全册所占比重是最大的。从单元内容来看，“两、三位数乘一位数”“两、三位数除以一位数”“长方形和正方形”三个单元所用课时较多。

二、了解教学内容的联系

对单元教学内容的把握，不仅要看本册中的单元内容，还需要从整个小学阶段了解相关教学内容与本册单元教学内容的联系。以“整数乘法”来说，二年级上册学习“表内乘法”，三年级上册学习“两、三位数乘一位数”，三年级下册学习“两位数乘两位数”，四年级下册学习“三位数乘两位数”，可以发现三年级上册的“两、三位数乘一位数”在“整数乘法”系列中处于承上启下的作用，地位非常重要。在对这一单元进行研读时，就需要思考学习的基础及该单元学习对后面学习相关内容时可发挥的作用。教师还需要思考如何结合本单元学习发展学生的运算能力，在进行具体的单元分析时，需要通过学习关于运算能力的文献论述去整体构思单元教学。

类似的，三年级上册的“两、三位数除以一位数”也与四年级上册学习“两、三位数除以两位数”有联系，在学习“两、三位数除以两位数”时，学生要归纳计算方法，很重要的一点就是观察被除数的前两位，先用被除数的前两位除以除数，如果被除数的前两位比除数小，就用被除数的前三位除以除数。那么，类似的方法在本单元学习时，是否可以将前面学习过的“有余数的除法”联系起来，归纳出除数是一位数的计算方法，这样有利于学生自行类推出除数是三位数的除法的计算方法。尽管不要求教学除数是三位数的除法，这样的教学思路就体现出笔算除法内在计算结构的一致性。

三年级上册的“分数的初步认识（一）”是学生第一次认识分数，对后面分数的学习起到奠基的作用，因此在进行单元分析时就不能简单地看本册的单元教学内容，而需要结合三年级下册“分数的初步认识（二）”和五年级下册“分数的意义和性质”作出系统的分析，这样有利于形成对“分数的初步认识（一）”教学要求的准确定位，教学时才能到位而不越位。

再例如苏教版教材在二年级上册安排学习“厘米和米”，在二年级下册安排学习“分米和毫米”，这样编排的道理是什么？二年级学生的身边许多物体的长度用厘米或米计量，他们暂时还没有能力用千米为单位计量较长的长度，或者用毫米为单位进行比较精确的测量。而一旦有了认识厘米和米的基础，就可以用相似的学习方法进一步认识分米和毫米了。

有些存在联系的学习内容在学习时间上相距较远，学生在学习时会有知识遗忘的情况出现，这就需要教师根据关联知识进行补缺。如果三年级学习了面积单位的知识，那么在五年级学习多边形面积计算之前，教师要根据学生的实际情况及时复习相关面积单位之间的进率，或者在四年级教学过程中合理安排相关练习。五年级学习了圆的周长与面积之后，在六年级下学期学习圆柱与圆锥的相关知识之前同样需要先复习圆的周长与面积计算，再教学新知。

三、分析单元内容要点

以三年级上册第二单元“千克和克”为例，单元共3道例题，例1从实际情境中引出物体轻重的概念，并且让学生感受到要描述物体究竟有多重（即物体的质量）需要有具体的计量单位，体会质量单位“千克”是由日常生活中计量物体质量的需要而产生的。通过观察秤面和相关物品认识1千克，让学生经由称一称、拎一拎、数一数、估一估等活动丰富对1千克的感知。例2和例3分别认识质量单位“克”，以及克与千克之间的进率。例2先从食品包装袋上标注的食品净含量引出质量单位“克”，感受比较轻的物品质量常用克作单位；再通过对不同硬币的称重及称出10克黄豆，感受1克很轻。例3以日常生活中常见的食盐引出“1千克=1000克”。

对“千克与克”的学习，教师要关注组织学生的操作活动，学生对1千克、1克的活动体验越丰富，越利于学生建立对概念的操作体验。在体验的基础上，要丰富活动的层次，通过对估一估、称一称、数一数、说一说等活动的有序安排，丰富学生对千克与克的认识。通过建立称重参照物，发展学生估量的能力，让学生了解1千克鸡蛋能有几个、几本数学书是1千克、10千克大米有多重等，有利于学生自身估量水平的提升。

四、基于主题的教材研读

研读教材可以基于某一主题，这一主题的确定往往与教师本身要研究的教学问题有关系。例如，关于平面图形的认识教学是否具有相似性？这就可以研读不同年级中关于平面图形认识的教材内容。低年级学生是从经验的角度初步认识平面图形的，了解认识图形的一般方法有比一比、画一画、折一折等。当学生学习长方形和正方形时，通过观察、操作、自主探索等学习方式，从边和角两个角度总结归纳长方形和正方形的特征。在学习三角形的特征时，也是从边与角两个角度。为什么都从边和角两个角度研究？在多边形中，三角形具有稳定性，当其三边长度确定时，其形状和大小就确定下来，不会发生变化。而其他多边形，当只有相关边的长度信息时，是无法准确画出这个多边形的形状的。例如1个四边形的四条边长度分别是8厘米、4厘米、8厘米、4厘米，是无法画出其形状的，因为我们无法通过相邻边的夹角将图形确定下来。如此思考，对于平行四边形、梯形的认识可以怎样改进？教师不妨将平面图形角的特征作为教学内容的一个部分，而不需要将其作为要求掌握的内容。

通过研读平面图形认识的教材内容，不难发现都是借助生活经验引入对图形特征的认识，通常是从学生熟悉的生活场景中抽象出平面图形，例如从教室场景中抽象出长方形和正方形、从夜景的灯光中抽象出射线等，进而在学生的主动参与中认识图形，常用的方法是通过观察、操作（折、画、比、量）等自主探究活动归纳图形特征。在揭示图形特征之后，往往通过辨识来巩固对图形特征的掌握，例如要求学生说出“下面哪些图形是角？为什么？”辨识之后一般安排操作活动，要求学生画出指定图形，并让学生运用图形的特征完成操作活动，最后是图形特征在生活中的应用。这样比较下来，不难发现平面图形认识的一般教学流程。值得教师思考的是：在不同年级中教授有关平面图形的认识，怎样体现出层次性？对学生的学习要求是否应该有相应的变化？下面这些问题就可以在不同年级教学时引发学生在过程中进行思考：平面图形的特征通常从哪些角度研究？立体图形呢？相应的研究方法有哪些？怎样验证研究的结果？你打算如何呈现研究的结论？

五、把握例题和习题的关系

研读教材例题时，一定要把握例题和习题的关系，把握练习的针对性。例如苏教版《数学六年级上册》学习“长方体和正方体的认识”之后，练习一第3题如下：

3. 看右边的长方体回答问题。

(1) 上面是什么图形？长和宽各是多少？

(2) 前面是什么图形？长和宽各是多少？

(3) 右面是什么图形？长和宽各是多少？

(4) 下面、后面和左面分别与哪个面完全相同？

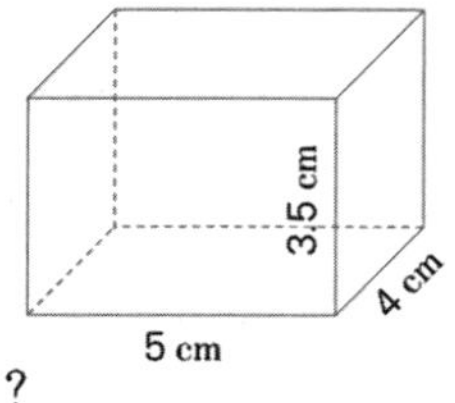

教材在学习例1至例3之后安排了练习一，但是并非在例3学习之后才进行练习一，像第3题就是在学习例1之后就可以开展的练习，通过练习巩固对长方体特征的认识，也为后面学习长方体的表面积做准备。

在继续学习了长方体、正方体表面积计算之后，教材安排了练习二，其中前两题如下：

1. 一个长方体如右图。

(1) 上、下每个面的长是(　　)厘米，宽是(　　)厘米，面积是(　　)平方厘米。

(2) 前、后每个面的长是(　　)厘米，宽是(　　)厘米，面积是(　　)平方厘米。

(3) 左、右每个面的长是(　　)厘米，宽是(　　)厘米，面积是(　　)平方厘米。

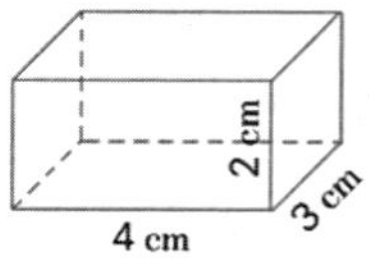

2. 右图是一个长方体。

(1) 它的上面、前面、右面3个面的面积一共是多少？

(2) 这个长方体的表面积是多少？

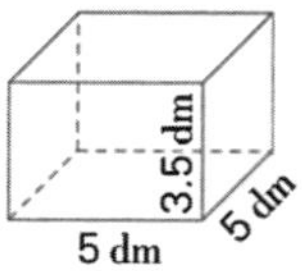

这两道练习题都在计算长方体的表面积，但是所用的方法不同，因此在教学中就不能简单地核对答案，而是要对这两题进行比较，并联系例题学习时所用到的两种表面积计算方法。

从单元整体视角把握单元例题关系

在教学工作中，教师往往重视课时的教学设计，忽视对单元教材进行整体分析，尽管备课笔记有单元分析的要求，但通常也是在网上复制粘贴，这极易造成教学的碎片化，难以体现单元结构的系统性。忽视单元教材的整体分析，易使得例题教学各自独立，难以体现例题间的联系，不利于学习内容的结构化；教学时容易出现对例题教学平均分配时间与精力，难以把握学习起点，也不能发挥核心例题的作用；教学时由于不能很好地把握例题间的联系，教学设计容易过于偏向“双基”，难以组织学生对有联系的例题进行比较，体现不出不同例题中隐含的结构，不利于发展学生的基本数学活动经验和感悟基本数学思想，更不用说以旧引新，去发展学生的“四能”与“三会”了。《义务教育数学课程标准（2022年版）》指出：单元整体教学设计要整体分析数学内容本质和学生认知规律，合理整合教学内容，分析主题—单元—课时的数学知识和核心素养主要表现，确定单元教学目标，并落实到教学活动各个环节，整体设计，分步实施，促进学生对数学教学内容的整体理解与把握，逐步培养学生的核心素养。

一、整体分析单元例题，有利于发现单元教学相通点

对单元例题进行分析，发现单元例题的联系，厘清例题教学内容的异同，有利于教师确定有效的教学主线。

以苏教版《数学三年级上册》第一单元“两、三位数乘一位数”为例。单元共安排10道例题，例1、例2安排了整十、整百数乘一位数的口算和相应的估算，例3、例4安排了关于“倍”的相关内容，例5至例10安

排了两、三位数乘一位数的笔算，包括不进位、不连续进位、连续进位与乘数中间或末尾有0的乘法。

首先分析单元与相关联知识之间的关系。与本单元关联的已学知识是表内乘法和多位数加法，后续还需要学习两位数乘两位数和三位数乘两位数。其次分析单元例题的联系，例1和例2的教学是理解两、三位数乘一位数的笔算算理和归纳算法的基础，例5至例10的笔算教学中，重点要解决的是竖式的书写格式，以及在笔算过程中从哪一位乘起、怎样进位等问题。笔算教学中先教学生乘数中没有0的笔算，再教学生乘数中间或末尾有0的笔算，符合从一般到特殊的逻辑顺序，也有利于学生学习。“倍的认识”相关例题，拓宽了用乘法解决问题的范围。

从整体分析看，例1偏向于教师通过教学整十数、整百数乘一位数的口算，让学生理解并联系表内乘法推算口算结果的道理，知道利用表内乘法所得的结果表示的是几个十或几个百。例2偏向于利用口算的方法进行估算，让学生感受利用估算在解决实际问题中的作用。例5则是教学笔算乘法的关键点，教师既要解决笔算乘法的书写格式，同时又要落实理解算理、归纳算法的教学要求，特别是要让学生明白从哪一位乘起的道理。例5的教学是否能达成预期目标，直接关系到学生后面笔算乘法的学习。下面是例5的教学片段。

教师出示教材第11页的例5大雁图。（见下图）

师：我们来看看这幅图，从图中你获得了哪些数学信息？

生：第一个条件是有3队大雁，第二个条件是每队有12只。

师：你能根据这两个条件提出一个数学问题吗？

生：一共有多少只大雁？

师：要想解决这个问题，你会列式吗？

生：用乘法算式“12×3”。

师：（板书：12×3）知道得数是多少吗？（学生纷纷举手。）相信不少小朋友已经有了答案。

师：请你说说看，得数是多少？

生：36。

师：得数到底是不是36呢？我们可以用不同的方法来验证一下。

学生合作探究，教师巡视。

师：大家想到了不同的方法，谁愿意先上来展示一下？

生：我用摆小棒的方法摆出来的。

师：请你到前面来摆一摆，现在摆的是多少根？

生：36根。

师：怎样一眼看出来是36根的？

生：捆在一起的有10根，一共摆了3捆，是30根，还剩下3个2根，是6根，合起来36根。

师：通过摆小棒，可以直观看出来结果是36。还有不同的验证方法吗？

生：可以用“12+12+12”。

师：（板书“12+12+12”的加法竖式）你能说一说你是怎么算的吗？

生：先算3个2相加，得6个1，再算3个1相加，得3个10。

师：根据乘法的意义，把乘法转化成加法来计算验证。

师：还有不同验证方法吗？

生1：“12×3”可以这样算，先算个位“3×2=6”，再算十位“3×10=30”，再用“30+6=36”。

生2：也可以先算“3×10=30”，再算“3×2=6”，最后用“30+6=36”。

师：比较这两种算法有什么相同的地方？谁来说一说。

生1：得数相同，都是36。

生2：都是把12分成10和2，分别算出3个10和3个2是多少，再把它们合起来。

师：看来这两种方法也验证了得数是36。还有不同方法吗？

生：可以用乘法竖式。

师：这是我们没有学习过的新方法，请一个小朋友上前来列竖式，其他小朋友仔细看看他是怎么列竖式的。

生板书：

$$\begin{array}{r} 1\quad 2 \\ \underline{\times\quad 3} \end{array}$$

师：写到这里，列乘法竖式时你有什么要提醒大家注意的地方吗？

生：列竖式时，把大的数写在上面，小的数写在下面，这样方便我们运算。

师：也就是说，两位数乘一位数列竖式时，一般将位数多的放在上面，位数少的放在下面。

师：请你继续写，说一说你是怎么算的？（板书：36）

生1：先算个位上“3×2”，得6，写在个位，再算十位上“3×1”，得3，写在十位。

生2：从高位乘也可以。

师：到底从哪一位乘起呢？我们不妨回过头来看看以前学习过的加法竖式，在加法竖式中3个12连加，从哪一位算起？先算什么？

生：个位，先算“2+2+2”。

师：个位上3个2相加，是几乘几？

生：3×2。

师：在加法竖式中能找到“3×2”吗？用手指一指。

师：接下来算哪一位？

生：十位，1+1+1。

师：3个1相加，就是几乘几？

生：3×1。

师：在加法竖式中能找到“3×1”吗？用手指一指。

师：合在一起是？

生：36。

师：现在你知道乘法竖式从哪一位乘起了吗？

生：从个位乘起。

师：（板书：从个位乘起）明白从个位乘起，你能看着黑板说一说“12×3”怎样用竖式计算的吗？

两位数乘一位数的笔算从个位乘起的道理，是可以通过加法竖式类推出来的，这样的方法同样对三位数乘一位数适用，对于进位乘法如何进位，也可以联系加法竖式的进位进行解释。这样一来，整个单元的笔算教学就具有了相通点。后续的教学中只需要关注“0与任何数相乘的结果仍为0”，那么整个单元的笔算乘法的算法就趋向一致，有利于学生归纳两、三位数乘一位数的笔算方法。

二、整体分析单元例题，有利于发现单元核心知识点

单元例题是围绕一个学习主题开展的，因此各例题间存在联系，其中的核心知识点就是所说的单元教学重点。那么怎样发现单元核心知识点呢？同样需要从整体分析单元例题入手。

以苏教版《数学四年级上册》第二单元“两、三位数除以两位数”为例。单元共安排8道例题，例1安排除数是整十数、商是一位数的除法口算和笔算，例2安排除数是整十数、商是两位数的笔算，例3安排将除数看作与它接近的整十数来试商，例4安排用连除解决实际问题，例5、例6分别安排了四舍调商和五入调商，例7安排商不变的规律，例8安排被除数和除数末尾都有0的除法。其中，7道例题都围绕除数是两位数的笔

算除法进行，因此例4的教学可以放在例3之后，也可以放在例6或例8之后，并不会影响本单元结构。

在其余7道例题中，哪道例题是核心知识点呢？很多教师认为是例3，因为例3开始教学将除数看作与它接近的整十数来试商，因此掌握了例3就意味着对除数是两位数的除法一般算法的掌握。分析例3（见下图），不难发现例3的试商方法是以例1作为基础的。

例1的教学中既有除数是整十数的口算，同时也有笔算的要求。因此，例1的教学是例3的基础，见下图。

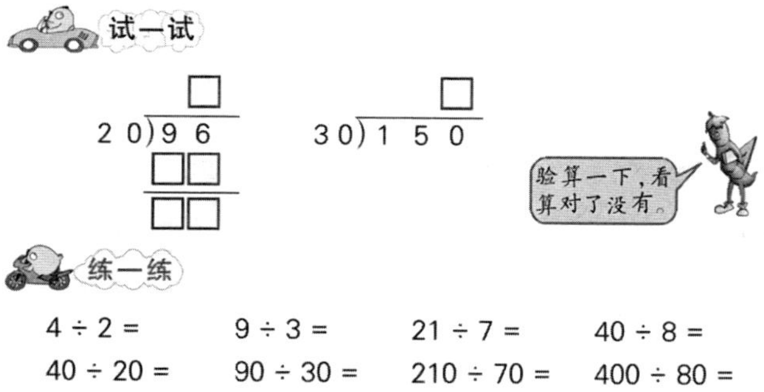

进一步分析例3后的练习三，从第5题（见下图）的要求“先说出商是几位数，再计算”中不难发现，例3的教学中包含了两种不同类型的除法。一类是形如“279 ÷ 31”的商是一位数的除法，其试商时，是将算式想成“279 ÷ 30”，思考时是借助表内除法去想“270 ÷ 30”，想相应的乘法口诀进行试商；一类是形如“727 ÷ 27”的商是两位数的除法，由于

商是两位数，在试商时并不像前一类那样想乘法口诀，首先要考虑首商在哪一位，然后再想“727 ÷ 27”的商是多少。因此，两类除法其试商的过程并不完全相同，这恰恰也是本单元的学习难点，学生需要灵活地选择相应的试商方法。

5. 先说出商是几位数，再计算。

279 ÷ 31　　727 ÷ 27　　208 ÷ 38　　868 ÷ 62

关于商是两位数的除法，教材的例2（见下图）进行了安排。这样看来，例2也是例3的教学基础。综合来看，本单元的核心在于例1与例2，分别针对两类不同的除法的计算方法进行学习，并以此为基础，在例3的学习过程中统合为一大类，即“除数是两位数的除法”。对于例5和例6的教学，其实并不困难，学生自然能明白“初商偏大要调小”和“初商偏小要调大”，教师只要再提供些需要两次调商的试题，帮助学生知道有时调商并不是一次就能成功的就可以了。

380 ÷ 30 = ____（　）……____（　）

你能估计商大约是多少吗？

对例1的教学来说，首先可以通过口算的教学引导学生比较不同的算法，思考“怎样算比较好”，发现“如果以十作单位来思考”，利用表内除法就可以快速口算。因为“60 ÷ 20”，也就是以十为单位，借助小棒图去想“6个十里包含多少个2个十”就可以了。再通过“练一练”形成技能，例如下图“练一练”中计算“210 ÷ 70”，如果以十作单位，只要想“21 ÷ 7”就可以。

练一练

4 ÷ 2 =　　9 ÷ 3 =　　21 ÷ 7 =　　40 ÷ 8 =

40 ÷ 20 =　　90 ÷ 30 =　　210 ÷ 70 =　　400 ÷ 80 =

在口算的基础上，进一步教学笔算，教学时引导学生继续以十作单位思考，学生会发现，只要想表内除法中的乘法口诀就能很快地想出商是多少。（见下图）

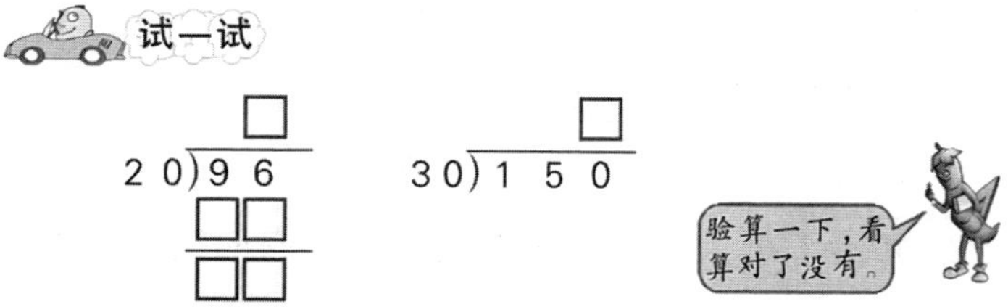

例1是根据表内除法想相应的口诀去试商，但在例2的教学中，学生会发现这个方法不好用了，像“380 ÷ 30”，并没有与之匹配的口诀，该怎么办？教材给出了非常清晰的教学思路：先估算，确定商大约是多少；通过估算，确定商是十几，那么商的首位“1”应该写在十位上，理解此时是用38个10除以30，得1个10。待学生形成一定技能后，教材又通过“试一试”（见下图）引导学生算一算，比一比。初步感受计算时要先看被除数的前两位，此时先用被除数的前两位除以除数；如果不够商1，就要看前三位，这时可以以十作单位想相应的口诀。

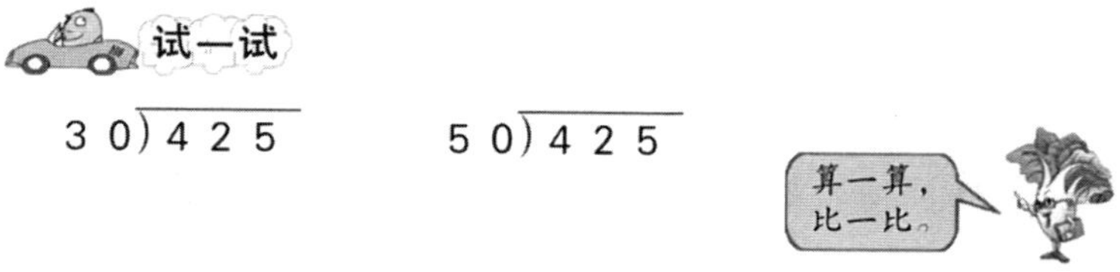

和同学说一说，除数是整十数的除法可以怎样计算。

因此，本单元的教学是否能够达到预期的教学目标，需要认真从整体上去分析单元例题，厘清例题间的联系和知识的关键点，确定核心知识点。如果能很好地理解前两个例题与例3之间的关系，就能促进例3学习中对前两类除法的整合，并通过回顾，发现除数是两位数的除法的计算方法。（见下图）

三、整体分析单元例题，有利于丰富基本活动经验

整体分析单元例题，可以更好地理解每个例题在教学过程中所承载的教育功能。除了每个例题中包含的学生需要掌握的数学知识和所要形成的技能之外，教师还可以分析每个例题在学生掌握学习方法、丰富基本活动经验中可以发挥的功能。因此不可能每个例题都用类似的教学方式进行教学，需要根据例题的递进设计去思考不同组合的教学方式。《义务教育数学课程标准（2022年版）》指出：根据不同的学习任务和学习对象，选择合适的教学方式或多种方式相结合，组织开展教学。并且可以探索大单元教学。

以“表内乘法”为例，多数教材关于乘法口诀的编排都是：1~4的乘法口诀，5的乘法口诀，6的乘法口诀，7的乘法口诀，8的乘法口诀，9的乘法口诀。教师关于这些口诀的教学几乎趋于雷同，即首先根据情境图提出用乘法计算的问题，列表算出得数，概括几个几相加，列出乘法算式，编乘法口诀，接着就是背口诀，说一说哪句好记哪句难记，最后进行相应练习。整个乘法口诀的学习过程都是一样的，但能否将其分成若干个段落，从讲授式到启发式，再到探究式呢？1~4的乘法口诀学习是基础，学生可以在教师引导下学习，在进行5的乘法口诀与6的乘法口诀教学时，教师能否引导学生回顾口诀的学习是有相应的模式的，再到7的乘法口诀教学时，教师能否先组织学生回顾乘法口诀学习的几个板块，之后请学生自己完成7的乘法口诀的学习呢？教师只需要在教学过程中帮助学生对口诀的理解，以下图口诀“二七十四”为例。

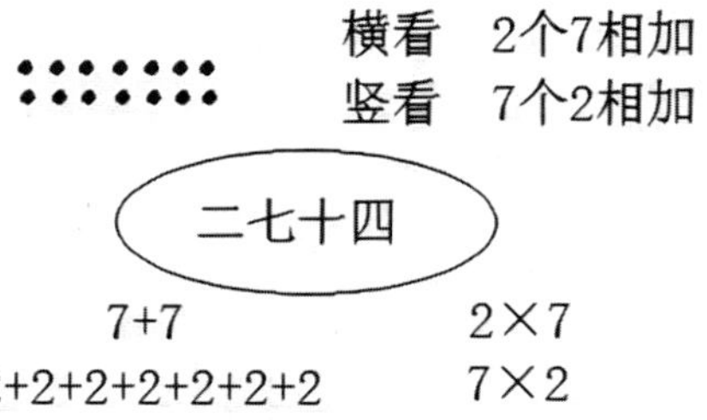

到8的乘法口诀、9的乘法口诀教学时，教师是否可以让学生自己完成口诀学习呢？这样理解不同的例题，就不会囿于单纯知识的教学，可以让学生借助知识基础和学习经验，掌握相应的学习方法，在学习口诀到自编口诀的学习进程中，构建自我的数学基本活动经验。

发现例题背后隐藏的风景

研读例题是教师教学的基本功，如果只停留在单纯看例题的水平，那就会连例题都讲不清楚，毕竟还是要搞清楚例题中到底要讲的数学知识是什么。所以，如果研读例题只会看山是山，看水是水，就难以将例题隐含的知识与技能分析到位，更不用说发现例题中隐含的数学思想、方法，也就常常会落入就题讲题的窠臼。

一、研读例题，要把握知识本质

对教学内容的准确把握，可以帮助教师更好地理解教学内容，避免以其昏昏使人昭昭。有教师在教学“两点之间只可以画一条直线”，学生说“我把两个点画大些，就可以画3条直线”，结果教师无言以对，告诉学生数学里就是这样规定的。事实上，教师们对小学数学概念存在诸多掌握不到位的情况，结果造成教学失误，例如将天安门看作轴对称图形、将汽车行驶过程中车轮的运动看作是旋转运动、将等腰三角形的对称轴条数说成只有一条等等。对此，笔者建议教师要认真地整理小学数学中的概念，并且通过学习切实掌握相关概念的意义。好的工具书可以帮助年轻教师较为系统地学习，例如金成梁先生编著的《小学数学疑难问题研究》等。

二、研读例题，要理解教材的编排意图

教材的编写需要尊重学生的现实情况，小学生以形象性思维为主，数学概念的高度抽象性与学生思维现状之间的矛盾，决定了小学数学概念有些是定义式的，例如“含有未知数的等式叫作方程”；有些是描述式的，例如“我们在数物体的时候，用来表示物体个数的1、2、3、4……叫作自然数”。即便是定义式，也是建立在学生现实情况基础上的，就如方程定义中的“等式”是指“条件等式”，又如圆柱的定义，教材就写明了“本书所指的圆柱都是直圆柱”。对于某些概念，还会用到“通常”“有时”，例如“通常用‘四舍五入’的方法求一个数的近似数”，“生活中一些事物的数量，有时不需要用精确的数表示，而只用一个与它比较接近的数来表示，这样的数是近似数”，教师在研读例题时，需要对“通常”“有时”进行研读，除了“通常”的方法，还有什么方法？“有时”具体是在哪些情况下会用到近似数？研读例题还需要了解相关教学内容的关联，例如苏教版《数学一年级上册》关于“数的认识”的内容就有“数一数”“认识10以内的数”“认识11~20各数”，那么，所要教学的例题在其中的地位是什么？与前后相关内容的关系是什么？

三、研读例题，要把握学生的思维现实

以苏教版小学数学教材为例，教材从学生自身的水平出发，用小卡通人物（小萝卜、小番茄、小蘑菇、小青椒）作为学生的代言人，将学生的思维现实具体地体现出来。教师可以借此了解学生的想法，即便实际教学时，学生可能还会出现其他的想法或者是没有出现教材中小卡通的想法，也都是正常的。理解了学生的思维现实，就为达成教学要求、设计教学过程提供了依据。

四、研读例题，要了解例题涉及的数学史

数学史作为数学文化的重要组成部分，是丰富学生视野、感受数学人文精神的重要载体。研读例题时，教师如果能够发现相关的数学史，并且融入教学过程中，就会使得数学学习的过程更有趣。学生通过对数学史的了解，进一步理解数学知识，了解知识的产生背景和形成过程，感受劳动人民和数学家在知识形成过程中的辛勤付出，对其更全面地感受数学和形成正确价值观都大有裨益。

五、研读例题，要理解内隐的数学方法和数学思想

数学方法和数学思想是以数学知识为载体的，但又是隐藏在知识之后的，学生能否通过知识学习，感受到知识中隐藏的数学方法和思想，这需要教师的引导。下面就以苏教版《数学二年级上册》第一单元例3“怎样变得同样多”（见下图）的教学案例进行说明。

1.案例描述

上课伊始，教师告知学生两只手里都有圆片，让学生猜哪只手里的圆片多一些。然后将两手里的圆片放在讲台上，请一位学生把这些圆片贴在黑板上，一个学生上台在教师指导下把圆片贴成上、下两行，分别是12个和8个圆片。然后老师问学生能否提出一个数学问题。于是学生提出了“一共有多少个？”“上边比下边多几个？”“下边比上边少几个？”等问题。

在简单口答后，教师提问怎样让上、下两行同样多。学生说从上边拿两个到下边就同样多了。教师请学生用圆片在桌上摆一摆，想一想是否还有其他的方法。

学生说自己从12个中拿2个到下边，教师追问为什么不拿4个，学生回答说那样上边就少了。另一个学生说还可以先从上边拿3个到下边，一看拿3个嫌多了，再还回来1个。这时教师自己提供了一种解法，并问学生从上一行去掉4个是否可以，学生说可以。教师追问为什么要去掉4个，学生说也可以把上边一行多出来的这4个平均分成两份，给上边2个，给下边2个。还有的同学说可以一个一个试，从上边拿一个到下边嫌少，再拿一个正好，但是如果再拿一个就多了。

教师引导说，可以从上边一行去掉4个，如果给下边一行增加，那么要增加几个才会和上边一行同样多。学生回答4个。教师小结说，可以去掉上边一行的4个，也可以给下边一行增加4个，都可以让两行变得同样多。

课上到这里，教师就问学生有什么收获，学生说发现可以从上边一行移2个到下边一行就可以了，也可以上边一行减去4个，或者下边一行加上4个。老师重复了这三种方法后提问，这些方法其实都和一个数有关系，那么和哪个数有关系。学生说和4有关系。教师再问4表示什么，学生答表示第一行比第二行多的。接下来就进入了练习环节。

2.案例分析

从教学案例及与教师的访谈中不难发现，教学问题的症结在于例题的研读发生了偏差。本节课内容为教学“求比一个数多几或少几的数”的问题做准备，旨在进一步加深对相差数的认识。有的教师觉得这节课不难，认为例题的解答有三种方法，通过增、减的方法是特别简单的两种，从第一行移动2个到第二行可能会稍微难些，但是令教师感到疑惑的是学生普遍能想到第三种方法，前两种反而没有什么人说。

分析案例，首先教师的例题研读过于肤浅，只停留在教学三种答案上面，因此缺少对例题深入分析，难以触及相差数的本质。准确地说，这里不是三种方法，而是三类方法。第一类是增加，可以是在第二行增加4个，也可以第一行增加1个，第二行增加5个，以此类推，只要第二行增加的比第一行增加的圆片数多4就可以使两行同样多；第二类减少亦然；第三类则是通过移多补少使两行同样多。既然出现了三类方法，就需要分析它们之间的联系。事实上，三类方法都直指核心——两行的相差数，无论增加、减少、移多补少都与相差数密不可分，这才是教学中要引导学生关注的本质。

同样，教师也尝试去分析儿童的思维，揣测学生的学习状态，不过由于是以自己的经验去臆想学生的思维，结果也与猜测大相径庭。由于两行的圆片数量是确定的，这两个数量对于学生来说就是两个确定对象，是固定的、不可更改的，因此难以想到通过增、减的方法解决问题。所以对学生而言，通过移多补少是更为合理的想法。

3.教学设计

为凸显相差数是解决问题的核心，我们进行了新的教学设计，教学过程简要描述如下。

创设情境，引入问题

师：猴妈妈采了鲜桃分给乐乐和皮皮，你觉得公平吗？（见下组图）

师：怎样摆能一眼看出谁的桃多？

教师请学生上台，一一对应地摆成两行。

师：一个一个对齐，就能一眼看出皮皮比乐乐多3个桃。乐乐不高兴了，要想他们的桃子同样多，怎么办呢？小朋友可以用圆片表示桃子，摆一摆，想一想。

【设计意图】创设情境，首先要使问题的出现具有现实意义，便于学生理解题意；其次，情境呈现的是生活中常见的现象，便于学生调动生活经验寻求解决问题的方法。为避免学生将解决问题的思路固化在移多补少上面，设计时变更了例题的数据，使两者相差数是3，便于学生首先寻求增加、减少的方法去解决问题。

变中探寻不变的本质

①借助经验，初步解决问题

师：同学们，想到什么方法？

生：让妈妈再摘3个桃给乐乐。

师：是的，给乐乐添3个桃，我们可以在第一行再摆3个圆片。除了给乐乐添3个桃，还可以怎么办呢？

生：从皮皮那里拿3个桃给妈妈。

师：是的，也可以拿走3个。同学们想一想，添上和拿走桃这两种方法都和哪个数有关系？为什么？

生：都和3有关系，因为皮皮比乐乐多3个桃，乐乐比皮皮少3个桃。

师：3就是两只小猴桃子的相差数，所以增加或减少桃子数量都和相差数有关。

②变与不变，认识问题本质

师：猴妈妈又采来一些桃，可以继续分给小猴子，要想他们的桃子同样多，还可以怎样添？

生：给皮皮1个，给乐乐4个。

生：给皮皮2个，给乐乐5个。

…………

随着生的回答，教师出示相应的课件，并完成下表填写。

乐乐添上桃子数	皮皮添上桃子数	相差多少个桃子
4	1	3
5	2	3
6	3	3
7	4	3
……	……	……

师：如果桃子还有很多，你觉得有多少种添桃子的方法？

生：有好多好多种。

师：是的，还有很多不同的添法，所以在表格的最下面用省略号来表示还有很多不同的方法。观察表格，我们发现添的桃子数在变化，什么没有变呢？

生：规律没有变，添的桃子越来越多，但是桃子数还是相差3。

师：是的，无论怎样增加桃子，乐乐都要比皮皮多增加3个，仍然与相差数有关系。如果减少桃子呢？

生：皮皮去掉7个，乐乐去掉4个。

生：皮皮去掉6个，乐乐去掉3个。

…………

随着学生的回答，教师出示相应的课件，并完成下表填写。

皮皮去掉桃子数	乐乐去掉桃子数	相差多少个桃子
7	4	3
6	3	3
5	2	3
4	1	3
3	0	3

师：观察表格，你又发现什么？

生：皮皮去掉的比乐乐去掉的多3个。

师：看来还是与相差数有关系。为什么去掉桃子的方法只有这几种，而不是有很多很多种呢？

生：再拿走桃子的话，就拿到0了，也就不能继续去掉桃子了。

教师小结：看来，要让小猴子们的桃子同样多，可以从不同的角度去想解决的方法，既可以想给他们增加桃子，也可以想给他们减少桃子，但是无论增加还是减少，都与原来的相差数有关系。

【设计意图】情境的作用不可忽视，正是有了“猴妈妈又采了一些桃”这一场景，才成功唤醒学生的生活经验，才得以实现方法的多样化。怎样处理多种不同的方法？这就体现了教师的专业素养——引导学生观察与比较，而便于观察与比较的呈现方式就是表格。学生通过对表格数据的观察与比较，发现变化中不变的是相差数，因此解决问题的关键就是要以相差数为标准进行调整。同时，教师也引导学生观察增加桃子与减少桃子两类方法的不同，初步体会方法数的无限与有限。

③引发冲突，发现移多补少

教师出示问题（见下图），学生口答。

第一行比第二行少（　　）支；

第二行拿走（　　）支就和第一行同样多；

第一行添上（　　）支就和第二行同样多。

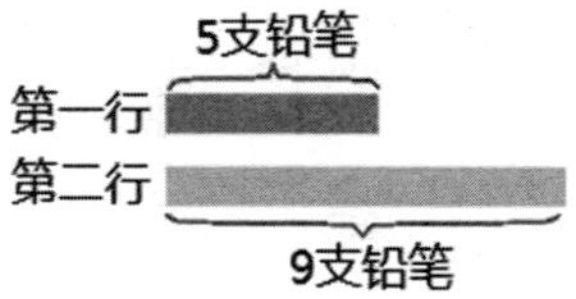

师：如果不在第一行增加，也不在第二行减少，怎样才能变得同样多呢？你能用圆片摆一摆，想一想吗？

生：从第二行移2支到第一行。

师：相差数不是4吗，为什么不移动4支呢？

生：如果移动4支就反过来了，就会变成第一行比第二行多4支。

生：第二行比第一行多4支，只能移4支的一半到第一行。

师：如果第一行5支，第二行13支，怎样移动可以使两行同样多？（见下图）

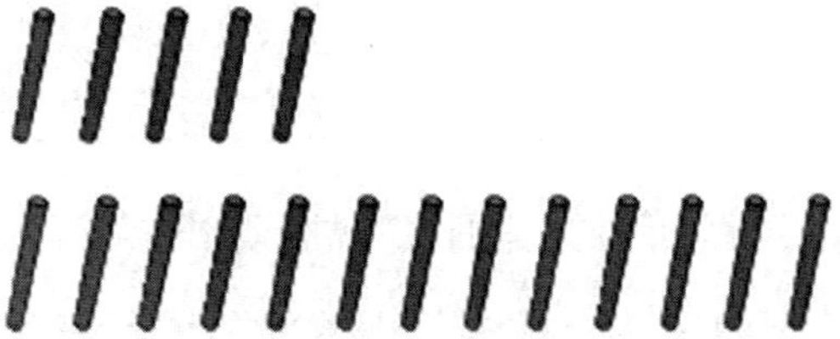

生：从第二行移4支到第一行。

师：看来移动的支数也与相差数有关系，有什么关系呢？

生：只能移动相差数的一半。

【设计意图】根据学情调查，通过移多补少的方法使两行的数量同样多，学生的学习难度不大。将这种方法放在增加、减少两种方法之后，可以便于学生掌握。事实上，无论如何强调学生是学习的主体，仍然不能忽视教师的主导作用，这种主导作用的一个重要体现就在于学习材料次序的组织。

巩固练习，解决简单的实际问题

师：这节课我们学习了怎样让两个数量变得同样多，可以给较小的数量增加，也可以从较大的数量中减少，还可以移多补少，不过这三种方法都要用到哪个数呢？

生：都要用到相差数，可以增加或者减少相差数，移动时只能移动相差数的一半。

①出示教材第7页“想想做做”第1题如下：

第一行摆15根小棒，第二行摆9根。

（1）第一行拿走（　）根小棒，就和第二行同样多。

（2）第二行添上（　）根小棒，就和第一行同样多。

（3）从第一行拿（　）根摆到第二行，两行小棒就同样多。

②出示教材第7页“想想做做”第2题第（2）小题如下：

（2）

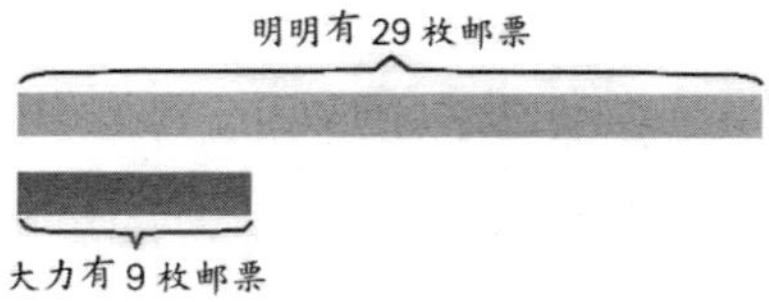

大力比明明少（　）枚邮票。

明明送给大力（　）枚后，两人的邮票枚数同样多。

③出示自编习题如下：

明明和红红各有一些书（见下图）。

明明给红红多少书，两人的书就会同样多？

如果明明比红红多6本，那么明明给红红多少本，两人的书就同样多？

如果明明给红红4本，两人的书就同样多，明明原来比红红多多少本？

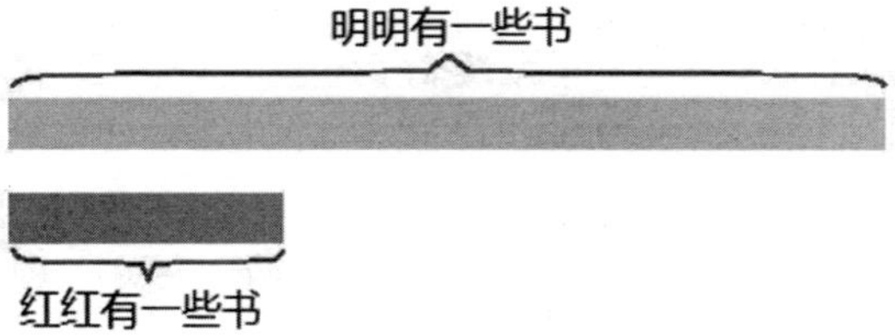

4.上出“简单课”的深度

这节课确实是一节看上去“非常简单”的课，也很少有老师以此课作为公开课的素材，这同时也说明了这节课实际是“非常难上”的。这节课的“简单”正是这节课“难上”之处。因此，怎样将看似简单的内容上出名堂，从而越过看山是山的层面，达到看山不是山的境界，正体现出教师的专业素养。

常用的教学处理技巧在于突出重点。研读例题和教师参考用书将三种解决问题的方法上升为三类解决问题的方法，这就体现出研读例题的专业性，三类解决问题的方法中隐含的变与不变的关系，体现了例题后面隐藏的数学方法与思想。不难发现例题的三种解决方法都是为了加深对相差数的认识，从而为后续的例题教学服务。那么本课的核心自然就是怎样促进学生丰富对相差数的认识。曹才翰、章建跃在《数学教育心理学》中指出影响概念学习的因素有：学生的经验、感性材料或感性经验、学生的概括能力、数学语言表达能力。那么对一线教学的启示有哪些呢？第一，必须高度关注情境的创设，情境有利于唤醒学生生活经验。有研究表明，就智力与经验对概念学习的影响程度来看，经验的作用更大，丰富的经验背景是理解概念本质的前提。第二，必须关注学习材料的数量。因为感性材料和感性经验的数量太少，学生对概念的感知不充分，对掌握概念所需的经验不足（曹才翰，章建跃《数学教育心理学》），因此丰富例题的层次，让解决问题的方法多样化是非常有必要的。第三，需要对学习材料加以观察并进行比较。可以说，比较是贯穿整个小学数学学习过程中最值得关注的基本数学方法。比较结果是否能够凸显问题本质直接制约了学生概括水平的高低。学生对数学学习结果的概括，需要由他们自己逐步学会用数学语言去进行表达。在低年级的数学学习中，教师可以通过相应的示范与复述逐步提高学生的数学语言表达水平。

除去这些教学技巧，教师更应关注的是学生的学情，也就是他们会用怎样的认知路径开展学习。如何了解学生的学情？最好的方式便是开展学情调查，并且根据学情来调整学习材料的序列。

所谓“文章本天成，妙手偶得之”，教学的“妙手”只有通过我们在工作、学习、思考中不断提升自身专业水平才能获得。想成为一名好教师并不难，就是需要认真、踏实地思考和实践，上好每天的课。

教材习题的二度开发

学而时习之，不亦说乎。学了新知，要真正地掌握它，就需要不时进行复习、练习，并且要在实践中应用它。练习对学生掌握新知来说是非常重要的，知识与技能两者相辅相成，知识理解得透彻，练习时就可以更好地形成技能，技能越熟练，对知识的理解和应用会愈发得心应手。如果只关注知识理解，忽视技能形成，那么知识就不会转化为能力，也无法熟练应用于解决问题的过程中，甚至会影响后续关联知识的学习。就像乘法口诀的学习，只懂“三七二十一”表示“3个7相加得数是21”是远远不够的，必须要熟练地记忆才能在应用时方便提取，否则看到“3×7”才开始想“7+7+7=21”的得数怎么行？而且若口诀不能熟练掌握，那么对乘法、除法的学习就无从谈起。习题是练习的素材，习题质量是练习质量的前提保障，教师怎样理解教材习题，如何对习题进行二度开发，是教师解读教材必须掌握的专业技能之一。

一、准确理解教材中的习题

1.理解习题与例题的关系

教材习题是与例题配套的，教师要理解习题与例题的关系，帮助学生理解例题中的数学知识，学生通过练习形成技能。以苏教版小学数学教材为例，在例题学习后，教材安排有“试一试”，这里并不是例题的简单重复，而是基于例题的发展与变化，通过练习体会例题知识的发展及内在的联系，提高学生自主解决问题的能力。例如苏教版《数学四年级上册》“两、三位数除以两位数”例3是“96÷32”（见下图）。

96 ÷ 32 = ____（ ）

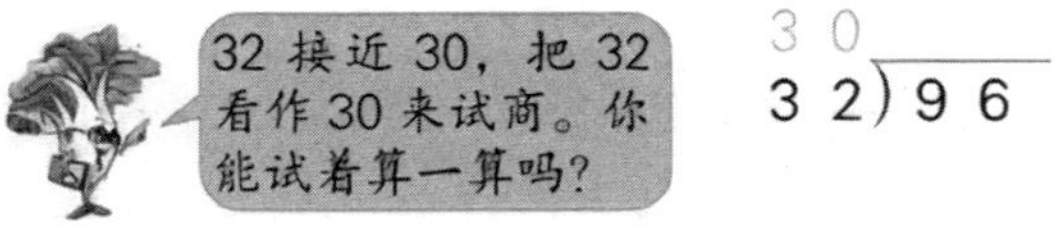

在下图“试一试”中则是“192÷39”，在教师用书中明确指出：引导学生以例3中获得的认知为基础，思考可以把39看作几十来试商，再独立完成计算。

教材中“想想做做”的习题则是通过说、想、摆、算等不同形式，巩固新知，形成相应技能。综合练习中通过适量的练习，既考虑及时巩固，又考虑应用知识解决问题，旨在发展学生应用数学的意识。

必须重视的是，课时要求掌握的知识与技能有时是通过例题与习题体现的，教师如果只解读例题而忽视对习题的分析，就会难以达成教学目标。以苏教版《数学四年级上册》“两、三位数除以两位数”例1为例。（见下图）

60 ÷ 20 = ____（　）

20 × 3 = 60 60 ÷ 20 = 3	6 ÷ 2 = 3 60 ÷ 20 = 3

还可以用竖式计算。

$$\begin{array}{r} 3 \\ 20\overline{)60} \\ \underline{60} \\ 0 \end{array}$$

3为什么写在商的个位上？

答：60副陆战棋要打____包。

从下图“练一练”中的习题看出，例1的教学中既有口算的教学要求，也有竖式计算的要求。其中，口算教学的要求是为了帮助学生理解“以十作单位”，从而想乘法口诀思考除数是整十数的口算的结果。

练一练

4 ÷ 2 =	9 ÷ 3 =	21 ÷ 7 =	40 ÷ 8 =
40 ÷ 20 =	90 ÷ 30 =	210 ÷ 70 =	400 ÷ 80 =

在下图“试一试”的习题中，可以发现对除数是整十数的竖式计算包括两位数除以整十数和三位数除以整十数，计算结果分为没有余数和

有余数。这些教学内容是以习题的形式存在的，因此本节课的教学内容是以例1为基础进而发展的。

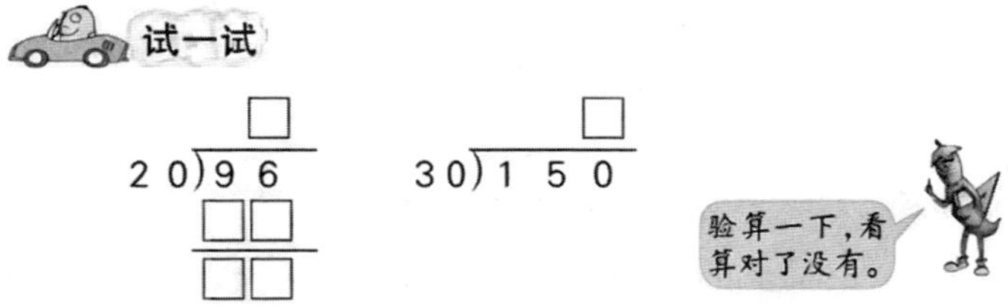

2.发现习题的“练习点”

很多青年教师处理习题的方式就是让学生做习题，然后核对结果便进入下一道习题，对习题本身的关注聚焦于结果。习题的“练习点”究竟是指练什么？除了结果之外，是否可以通过进一步思考问题促进对知识的理解，抑或是在习题基础之上进行变式，利于学生发现问题的内在结构。例如苏教版《数学三年级下册》“长方形和正方形的面积”例2后“想想做做”第4题。（见下图）

4. 下面的图形哪个面积最大？为什么？

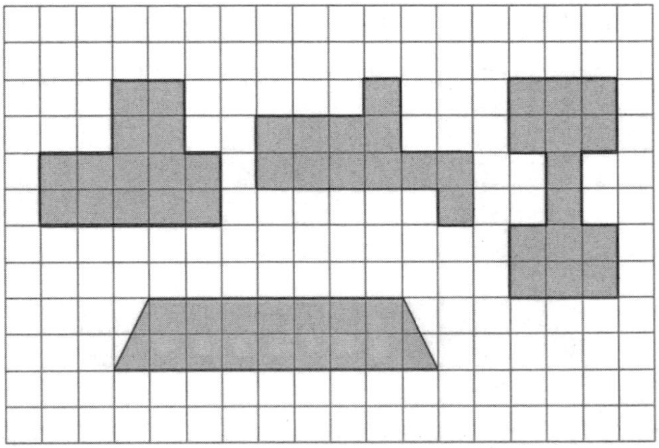

教师对习题的处理不能仅停留在校对结果上，需要询问学生“你怎么知道的？”“你是怎样数的？”很多教师会将图中的梯形变形为长方形，其实第一行中后两个图形也能转化为长方形。

又如下图苏教版《数学六年级上册》“长方体和正方体”单元练习二第7题。

7. 一个用硬纸板做成的长方体影集封套（如右图），长 31 厘米，宽 27 厘米，高 2.5 厘米，封套的左面不封口。做这个封套至少需要多少平方厘米硬纸板？

对于长方体的长、宽、高，教材中指出：长方体相交于同一顶点的三条棱的长度，分别叫作它的长、宽、高。至于三条棱中哪一条叫作长，哪一条叫作宽，哪一条叫作高，数学教材中没有严格的规定。对于高通常不会产生分歧，习惯上将正视图中前面水平方向的棱的长度看作长方体的长，侧面水平方向的棱的长度看作长方体的宽。在这道习题中，教师可以告诉学生根据实际情况确定长方体的长、宽、高。需要进一步说明的是，关于长、宽、高的定义，现实数学与抽象数学是不同的。（潘小福《小学数学教材的专业化解读》）在后续的长方体、正方体的学习中，我们很少需要区分长、宽、高。

再如苏教版《数学三年级下册》“长方形和正方形的面积”单元的“复习”中第12题。（见下图）

12. 下面的图形都是用边长 6 厘米的正方形拼成的。

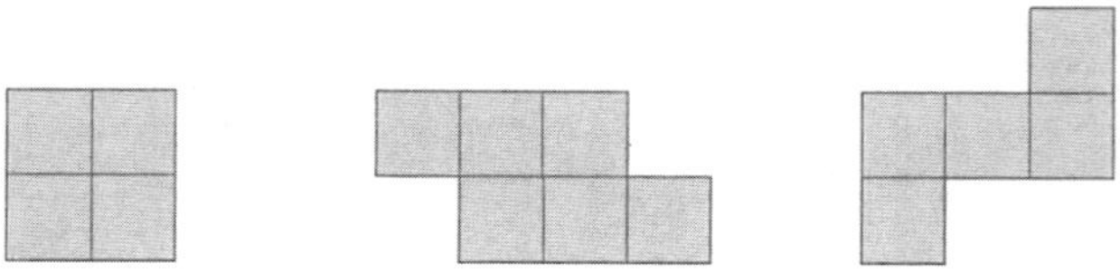

请学生比较第2幅图和第3幅图的结果，可以发现第2幅图中有6个正方形，第3幅图中有5个正方形，但是第3幅图的周长比第2幅图的周长要长，进而请学生思考“是否用来拼图的正方形个数越多，其周长就越长？”

3.理解题组中习题的联系

教材习题编排有题组的，教师要理解题组中习题间的联系，而不是仅停留在习题的答案上。有的题组的编排是帮助学生形成技能的，例如苏教版《数学四年级上册》“两、三位数除以两位数”单元整理与练习的第2题（见下图），就是通过计算与比较帮助学生形成熟练试商、调商的计算技能。

2.

140 ÷ 20	312 ÷ 50	720 ÷ 70
147 ÷ 21	312 ÷ 53	720 ÷ 72
147 ÷ 29	312 ÷ 58	720 ÷ 68

有的题组的编排可以帮助学生进一步理解数学概念，例如苏教版《数学三年级下册》“分数的初步认识（二）”单元练习十的第5题（见下图），就是请学生在操作的基础上思考“都是一些小棒的$\frac{2}{3}$，为什么根数不同？”

5. 先按要求拿一拿，再列式计算。

（1）拿出 9 根小棒的$\frac{2}{3}$。

（2）拿出 12 根小棒的$\frac{2}{3}$。

（3）拿出 15 根小棒的$\frac{2}{3}$。

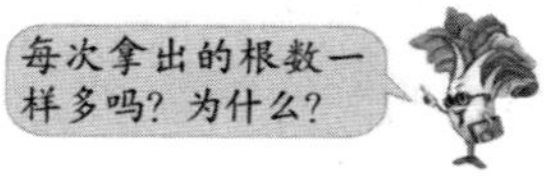

有的题组的编排是通过练习帮助学生了解问题的本质，进而形成解决问题的基本方法。例如苏教版《数学三年级下册》“分数的初步认识（二）”单元例5后的“想想做做”第2题（见下图）。学生可以通过题组了解“求一个数的几分之几是多少”，根据分数的意义解决问题。

2. 先分一分，再填写算式。

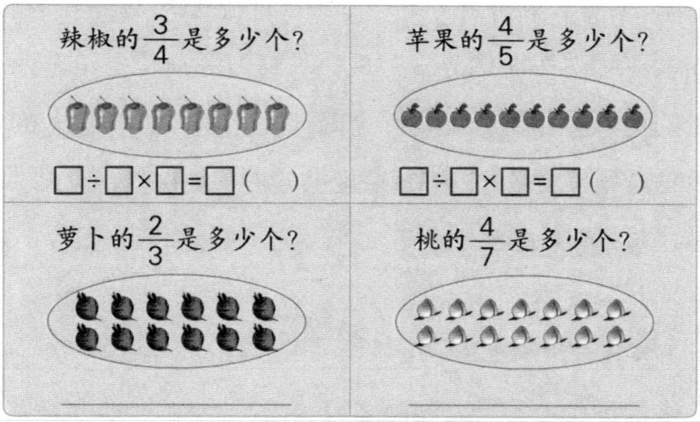

所以，教师对于题组的教学处理，应在理解题组编排意图的基础上，经过学生的练习，提出相应的问题，组织学生讨论，以促进学生对知识的理解。

二、基于教材习题的适度拓展

对于学生的练习，教师不仅要关注其知识的掌握、基本技能的形成，同样也要关注其思维能力的发展。该项能力的发展是在学习的过程中得以实现的，它作为缄默知识的重要组成部分，所体现出来的内在影响要远远大于外在知识结果。习题的训练是在思维上给予学生一定程度的正常的“负担”，但要注意不要超出学生的最近发展区。

1.习题拓展可以在教材习题的基础上提出新问题

例如基于苏教版《数学六年级上册》“长方体和正方体”单元练习三第10题（见下图），就可以继续提问“这个物体的表面积是多少？”这一问题本身有利于学生发现一个事实：对立体图形的观察，其相对面的面积是相同的。在观察长方体和正方体时虽然也会得出这样的结论，但是通过这道习题可以将这一发展拓展应用到一般的立体图形上。

10. 小明用几个 1 立方厘米的正方体木块摆了一个物体。下面是从不同方向看到的图形，这个物体的体积是多少？

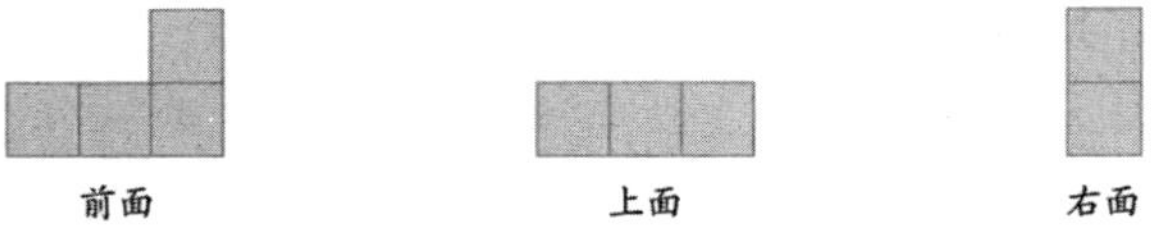

2.习题拓展可以在教材习题的基础上进行变式

例如学习了“按比例分配”后，教材习题通常是给定两个量的和及这两个量的比。按比例分配实际是对“比”这一数学概念的应用，既然是“比的应用”，那就可以进行适度的拓展了。例如：

①甲、乙、丙三个数的比是12∶8∶9，甲、乙两个数的和是100，丙数是多少？

②山羊只数与绵羊只数的比是4∶9，山羊比绵羊少15只，两种羊一共有多少只？

③铅笔比钢笔少12支，铅笔支数是钢笔的$\frac{2}{3}$，两种笔共有多少支？

④配制黑火药的原料是火硝、硫黄和木炭。三种原料重量的比是15：2：3，现有硫黄0.4千克，需火硝、木炭各多少千克？

⑤配制混凝土的原料是水泥、砂子和石子。三种原料重量的比是2：3：5，现在工地运来三种原料各2.4吨，经计算，砂子正好够用，水泥多多少吨？石子缺多少吨？

3.习题拓展可以在教材习题原有问题基础上进行追问

例如苏教版《数学五年级上册》“解决问题的策略”单元练习十七第10题（见下图），学生通过列举的方法填表，并且找出答案。教师可以追问：第二次同时发车是在什么时间？第五次呢？通过列举去获取答案并不是最终目的，而是通过列举去发现规律。

10. 城西广场是1路和2路公共汽车的起始站。1路车6时20分开始发车，以后每4分钟发一辆车。2路车6时30分开始发车，以后每5分钟发一辆车。这两路公共汽车几时几分第一次同时发车？（填表并找出答案）

1路车	6:20	6:24	6:28				
2路车	6:30						

三、习题拓展要关注方法指导

学生在进行拓展习题练习时，教师要关注方法指导，不应将拓展习题看作学生应知应会的内容，而要通过方法指导训练学生的数学思维。例如发散性思维的训练，可以根据习题给出的信息主动提出问题或一题多解，开放性是其典型特征；训练聚合性思维，根据提供的学习材料进行比较、分析与归纳，在变化中去寻求不变；训练逆向性思维，学会从结果开始，运用条件进行倒推；训练空间思维，要开展空间想象，解决实际问题。

第一，要重视通过画图来理解题意。例如一个棱长为6分米的正方体木块的表面积是（　　）平方分米，把它削成一个最大的圆锥体，这个圆锥体的体积是（　　）立方分米。（见下图）

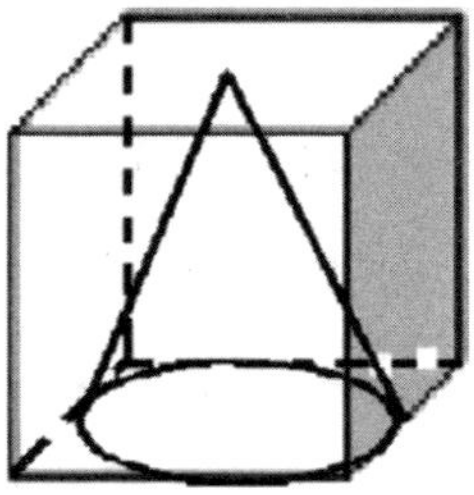

第二，学会使用列表进行比较。例如一个圆柱的高增加$\frac{1}{2}$，底面半径增加$\frac{1}{3}$，则现在体积与原来体积的比是（　　）。（见下表）

	原圆柱	**现圆柱**
底面积	9	16
高	2	3
体积	18	48

第三，将抽象的问题具体化。例如将一个三角形画在方格纸上，三个顶点的位置用数对表示分别为（3，2）、（4，6）和（5，2），如果每个小方格的面积是1平方厘米，那么这个三角形的面积是（　　）平方厘米。问题的求解需要根据题意画图后寻求解题思路。

第四，将问题转化为熟悉的情境。例如50个同学按1~50的顺序编号，王老师给所有编号是4的倍数的同学1朵花，张老师给所有编号是3的倍数的同学1支笔。那么既有花又有笔的同学有（　　）人。

A、4　　B、12　　C、16

本题其实就是求50以内3和4的公倍数的个数。

第五，通过列举发现规律。例如下图中第1、2、3幅图中分别有5个、8个、13个阴影方格。照这样的规律，第4幅图中有（　　）个阴影方格，第10幅图中有（　　）个阴影方格。

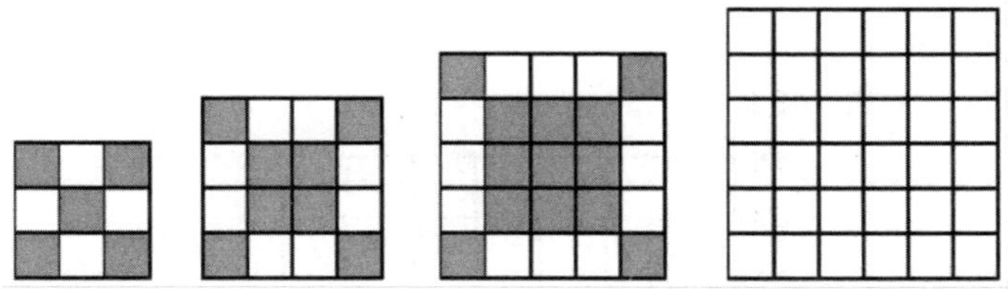

四、课时习题的整体设计

教师对课时习题需要进行整体设计，而不是简单地将教材习题按顺序让学生进行练习。设计时要遵循讲练结合原则、层次序进原则、习题变式原则。

第一，讲练结合原则是指边讲边练，在教学过程的不同层次，结合学习进程适时练习。在练习课中为达成明确的教学目标，练习设计应做到环环相扣、讲练结合、层层递进。例如苏教版《数学六年级下册》“正比例的意义”单元教学，在第一层次教学“两种相关联的量”之后，进行下面的练习，帮助学生理解什么是两种相关联的量。

①说一说，下面的两种量是否是两种相关联的量？为什么？

正方形的边长与面积

正方形的边长与周长

一个人的身高与体重

圆周率与圆的周长

②在教学正比例的意义之后，请学生根据学习过程填写表格并作图，判断两种量是否成正比例，并说明原因。

汽车行驶时间与路程如下表：

时间/时	1	2	3	4	……
路程/千米	60	120	180	240	……

作图如下：

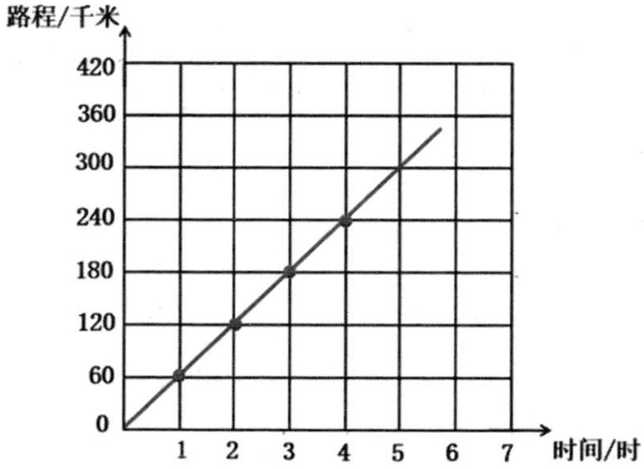

正方形边长与面积变化如下表：

边长/米	1	2	3	4	……
面积/平方米	1	4	9	16	……

作图如下：

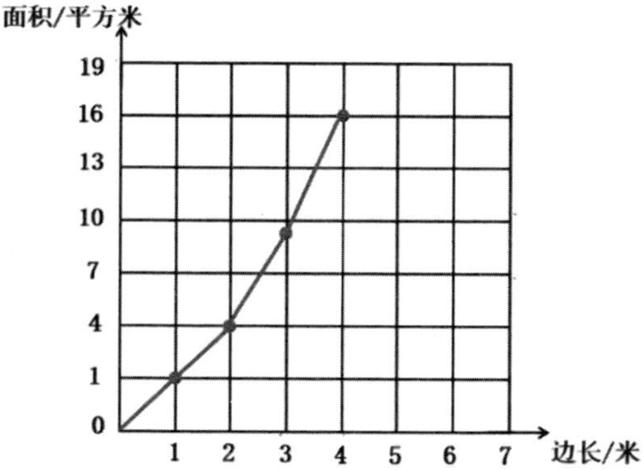

讲练结合的“讲”既包含教师授课的“讲”，也包含学生练习后的“讲”，不仅要会做，还要会说理、会解释。

第二，层次序进原则是指习题设计的层次性，练习设计应兼顾概念理解、技能形成、联系实际。以苏教版《数学四年级上册》“升与毫升”单元的教学，就容积单位的概念理解、容积单位的互化、容积单位的应用等方面在不同课时中设计练习。下面提供部分习题，首先就容积的相关概念进行练习。

①小明在家喝了2杯水，小红在家喝了3杯水，谁喝的水多？

②下图中，甲杯的容量与乙杯的容量比较，（ ）。

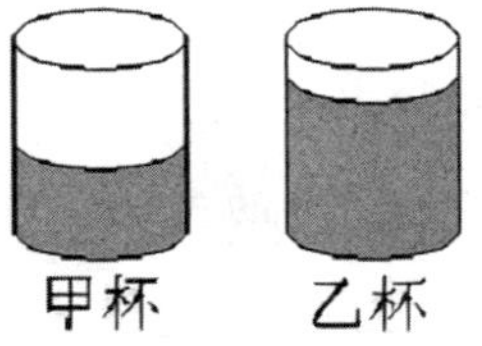

A、甲杯容量大　B、乙杯容量小　C、同样大

学习了容积单位之后，可以考虑通过习题训练发展技能。

③在（ ）里填上>、<或=。

3200毫升（ ）4升　　400毫升+2600毫升（ ）3升

④将50毫升的量筒装满水倒入1升的量杯中，倒（ ）次可以将1升的量杯装满。

⑤把1升水平均倒入4个杯中，每杯中有水（ ）升，合（ ）毫升。

练习的形式可以多样化，例如判断、选择、填空等。在标准化测试中不安排判断题，但日常教学中可以通过判断、说理帮助学生进一步明晰概念。

⑥判断下列说法是否正确。

一罐啤酒的净含量是355毫升，表示啤酒罐的容量是355毫升。

⑦计算下列各题。

2500毫升+3升=（ ）毫升

⑧在下图所示正方体容器中放满水，可以装水（ ）升。

A、1　　B、2　　C、3

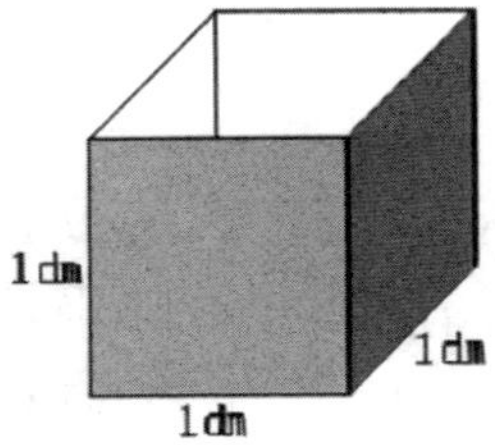

通常在课时习题设计中，要设计联系生活、解决实际问题的习题，让学生了解数学与生活的联系，发展其应用数学的意识。

⑨一瓶果汁的净含量是250毫升，一罐可乐的净含量是355毫升。张明和张成一天共喝了4瓶果汁和3罐可乐，平均每人有没有喝到1升饮料？查阅一个人每天摄糖量标准，说一说这样喝饮料好不好？

⑩在超市中一盒净含量250毫升的牛奶售价2元，一盒净含量1升的牛奶售价3.8元。妈妈要买2升牛奶，怎样买合算？

⑪1瓶洗发精的净含量是750毫升，每次洗发大约用20毫升，一周洗发2次，这瓶洗发精能用6个月吗？（每月按4周计算）

教师在思考习题的序进安排时，要避免习题在学生认知水平上的单一重复，避免纯技能型的练习，应关注通过习题实现对知识的深刻理解、对数学思维品质的熏陶，以及对现实社会的了解。通常可以从具体到抽象、从典型到变式、从单一到综合、从技能到思维等路径进行设计。

从具体到抽象，在教材习题编排中有丰富的例子，例如苏教版《数学四年级下册》“认识多位数”单元中（见下图）对整万数的认识的练习设计，就是从具体的拨珠操作读数开始，再根据计数器上的算珠读数、写数，最后抽象为对多位数的读数，并且以“读一读、比一比”的方式帮助学生了解整万数的读法与过去所学的数的读法之间的联系。

1　在计数器上一边拨珠一边数。

（1）一万一万地数，从一百九十五万数到二百零六万。

（2）十万十万地数，从九百六十万数到一千零二十万。

2　先说出下面各数分别是多少个万，再写一写、读一读。

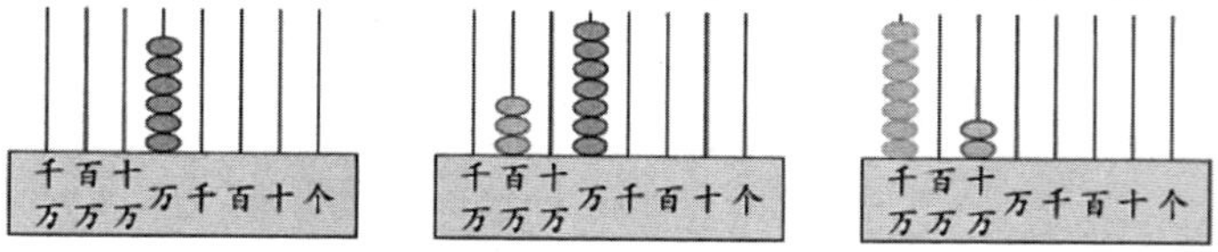

（　　　　）　　（　　　　）　　（　　　　）

3　读一读，比一比。

85和850000　　805和8050000

850和8500000　　8005和80050000

8500和85000000　　8050和80500000

从典型到变式，关键在于通过习题的练习，让学生感受变化中的不变，以助于学生了解问题结构，从而能举一反三，融会贯通。在学生了解变化中的不变之后，也可以请学生用类似的方法编题。例如：

甲班人数是乙班人数的$\frac{8}{9}$，甲班比乙班少4人，乙班多少人？

甲班人数是乙班人数的$\frac{8}{9}$，甲班转来4人就和乙班同样多，乙班多少人？

甲班人数是乙班人数的$\frac{8}{9}$，如果从乙班转到甲班2人，两班人数就同样多，乙班多少人？

从技能到思维，习题功能不能囿于技能的熟练程度，当学生形成一定的技能之后，就更应该关注其训练思维，通过习题学会怎样思考。例如下面的两道习题，第一道是技能练习题，第二道是思维练习题。

①用汽车运一批货，已经运了6次，运走了货物的$\frac{3}{5}$，照这样计算，运完这批货物要运（　）次。

A、8　　B、9　　C、10　　D、11

②用汽车运一批货，已经运了5次，运走的货物比$\frac{3}{5}$多一些，比$\frac{3}{4}$少一些，照这样计算，运完这批货物要运（　）次。

A、8　　B、9　　C、10　　D、11

再如下面的一组习题。

①一种物品原价100元，先涨价10%后，再降价10%，求现价。

②某物品单价a元，现将物品先涨价10%后再降价10%，得现价b；或将物品先降价10%后再涨价10%，得现价c。试比较a、b、c的大小。

第三，习题变式原则要把握变式的要义，习题的“变”是为了通过比较发现其中的“不变”。变式的方法有横向变式和纵向变式。横向变式，指不改变题目的内在结构和思维难度，改变的是问题的情境载体或呈现形式。以“（24+35）×4”为例，你可以编怎样的实际问题呢？纵向变式，指题组习题之间存在联系，所用的知识点基本相同，但是难度在不断增加。如下例题：

①男生人数比女生人数少$\frac{3}{4}$，如果转来6名男生，男、女生人数就同样多，女生有多少人？

②小明的钱比小华多$\frac{1}{5}$，小明如果给小华2元钱，则两人钱数一样多。小华有多少元？

③男生人数比女生人数多5人，女生人数如果增加$\frac{1}{4}$就和男生人数相等，女生有多少人？

第四章　开展有效的教学活动

学生发展是有效教学的出发点

教学是否有效，关键看教学是否促进了学生的发展。以人的发展为本，以核心素养为导向，进行教学设计并开展教学活动，才能实施有效教学。教学设计的过程中，了解学生、分析教材和理论指导下的教学方法选择构成了有效教学的基础。

一、有效教学需要关注什么

数学教学关注的不仅是数学知识和技能，还有隐含在数学知识之后的社会属性。笔者曾在网上发帖：学习数学，必须从方法论的角度关注数学教学，从数学知识的社会属性关注数学知识。

我理解的数学知识的“社会属性”应当是指社会对数学教育的要求，换个角度来说，作为数学教学材料的数学知识（课程），不仅要关注其学科特点，更要深入思考其根本目标。如果一位教师认为数学教学是让学生掌握数学知识，那么他就会理解并认可学生反复练习这种行为。如果能够时刻想到数学教育对于培养一个活生生的“人”所应该有的贡献，教师就会摒弃冷冰冰的机械练习。在考虑教学内容时，选择的教学方式、挖掘的教学材料（包括数学史料等）、安排的学生活动都会兼顾学科知识的传授、学力的培养、价值观的引导、高尚情操的熏陶。教学过程中会有丰富的学生活动，学生在活动中学习相互理解、相互鼓励、相互帮助、相互欣赏，学生有展现自我学习成果的机会，能有信心地和同学开展辩论。学生能正确面对学习中出现的错误，并学习自觉地反思学习过程，总结学习方法，在教师的组织下，通过师生互动、生生互动，学生与学科知识建立联系。教师在数学教学中贯穿着那种充满生命活力的数学活动，可以让学生领略数学的趣味、奇妙、严谨、秩序、辩证，感受数学的魅力和在数学发展过程中人们对真理、对科学孜孜以求的精神，培养学生的数学素养，形成对待事物的严谨负责的态度，如果能在活动中培养公平、利他的精神就更为理想了。任何教学都要摆脱学科本位主义，以育人的态度从事学科教学才是素质教育能得以真正实施的唯一大道，否则教师必然会在缺失社会责任感的背景下，从事着与教育貌合神离的辛苦工作。这需要教师具有丰厚的人文素养，能丰富自己认识世界的视角，从而对数学的认识达到“跳出数学看数学”的层面，实现从“数学教学”到“数学教育”的视角变换。希望教育能让所有人健康、快乐、有社会责任感。

二、分析教材是教师学科知识水平和学科教学知识水平的具体体现

光有好的理念还不行，具体到课时教学，仍然要落实到了解学生、分析教材和选择合适的教学方法上来。分析教材的水平与教师学科知识水平和学科教学知识水平有直接的关联，另外，教师与学生和家长分析例题的切入点也必然是不同的。

教材是教学的素材，是依据儿童的年龄特点和认知规律将教学内容进行科学编排的教学媒介。教师分析教材首先是要分析自身对所教数学知识的理解程度。曾有一段时间，大家对学习方式关注过热，而忘记了“内容决定形式”这一基本法则，基本学科知识反倒被放在次要位置。广大年轻教师在从事小学数学教学时，仍然要对小学数学教材中的相关数学概念进行学习与梳理，并且需要根据小学教学的具体要求，对数学概念在小学课时中的表达进行分析。在整理教师提出的问题后，我发现关于学科知识的问题是最多的，例如“$\frac{1}{3}$是不是最简分数？”“最小的一位数是0还是1？”“100004000怎么读？”“汽车开动时，车轮的运动是旋转吗？”等

等。听课时也发现有教师教学生“小学学过的数分为整数、分数和小数三类”“小数分为整数部分、小数点和小数部分三个部分”“个级的四个数位是个、十、百、千”等错误。建议年轻教师能读一读金成梁先生所著的《小学数学疑难问题研究》，先生将相关的小学数学概念按领域分类，对每一个概念进行了解读，可以为年轻教师解诸多心中之惑，从而杜绝教学中的知识性错误的出现。因此，正如巩子坤与宋乃庆在《统计与概率的教学：反思与建议》中写道：掌握牢固的基础知识不一定就能成为一名好教师，但是，不掌握牢固的基础知识则肯定成不了一名好教师。

教师要思考通过教材教给学生什么，怎样为促进学生发展提供可能，怎样实现从“双基”向“四基”的跨越，并落实课程标准提出的“会用数学的眼光观察现实世界、会用数学的思维思考现实世界、会用数学的语言表达现实世界”。哪怕是看上去较为简单的内容，教师如果能够认真分析教材，看见例题背后的风景，也足以使教学内涵丰富起来。例如苏教版《数学四年级下册》第二单元“认识多位数”的教学内容“求一个数的近似数”，教材安排了两个例题（见下组图）。第一个例题让学生结合生活经验判断哪个数是精确数、哪个数是近似数，使学生体会生活中一些事物的数量有时不用精确的数来表示，而只用一个与它较接近的数来表示，从而引出近似数的概念。第二个例题教学求大数的近似数。学生在前面的学习中已经通过估数、估算、除法中的试商对近似数有初步的了解，教材的例题编排基于学生的已有经验，准确地把握了学生的认知起点。

到 2011 年末，我国共有普通高等学校 2409 所，教职工总数大约有 220 万人。

到 2011 年末，我国共有博物馆 2650 个，文物藏品大约有 1902 万件(套)。

生活中一些事物的数量，有时不需要用精确的数表示，而只用一个与它比较接近的数来表示，这样的数是近似数。

⑦ 2012 年某市人口情况统计如下表：

总计/人	男性/人	女性/人
770889	384204	386685

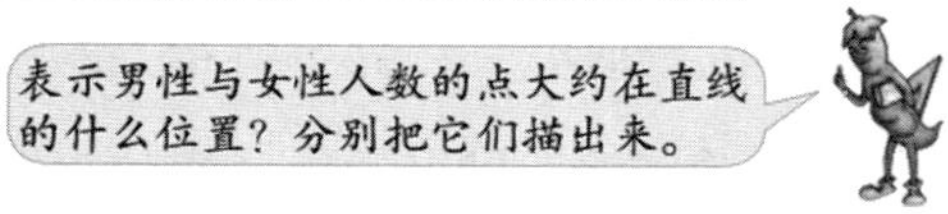

男性和女性的人数各接近多少万？

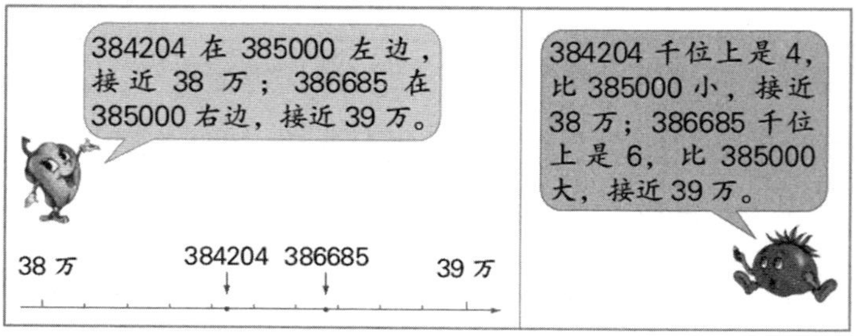

通常用“四舍五入”的方法* 求一个数的近似数。

作为教师，我们要思考的问题是“教什么”。如果仅仅从知识传授的角度去考虑，远不能满足学生发展的需求。因为数学本身就具有鲜明的两重性：理性与应用。同样，从数学教育的角度看，应不囿于帮助学生获得知识，与此同时，要引导学生了解并学会获得知识的方法，令其主动思考知识的运用。作为学习主体的学生，对“教什么”的认识有时远比教师更准确、更深刻，比如学生会问“什么是近似数？”“近似数有什么用？”“怎样求一个数的近似数？”正如曹才翰、章建跃在《数学教育心理学》中指出的：要想引入一个新概念，却缺少足够的具体事实作为基础，或者反复介绍一个概念，却没有具体的应用，这都无法使学生产生求知的冲动；过早地形式化不可能有效果，而过早地抽象化也会引起学生的抵触情绪；因为他们希望知道这究竟有什么用处，又为什么是互相关联的。厘清了认识，可以确定前文所提的课程的教学内容应当包括：什么是近似数？生活中为什么需要近似数？怎样求一个数的近似数？怎样合理地使用近似数？教材中例题下方的一段话——生活中一些事物的数量，有时不需要用精确的数表示，而只用一个与它比较接近的数来表示——其中的“有时”是需要教师进行分析的，这样才能将生活中为什么需要近似数解释清楚。在实际教学中，教师可以通过具体的生活情境帮助学生理解，结合本课内容做如下示范。

①无法得到精确数时会使用近似数。有这样一首儿歌“天上星，亮晶晶，数来数去数不清”。事实上，宇宙中究竟有多少星体，至今也无法得到准确数。科学家认为宇宙中大约有星体2000多亿个，这里的“2000多亿”就是一个近似数。

②不需要得到精确数时会使用近似数。（出示人物头像图片）你知道他的头发有多少根吗？数清楚他有多少根头发，对你的生活有意义吗？可见，生活中有些事物的数量并不需要精确数。一般成年人的头发在80000~100000根左右。

③出于估算的需要会使用近似数。商场中一件衣服198元，买5件大约多少元？我们常将198看作200来进行估算。生活中我们出于估算的需要，常常会求一个数的近似数。

④测量会产生误差时需要使用近似数。一般在近似数的前面有“约”“大约”，还有“近”等字词。不过，有的数据尽管前面没有“大约”等字词，它们仍然是近似数。例如“小明的身高152厘米，体重35千克”，由于测量工具的限制必然会产生误差，所以测量结果也都是近似数。看来，生活中既需要准确数，同时也离不开近似数。

三、学生的现实水平是教学的起点

教学过程应当是一个学生主动参与的活动过程，要想学生能够有效参与，教师需要确定学生的最近发展区。学生是学习的主体，学生的现实水平是教学的起点，教师对学生已有知识和生活经验的把握，以及对儿童数学学习心理的了解都是非常重要的。更为重要的是，教师是否能站在儿童的立场，去思考教学内容的演绎方式。世界著名教育学家马克思·范梅南说：看待儿童其实是看待可能性，看待一个正在成长过程中的人。（成尚荣《儿童立场：教育从这儿出发》）这里所说的“正在成长过程中的人”，指明了教学要关注儿童的发展，而对儿童的可能性的认识，正是我们在教学中是否能真正落实学生学习主体性的关键。正如成尚荣先生说的：儿童的发展是现代教育核心价值的定位。这是实施有效教学的重要资源，也是有效教学的基础。

例如“有13朵红花、8朵蓝花，红花比蓝花多多少朵？蓝花比红花少多少朵呢？”这个问题，成年人可以轻松得出“红花比蓝花多5朵，蓝花比红花少5朵”的结果。而实际情况是，“蓝花比红花少的朵数”这个问题对幼儿园大班下学期的儿童和很多一年级学生来说，都是一个不小的挑战。在教学过程中，教师在黑板上贴了13朵红花，在第二行与红花一一对应地贴了8朵蓝花，然后在请小朋友上台指出红花比蓝花多的部分时，学生只看了看，就顺利地指出了多出的部分，并回答老师“红花比蓝花多5朵”，但是当教师再请他指出蓝花比红花少的部分时，学生很认真地看了一会儿后，告诉老师“蓝花比红花少，但是没有蓝花比红花少的部分”。因为图中多出的部分是可视的，这对学生来说是真实存在的，而少的部分则是一种虚拟存在，低年级儿童以直观形象思维为主，自然会产生这样的建构偏差。我们建议教师在教学这一内容时，可以请学生思考“蓝花再添几朵就和红花一样多？”并用虚线补画出5朵蓝花，进而告知“蓝花添5朵才和红花一样多，就表示蓝花比红花少5朵”，再比较“红花比蓝花多的”和“蓝花比红花少的”两者的关系。

四、教学设计要关注教学法的选择

教学法的合理选择是最终落实促进儿童发展的保证。教师在进行教学设计时，讲授法、练习法等具体方法通常不是考虑的重点，因为这些教学法几乎每节课都会用到，考虑的重点在于让学生进行自主探究还是有意义地接受。如果考虑的是“自主探究”，教师需要进一步考虑需要提供学生的学习素材及帮助（包括教具和学具），并且需要重点思考设计哪些问题帮助学生清晰地回顾、总结并探究活动中的数学思想。如果考虑的是“有意义地接受”，教师需要考虑的则是怎样帮助学生体会知识的形成过程，怎样突出教学重点、突破教学难点。教学法的选择基于对教材的准确把握和对学生的深入了解，以及“站在儿童的立场出发”这一教学信念。教师应在尊重儿童数学学习规律的基础上考虑如何落实教材的教学要求，教学法的选择必须考虑让学生作为学习的主人真正参与到学习活动中。教师在组织教学的过程中，很重要的一个方面就是为学生营造一个好的学习环境，在其中教师帮助他们找到发展的最大可能和最好可能。教师引导学生将探索的知识、学习的方法体会从模糊到清晰、从不自觉到自觉的过程，从而丰富学生的学习经验。我们知道知识是可以传授的，而经验是无法传授的！数学的教学不仅是数学知识的学习，还是在学习过程中感受学习方法，理解数学思想和方法，获得数学活动经验，从而得到智慧的发展。

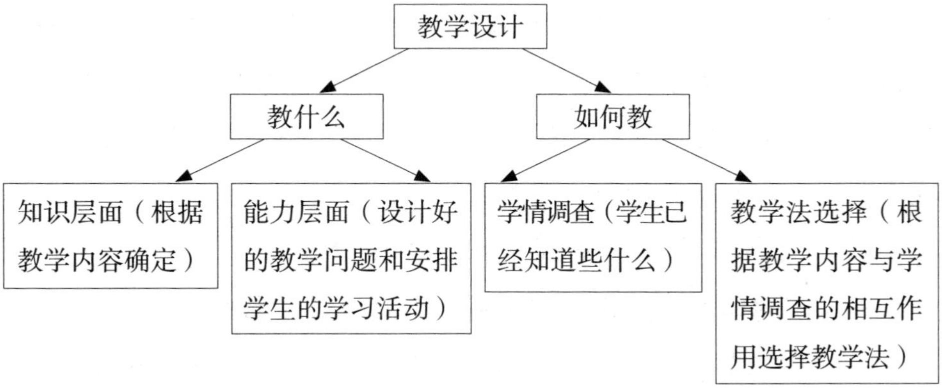

结合上图所示，如果教学“三位数加三位数”，根据学情调查和例题编排的顺序，教师可以选择让学生进行自主探究，教师需要提供学具，学生通过操作理解算理，并且通过语言组织有条理地进行表达，再结合操作活动进行相应的计算。如果教学“隔位退位减”法，考虑到学生的经验只囿于“向前一位借1”且“前一位能借到”，尽管教材前面安排了相应的退位减法的例题，但对学生来说，隔位退位的方法仍是超出其最近发展区的，那么，此时教师选择“有意义地接受”就更为合适。

其实在更多的教学情况下，“自主探究”与“有意义地接受”通常会合并使用。例如教学“因数与倍数”，对于相关的数学概念，学生可以通过“有意义地接受”学习获得，而求一个数的因数及倍数，则可以通过“自主探究”学习掌握。

了解学生是教学的起点

有效的教学活动是教师的“教”与学生的“学”的和谐统一。数学教学活动必须建立在学生的认知发展水平和已有的知识经验基础上。教师要以学生的现实水平为基点开展数学教学，要从学生已有的知识经验出发，在教学过程中，发展学生的“四基”和“四能”，促进其数学核心素养的形成，使其认知、情感和价值观得到发展。

作为教学工作之初的备课，目前尚存在不少问题：教师不了解学生已有的知识基础和生活经验，导致课堂教学中教与学脱节的现象出现；刻板使用教材，不了解学生的兴趣所在，教学内容难以引起学生的共鸣；教学设计仍以教师为主导，未能真正体现主体学生；认知水平过低或认知水平超出学生的能力；等等。

那么，教师应该怎样创造顺应儿童学习的数学教学活动呢？

一、了解学生，重视学习过程，合理开展“数学化”

认知理论提出：学习的基本原理就是建立新旧知识之间的联系。在知识迅速膨胀的现代，人们是无法在学校中学完知识的。学生学习数学的目的已经不仅是数学知识的掌握和数学技能的形成，更重要的是通过学习形成一种数学素养和继续学习数学的能力，可以在大量的现实情况中，运用数学思想发现问题、分析问题，进而解决问题。

目前的问题是教师往往将知识传授当成数学教学的唯一目的，并且将数学学习理解为教学内容的简单分解和小步子训练。在教学设计时，有的教师会将一个整体的数学内容（特别是所谓的教学重点和教学难点）分解为若干个小内容，虽然在分解的过程中知识点的教学完成了，但是其中的数学思想和数学方法却被拆得七零八落，作为数学精华所在的整体思想和方法缺失了。德国哲学家黑格尔曾有过一个形象的比喻，他认为用分析的方法来研究对象，就像剥葱一样，将葱皮一层一层剥掉，但原葱已经找不到了。这样长期学习的结果是学生的脑海中只有零散的、孤立的、没有实际运用价值的公式和法则，数学学习被教师"异形"为学生的一种快速、本能的解题反应。《义务教育数学课程标准（2022年版）》指出：改变过于注重以课时为单位的教学设计，推进单元整体教学设计，体现数学知识之间的内在逻辑关系，以及学习内容与核心素养表现的关联。

数学学习应是基于学生学习现实的"数学化"过程，每个学生在学习数学时都是从他们自己的数学现实出发，与教学内容发生交互作用，建构他们自己的数学知识。荷兰数学教育家弗赖登塔尔认为：学生与其说是学习数学，倒还不如说是学习"数学化"。了解学生的数学现实与教学内容之间的联系，可以较为恰当地在教学过程中引导学生运用数学思想、方法学习新知识，感受到数学思想、方法的实际意义。

例如在教学"分数除法"的过程中，学生已经学习了任何数除以1都等于任何数、有关倒数的知识、分数与除法的关系、分数的基本性质等等。那么设计教学时，能否让学生自己尝试运用化归思想，将分数除法进行转化呢？学生在学习过程中自己"创造"出多种不同的计算方法，呈现出算法多样化。这恰恰体现了会用数学的思维思考现实世界，通过数学思维，能够根据已知事实或原理，合乎逻辑地推出结论。

二、了解学生，理解教材，创造性地使用教材

教材不是根据具有特性的某个班级的学生制定的，而是根据大部分儿童的共性制定的。数学教师不能机械地执行教材，而应该在理解教材的基础上，创造性地使用教材。目前的问题是在教学中，教师理解教材不到位，不分析学生已有的知识基础，将教学内容的实施采用"拿来主义"，原封不动地执行教学课本中的知识点教学。教师成为一种教学机

器，失去创造性；学生丧失主体地位，成为机械接受、机械操练的对象和具体实施者。

例如在教学“分数加减法”时，教师若不能理解教材中各个例题之间的一致性，会导致各种不同的加减情况的零碎学习，使整个单元呈现出零散的知识点教学，缺少主线。正确的做法应该是通过对学生的了解，即学生已经学习了整数、小数加减法，并且知道计数单位相同可以直接相加减，了解数位对齐就是把计数单位相同的数对齐，那么分数加减法只要分数单位相同就可以直接相加减，这和整数、小数加减法不是有相通之处吗？（如下图所示）

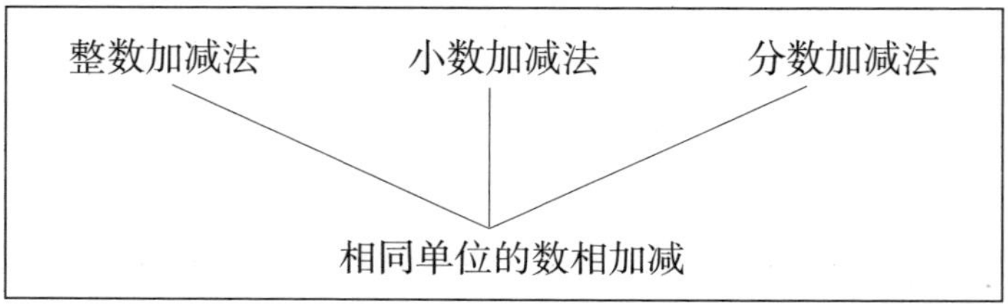

教师在实际教学时，先让学生复习整数、小数加减法的计算方法，如说出下面这题的错误：

$$\begin{array}{r} 13.5 \\ +\quad 1 \\ \hline 13.6 \end{array}$$

再让学生自己说出各种分数加法的算式并进行分类，学生将其分成同分母分数加法、异分母分数加法，在学生自主学习同分母分数加法后，很快就想到将异分母分数加法通过通分转化成同分母分数加法，从而提高了学习效率。

这样的教学设计才是真正从学生的认知特点出发，既提高了教学效率，也使学生的认知水平得到提高。

三、了解学生，创设良好的课堂环境，发挥学生的主体作用

教学不仅是教师向学生传授知识的过程，而且是学生主动参与其中的过程。现在的课堂教学过程中虽不乏学生的小组活动，但目前的小组活动

多存在思维容量偏小、活动时间过短的问题，而且小组活动在日常教学中较为少见，它们往往出现在公开教学中，难免有走过场、作秀之嫌。

笔者曾听过一些一年级的“9加几”和“十几减9”公开课，在课堂上老师让小朋友通过摆学具来学习，实现算法多样化，体现学生不同学习的路径差和时间差。但在课后的了解中，有的班级学生反映这节课已经学过了，也就是说这是节表演课。还有一些课的课堂上，学生没有全部呈现出老师事先设计好的多种算法，而老师却一定要通过多种手段将所有算法表现出来，有为算法多样化而多样化之嫌。这些课的课堂环境就没有发挥出学生的主体作用。

现代教师的工作在很大程度上不是去教会学生什么，而是要创造良好的课堂环境，引导学生参与课堂教学活动，让学生在学习活动中学到知识，获得发展。过去，教师备课是按自己的经验和思路组织教学的，而今，教师必须以建构主义的教学观重新审视自己，设身处地地站到学生的立场上，体会他们的学习背景和自身基础。教师应当充分地认识到学生的认知图式、认知过程的特点，进而采用恰当的认知模式识别和确定数学知识的表征，确定学生的操作运算、知识存储、组织情境的方法，顺着学生的经验和思路，通过有针对性的、适宜的策略，引导和启发学生的自我建构，并给予其纠正和评价。

四、了解学生，可以有效地解决教学难点

学生是主动探索知识的建构者，而非只是模仿者。教师应了解学生的真实情况并将其作为教学的实际出发点，为学生的学习活动提供良好的学习素材。澳大利亚数学教育家比格斯提出一种“实验室学习法”，提倡学生通过操作、试验和发现的方式进行学习，在其研究过程中，他发现小学生学习数学概念需要通过实际活动才能够掌握具体概念，进而才能学习抽象概念。学生的实际体验在其自身的学习过程中具有重要作用，但教师却常常疏忽这一点，由此导致学生出现学习障碍。

在教学一个新概念之前，教师一定要清楚学生的头脑中要具备支撑新概念的相关准备知识，一个概念能否被学生有效理解，这些准备知识能否被有效地调动并使之与新概念建立联系，成为是否有成效的重要因素。学生常在我们称之为“教学难点”的地方出现错误，原因就在于该知识点与学生准备知识之间未产生有效联系，或准备知识薄弱甚至于根本没有。

五、了解学生，丰富学生学习数学的情感

在数学学习活动中，教师不仅要注意学生的学习行为表现，还要注意其情感体验和认知方式，它们对学生的思维发展具有重大影响。

苏联教学论专家斯卡特金指出：我们建立了很合理的、很有逻辑性的教学过程，但它给积极情感的食粮很少，因而引起了很多学生的苦恼、恐惧和别的消极感受，阻止他们全力以赴地去学习。不当的教学往往使学生对数学产生错误的看法，例如“数学就是计算”“聪明人才能把数学学好”“每道题一定有算式可列，否则就不是数学题”……这些错误的数学信念，导致学生不喜欢数学。

从情感角度出发，教师备课时不妨思考一下学生在什么情况下学得好。例如当学生有兴趣时学得好、当教学内容能用多种形式表现时学得好、当学生能自由参与时学得好、当他们被信任时学得好、当他们发现所学的知识能学以致用时学得好、当师生情感交融时学得好等等，这些思考将对我们的教学大有帮助。

笔者在教学“简单的统计”之前和学生进行了交流，发现学生普遍不喜欢统计，他们认为统计就是计算，很烦人，而且没什么用。于是笔者在教学时不仅让学生自己提出问题进行全过程的调查统计，而且设计了一组练习，让学生根据统计数据作出分析和预测，学生深深地感受到了统计的作用，体会到统计与生活密不可分。练习设计如下：

四（1）班同学喜爱的球类活动情况统计表

2021年10月

项目	合计	乒乓球	羽毛球	足球
人数	48	32	7	9

你估计组织什么球赛最受同学欢迎？

根据统计我们可以作出合理的决策，即使有些事情是未知的，也可以根据统计作出预测，而且预测结果往往接近事实真相。下面我们来做一个游戏——猜球游戏。

在布袋中装有5个黄乒乓球和2个白乒乓球，请一组同学摸球。根据摸出球的情况进行统计，并作出预测：哪种球的个数多？

六（1）班同学近视情况统计表

2021年10月

项目	眼睛近视	视力正常	合计
人数	25	20	45

有人根据该表作出预测：中国人绝大多数是近视眼。你同意该观点吗？为什么？

这节课后，有很多同学反映说统计好玩、有用，他们喜欢统计。

综上所述，教师备课时要提供让学生主动学习的素材，教学的任务是引导和组织学生自主地利用素材学习。数学是一个活的、动态的过程，作为教师，我们应当引导学生投入到数学活动的过程中去，通过其亲身体会、组织和构造，感受鲜活的数学意义。

新教师怎样备课

一、新教师的备课现状

凡事预则立，不预则废，说明了计划的重要性。对教学来说，要想取得好的教学效果，备课就显得格外重要。斯苗儿认为，备课历来是教师最重要的工作之一，它作为教学活动的准备阶段，是优化课堂教学过程，对于提高课堂教学效率的前提和保证，起着至关重要的作用。（斯苗儿《小学数学课堂教学案例透视》）那么具体到行为，究竟怎样备课呢？几乎每个教师在接受师范教育时就知晓“备课要备教材、备学生、备教法”，可是在现实中，教师是否会从这些方面开展备课呢？审视当前的课堂教学现状，绝大多数教师的备课通常是以知识为主要目标来思考如何组织教学，具体些讲，就是以教材中的例题为主要目标。在如此强调教师专业发展的当下，为什么还会出现这样的现状？下面就一线教师的教学片段展开分析。

1.案例描述

S老师是工作3年的新教师，教学思路清晰，教学语言简洁，课堂教学环节有层次，是新教师群体中专业发展较好的教师。她执教的内容是苏教版《数学一年级上册》“11~20的数的认识”。上课前，她要求学生将20根小棒放在桌上，看到有学生在摆弄小棒，她问学生“小棒是学具还是玩具？”并要求学生“老师让你拿的时候再拿”。

师：我们已经学过哪些数？

生：我们已经学过了0到10。

师：今天我们学习11到20的数。1根小棒是1个1，谁能像老师这样说一说？

教师请两位学生复述。

师：1根小棒可以用1表示，2根小棒就是几个1？

生：是2个1。

师：2个1可以用2表示。

接下来，教师用同样的提问引出了3到10。

师：10根小棒可以捆成1捆，1捆有10根，我们就说1捆是1个10，谁能像老师这样说？

教师先后请1位男生、1位女生和全班同学复述。教师再问学生9根小棒能不能捆成1捆。学生回答不能，教师继续问11根小棒、15根小棒能否捆成1捆。强调必须是10根小棒才能捆成1捆。

师：10根是10个1，捆成1捆是1个10，那么10个1和1个10有什么关系？

生：原来是1根1根的，后来被老师捆成1捆了。

师：所以数量没有变化，因此10个1就是1个10。

教师请4位同学复述后，教师再次重复10根就是10个1，捆成1捆，就是1个10。

师：会摆12根小棒吗？用你们的小棒在桌上摆一摆。

根据现场观察，学生全部是1根1根地摆放，有几位同学摆10根小棒用白色，摆2根小棒用绿色。教师等了片刻，出示课件中事先准备好的摆放小棒图片，呈现6种摆放方法：1根1根摆的、2根2根摆的、3根3根摆的、4根4根摆的、5根5根摆再摆2根的、1捆和2根的。

师：哪种方法最容易看出是12根？为什么？

生：1捆是10根，后面还有2根，就是12根。

师：1捆是1个10，2根是2个1，用这种方法可以摆出12根。所以1个10和2个1合起来是12。

教师接着出示小棒图片，分别表示11、13、14、15、19，要求学生根据图片说出数，并且用1个10和几个1合起来是十几的语言去描述。

师：19再添1根，又满10根了，怎么办？

生：再捆成1捆。

教师要求学生将手中单根的小棒再捆成1捆，每人正好2捆。

师：2捆是几个10？

全班齐答2个10是20。

教师要求学生将捆好的2捆小棒拆开，随手抓小棒，然后再数一数抓了几根，5位同学反馈，分别抓了12根、13根、14根、18根和20根。

教师接着在黑板上写出15，请学生任意抓一把，然后再数一数，看看谁正好抓了15根。根据现场观察，有学生是随意抓的，有很多同学先数出5根后再将其他的小棒抓起来，结果全班超过半数的同学表示自己抓的正好是15根。

师：今天学习的数其实早就藏在了我们的身边，拿出直尺看一看，找到它们了吗?

教师演示课件中的直尺，带领全班同学从0数至20，接着倒过来从20数到0。教师随后提出两个问题：10后面的数是几？10离8近还是离20近？在学生回答之后，请学生完成教材“想想做做”。

教师先在课件中出示教材中的草莓图，请学生看图估计大约有多少个草莓。四位学生分别回答有13个、20个、15个、14个。全班一起数草莓个数，教师在实物展台上演示，学生数一个数，教师就在图中用笔划去一个草莓。

师：我们数了，图中一共有14个草莓。刚才估计图中有20个草莓的小朋友，以后不能乱猜了。请同学们看教材中的小伞图，估一估，有多少小伞呢?

3位学生分别回答有17个、18个、15个。教师请学生用笔在图中划一个数一个，数出结果是17个。

课的最后，教师出示了生活中的场景图片，请同学们从中发现今天学过的数，以此说明11到20的数在生活中是非常常见的。

2.案例分析

听课后笔者与S老师就本节课的教学设计进行了交流，S老师说她先看了教材，确定了教学重点应该是计数单位“十”的建立，否则11到20各数的组成就很难说清楚。怎样教学计数单位“十”呢？主要是要讲清楚10个1就是1个10。怎样让学生明白以“十”计数的合理性呢？她参考了教师教学用书和网络上的教学资源，觉得让学生摆12根小棒这个方法挺好，通过不同的摆放方法让学生进行辨别，学生可以非常自然地发现用1捆小棒和2根小棒组成12的方法最简单易懂，从而感受这种方法的优越性，接下来再进行练习就可以了。最后安排一个环节，让学生发现生活中大量存在今天学过的数，将数学与生活紧密联系起来。

由上可以看出，S老师的备课过程基本反映了一线教师比较常见的备课现状，主要从教材例题入手去分析教学知识点，而教学过程的构思更多地依赖教师用书、外部资源及相应的自身教学经验。近十年来电子教案的盛行正是这种情况具体的外部体现，而事实表明同样的教案不能复制出同样的教学效果。因为教师教学“工艺性特别讲究、以知识经验为主”，“需在反复实践中做行为自省与调整的跟进才能见效”。（顾泠沅《教学改革的行动与诠释》）教师借鉴外部资源必须联系自身教学实践，由此产生代入感以促进自我反思，否则这些资源将成无本之木。众多的教师坦言：如果没有外部资源的话，备课会是件很困难的事情，因为不知道从哪些方面去备课，尽管有很多理念，例如人本主义、建构主义，但是那些又和这节课有什么关系呢？备教材、备学生、备教法都知道，可是具体怎么备呢？斯苗儿指出教师备课主要存在5个方面的问题：分析学生流于形式、处理教材未能很好地发挥教师的主动性和创造性、制定目标过分重视认知性目标而忽视过程性目标、设计教学过程忽视教学过程的复杂性、撰写教案模式化。（斯苗儿《小学数学课堂教学案例透视》）这些问题事实正反映了备课这件事情不是简单的，备课水平的高低是教师专业水平的重要标志之一；也可以看出备课是件“技术活”，不能空谈流程，需要具体去关注从哪些方面开展备课，即关注备课的要素。

二、需要关注的备课要素

王东敏提出从解读文本、解读学生、解读自我以及后备等方面开展备课。（王东敏《今天，我们怎样备课（上）》）斯苗儿针对教学设计提出7个策略：深入了解学生，找准教学的起点；客观分析教材，优化教学内容；注意目标的可检测性，制定明确、具体的课时教学目标；选择有利于改变学生学习方式的课堂教学组织形式，注重小组合作学习；设计版块式的教学方案，探索合理有效的教学顺序；充分估计教学过程的复杂性，构建非直线型的教学路径；改进教案撰写格式，促进教师专业成长。（斯苗儿《小学数学课堂教学案例透视》）这些观点都为教师开展备课提供了指导。针对教师备课实际，并分析教学名师分享的备课经历不难发现，对小学数学教师来说，可以从对知识层面的分析、对学情调查的分析、对学习需求的分析、对学生活动的分析、对教法选择的分析、对练习材料的分析6个方面进行备课。

第一，教师要分析教学内容的知识目标是什么，而且对知识目标的分析应不应囿于例题的知识内容，还要兼顾知识的发生、发展。所以，确立课时教学目标，不仅要考虑自身的“封闭性”，还应当注意它与远期数学教学目标之间的联系。以苏教版《数学五年级上册》第八单元“用字母表示数”第一课时为例。（见下图）

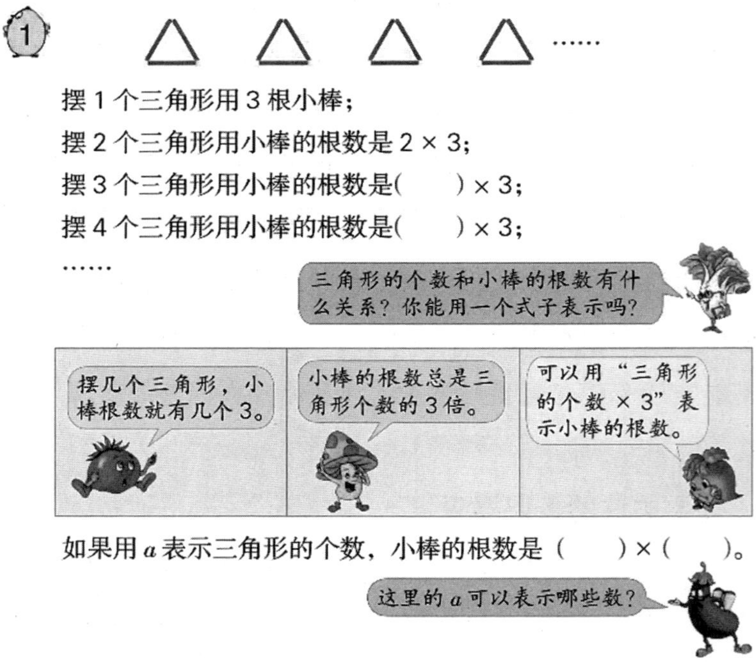

② 甲、乙两地之间的公路长 280 千米，一辆汽车从甲地开往乙地。你能用式子表示行驶了一段路程后剩下的千米数吗？

已经行驶了 50 千米，剩下的千米数是 280 − 50；

已经行驶了 74.5 千米，剩下的千米数是 280 −（　　）；

已经行驶了 b 千米，剩下的千米数是（　　）−（　　）。

如果 b = 120，剩下多少千米？如果 b = 200 呢？

③ 如果用 a 表示正方形的边长，C 表示周长，S 表示面积，你能写出正方形的周长和面积公式吗？

$a \times 4$ 和 $4 \times a$ 通常可以写成 $4 \cdot a$ 或 $4a$；$a \times a$ 可以写成 $a \cdot a$，也可以写成 a^2。a^2 读作 a 的平方。

上图例1所含的知识目标是用字母表示变量，要让学生体会这种方式的应用特点。从例1所示可知，摆一个三角形需要用3根小棒，这是不变的，变化的是三角形的个数，因此要表示三角形的个数与小棒的根数之间的关系，可以用“a × 3”表示，a可以表示整数。在这里，往往有教师纠结于字母a是否可以表示0，三角形的个数如果是0个当然也是可以的，但这并不是例题教学的重点，重点是让学生讨论式子中的3为什么不用字母表示，让学生明确只有不确定的数（即未知数）才需要用字母表示。例2所含的知识目标则主要聚焦在具体情景中，字母表示的数具有一定的范围界限。例3的教学目标是正确掌握含有字母的乘法式子的简写。

除了这些核心知识目标，还有一些发展性知识目标是隐含于练习题之中的，教师要在学生练习讨论时让其有所了解和感悟。通过上图所示的例题，学生还需要了解：含有字母的式子既可以表示数量，也可反映两个量之间的数量关系；同一题中，同一个字母表示相等的量，例如已知全班男生与女生人数相等，如果用字母x表示男生人数，那么女生人数也可以用字母x表示；同一题中，不同的字母表示不同意义的量，但它们的值可能相等——假设汽车上原有乘客35人，到站下车a人，上车b人，那么车上现在乘客数与原来相比，是多了还是少了——通过讨论了解字母a与字母b表示的意义不同，但是它们所表示的值有可能是相等的……这些发展性目标的提出，与教师理解教材、解读例题的能力有关联，可见对知识层面分析得越深入细致，越可能实现精准教学。

第二，教师备课离不开对学情的调查与分析，而这又往往是教师最不重视的一个环节，反映的是教师的一种以自我为中心、以教为主的教学观。从这个角度看，教师对学情分析的重视可以视为教师专业成长的重要标志。“学情”是指学生在学习某一内容时已有的知识结构和在学习时的个性差异，包括学生的已有经验、认知路径和思维方式。（刘艳，王凌《开展学情调查，实现有效教学》）如何进行学情调查？常用的方法有访谈法、练习法和经验法。教师需要在备课前随机选择学生6～8人（以中等生为主）进行学情调查。如果采用访谈法，教师需要事先准备好访谈提纲，可以是一对一访谈，也可以是一对多访谈。以下为某教师教学六年级下册“圆柱的认识”一课前进行的一对多访谈记录。

师：同学们听说过圆柱吗？

生：听说过。

师：你们能举例说说生活中哪些物体的形状是圆柱？

学生说了很多例子，有日光灯管、公园的花柱、圆柱形铅笔、圆柱形茶杯、柱子、吸管等。

师：粉笔的形状是圆柱吗？

生：不是啊，粉笔上下不是一样粗细的。

教师注意到学生所举事例中的圆柱都是长长的，于是增加了一个问题。

师：你们觉得1元硬币的形状是圆柱吗？

生：应该不是，它太扁了。

通过以上访谈我们发现学生对圆柱有初步的了解，能够辨识物体的形状是不是圆柱，但是又受到生活经验的影响，对圆柱的认识具有片面性，这就为教学提供了有效的材料。访谈法常用于概念教学前的学情调查。

练习法则往往针对技能型学习内容的前测，例如在进行苏教版《数学三年级下册》“两、三位数除以一位数的笔算”教学之前，教师想了解学生的现实水平，请学生自己独立计算“46 ÷ 2”，提供的解题思路有分小棒和用竖式计算。学生的主要解法有：分小棒，先分6根，再分4捆；分小棒，先分4捆，再分6根；大多数学生选择用竖式计算（见下图）。

$$\begin{array}{r} 23 \\ 2\overline{)46} \\ \underline{46} \\ 0 \end{array}$$

根据学情调查，竖式解答正确的学生也有，但是总体看来数量较少。从学生的口述思路可以看出，竖式计算的经验还囿于利用表内除法进行的竖式计算，学生在解决该题时，都自觉地调动了已有的知识基础和相应的解题经验进行了自我建构，尽管有的答案不正确，但是在他们自身看来都是合理的，这就说明例题教学的难点在于标准竖式与学生现有的发展水平不匹配，在这种情况下，帮助学生理解竖式的书写格式就尤为重要，需要结合分小棒的操作过程进行理解。

经验法指的是根据以往的教学经验或者咨询有相关教学经验的教师，在教学前预判学生的学情。通过学情调查，教师可了解学生对与新知紧密联系的旧知的掌握情况、有没有遗忘，对某一新问题的反应如何，会用怎样的思维方式解决，存在哪些困难等等。学情调查是有效教学的立足点，只有深入了解学生的学情，结合学情设计教学，以学定教，才有可能真正实现有效教学。

第三，教师在分析了教学内容的知识点与学生学情的基础上，备课时需要关注对学习需求的分析。怎样使学习素材更有趣、有吸引力，体现数学与生活的联系及其学科价值，展现数学的内在美，这些都值得教师去分析。我们期待通过教师对例题的加工，使学习素材具有生命活力，吸引学生投入到对知识的研究中去，并在这个活动过程中实现个人的发展。我们以苏教版《数学三年级下册》“认识小数”为例，先来看教材例题。（见下图）

$\frac{5}{10}$米还可以写成0.5米。0.5读作零点五。

$\frac{4}{10}$米还可以写成0.4米。0.4读作零点四。

怎样让学生自发产生认识小数的意愿呢？教师截取了生活实景（见下图）来引发学生的认知冲突。

在实际生活中，大多数学生会有1米5厘米是1.5米的错误认识，而只有部分同学会想到1.2米表示1米20厘米，这体现了学生认识小数的现实需要。引入一个新概念，如果缺少足够的具体事实作为基础，或者反复介绍一个概念，却没有具体的应用，这都无法使学生产生求知的冲动。不仅过早地形式化不可能有效果，而且过早地抽象化也会引发学生的抵触情绪，因为学生希望知道的是，所学的知识在生活中究竟有什么用处。（曹才翰、章建跃《数学教育心理学》）

第四，教师备课还需要关注学生活动的设计。郜舒竹认为教师备课要把主要思考的内容定位于学生应当“学什么”和“怎样学”，也就是要确定学生应当掌握的学习内容和设计学生应当经历的学习活动。（郜舒竹《小学数学这样做》）思考的基础是教师对数学知识的认识和学生的现实基础，不同的数学知识其学习内容与学习活动的设计是有区别的。教师需要根据学情调查的结果与数学知识的区别，合理地安排课堂学习过程中的学生活动。进一步思考什么样的任务适合独立思考？什么样的任务适合同伴交流？什么样的任务适合小组合作？每一个学习任务需要安排多少时间？完成任务后应当如何组织汇报？这些问题都需要教师在备课过程中认真思考并有所安排。

第五，教师备课要关注教学内容的组织。顾泠沅先生曾专门做了有关优秀教师与一般教师的比较研究，结果表明“一个重要的差别在于教学内容的组织。学生的认知结构主要是从教材的知识结构转化而来的，为了构建学生良好的认知结构，必须优化教材的内容及其结构”（顾泠沅《教学改革的行动与诠释》）。顾泠沅先生的研究成果无疑表明了教师的教学应有对教学内容的再次建构，在这个这个建构过程中，教师既要兼顾知识发展的结构性，也要考虑学生学习的认知规律，还要思量优化教学效果的教学方法。叶圣陶先生说过，教材无非是个例子，教师也尽知应该“用教材教”，而不是“教教材”。但在现实中，很多教师还是在“教教材”。怎样才能实现从“教教材”向“用教材教”的转变？

下面我们通过案例进行分析。

某教师教学苏教版《数学四年级上册》（2004年版）第十单元“认数”的例题（见下图），先复习了含个级、万级的数位顺序表，然后在计数器上拨出5239，请学生读数后，继续拨出52395239，与学生开展如下会话——

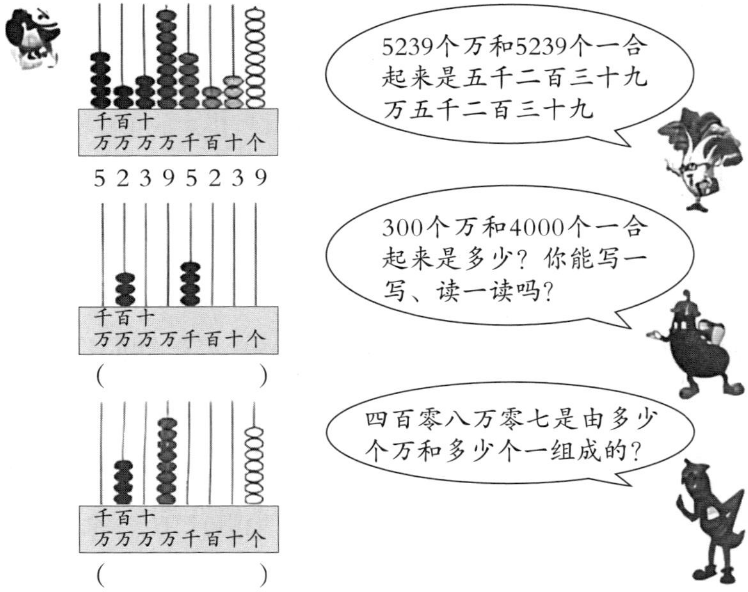

每级末尾的0都不读，其他数位有一个0或连续几个0，都只读一个“零”。

师：这个数会读吗？

生：五千二百三十九万五千二百三十九。

师：先读什么？再读什么？

生：先读万级，五千二百三十九万，再读个级，五千二百三十九。

师：要先读万级，再读个级，读万级的数后要添个“万”字。这个数的最高位是？

生：千万位。

师：它是几位数？

生：八位数。

教师在计数器上拨出3004000。

师：这个数由300个万和4个千组成，怎么读？

生：三百万零四千。

师：谁可以在黑板写出这个数？（教师请一位同学上台。）这个数怎么读？

生：三百万零四千。

师：数中的0到底要不要读？同桌讨论一下。你不会读三零零万是不是？你会读成三百万。所以这个数读作三百万四千，0读不读出来？（学生齐答不读。）每级末尾的0读不读？

生：不读。

师：确定吗？

学生迟疑地回答，有人小声说确定，有人说要读0。

师：谁再读一下这个数？

生1：三百万零四千。

生2：不读0，三百万把0都读完了，不需要读了。

师：0读不读？

生：不读。

教师在计数器上拨出3600006，一名学生正确读数后，教师又拨出3070006，再请一名同学读数，学生正确读数。

师：这些0为什么要读出来？看这些0在哪儿？

生：在中间。

师：在中间的1个0、2个0或3个0都只读几个0？

生：读一个0。

师：每级末尾的0不读，数中间的0要读。

…………

练习时，学生分不清哪些0要读出来。如9001000，有学生读成“九百万零一千”；如50500500，有学生读成“五千零五十万五百”，因为中间的两个0是连在一起的。

从教学片段来看，教师还处于教学的初级阶段，即例题是什么便讲什么，充其量也不过是“教例题”罢了，教学方法以灌输为主。正如斯苗儿老师所说，教师的备课工作中还存在着许多问题，直接影响了课堂教学的效率。教师在备课时，往往首先考虑教师怎么教，而不是首先考虑学生会怎么学，把教学过程看成是学生配合教师完成教案的过程。教师驾驭教材的能力不强，过分地迷信教材。（斯苗儿《小学数学课堂教学案例透视》）那么，以本课教学为例，教师首先要分析教学内容的层次性。因为从结构论的观点看，“每一节课其实也是一个微型的结构序列”（顾泠沅《教学改革的行动与诠释》）。不难看出，上述案例的教学内容其实分为三个层次：第一个层次是教学含有个级和万级的数的读、写法，这一层次的数一般不涉及数中的0是否读出来的问题；第二个层次是教学每级末尾的0不读出来；第三个层次是教学每级中间连续有几个0都只读一个0。在解析教材例题的基础上，教师应该考虑如下问题：

①教学的起点在哪里开始？与前面的教学内容有什么联系？

②从教学目标看，本节课教学的重点是什么？

③从学生的实际情况看，本节课的学习难点是什么？怎样利用学生已有的相关学习经验？

④如何充实每个教学层次？每个层次要达到的教学目标是什么？

⑤以一个教学层次为例，怎样教学才能达成教学目标？三个层次的教学方法之间又有怎样的关联？

⑥教学中怎样开展精讲多练及讲练结合？

教材是落实课程标准、实现教学目标的主要载体，但是，教材限于篇幅，不可能将教学内容进行详尽地描述，更不可能以教案的形式呈现教学设计。所以，教师应当学会从教学的角度科学地分析教材、加工教材，进而要关注学情，掌握学情调查的基本方法，找准教学的起点，把握教学的难点。任何教学内容的实施都需要考虑学生已有的知识基础和相应的生活经验与学习经验，科学地安排学生活动，特别是要关注学习共同体的培养，而不是在遇到困难时简单地以小组讨论来替代。教师要审慎考虑新授的序列与练习的序列，将两者很好地融合，避免人为地割裂新授与练习环节。教师要尊重学生的现实情况，通过数学活动促进学生理解数学知识，通过及时练习帮助学生内化数学知识，使得新知与其原有认知结构产生联系。

第六，教师备课要关注对练习材料的分析。目前最主要的问题就是许多教师机械套用教材练习，忽略对习题的二度加工，只将其视为技能练习的素材，忽略练习中的思维训练。练习设计首先要落实教学重点，要契合本班学生实际，让每个学生都有成功体验的机会和路径；练习设计要促进学生的思维水平保持在较高的程度，让其不断地在练习中思考，而不仅仅是完成技能训练；练习设计还需要考虑题目是否新颖、形式是否有变化、情境的变换，以及多维度的整合等方面。下面，以某教师针对苏教版《数学二年级下册》第六单元“两位数加两位数的口算”的练习设计为例分析讨论。

①完成下图“想想做做”2。

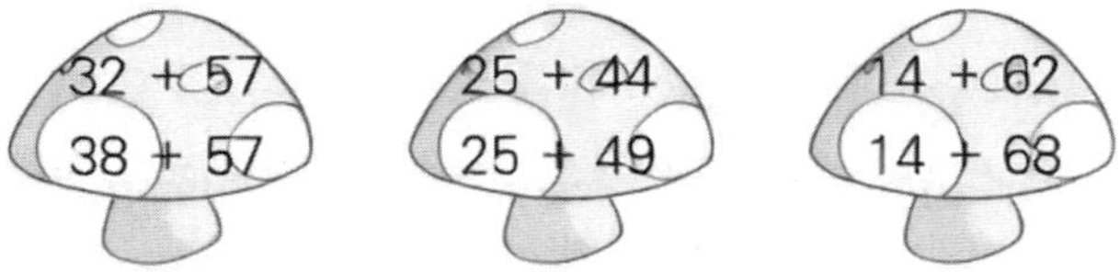

学生独立完成在书本上，教师巡视指导。

核对结果后教师以第一组口算提问：都是三十几加57，但是为什么有的是八十多，有的是九十多？（预设有学生口算出现错误，如果是第二行的题目，多数原因是忘记进位，教师介绍先估一估再口算的方法。）

②完成下图“想想做做”3。

先估计得数是几十多，再口算：		
54+14	38+54	69+25
49+37	25+69	26+47

师："54+14"需要进位吗？和是几十多？

剩下的题目同桌之间小声说一说，然后全班核对。

③出示情境图（见下）：小船可乘28人，大船可乘44人。

师：这条船能带92个小朋友吗？（教师引导学生用估算解决问题。）

④出示情景图（见下）：笑笑和淘气玩套圈。

师：两个小朋友玩套圈游戏，笑笑第一次得29分，第二次得30分。淘气第一次得23分。

	第一次	第二次
淘气	23	
笑笑	29	30

师：笑笑两次一共合计多少分？淘气要套中多少才能超过笑笑？为什么淘气第二次只要套中四十几就能超过笑笑？（教师引导学生用估算思考，23加40多，结果至少是60多。）

师：小丽也来参加了，她一共套了70分。她可能套中哪两个分数？（这是一个需要逆向思考的问题，根据最终得分去寻找两次的得分，旨在培养学生对数据的敏感性。教师精心设计的数据中有两组得分是70分的情况，教师请回答的同学介绍经验——要观察尾数相加得10。然后再请全班同学寻找第二种情况。）

⑤出示情景图（见下）：3个小朋友进行跳绳比赛。

	第一次	第二次	合计
小松	24	30	
小明	29	29	
小亮	26		

师：小明一共跳了多少下？小亮呢？（小亮两次跳绳的数据都是29，引导学生根据数据特点用简便方法进行计算，可以将一个数据想成整十数，也可以将两个数据都想成整十数。）

师：小亮获得第二名，他可能跳了多少下？第二次可能跳了多少下？（在回答第二次可能跳多少下的时候，要先观察，选择“26+□＝56”先回答，然后根据算式之间的关系回答另两道算式。）

⑥出示情景图（见下）：鸡25元、鸭29元、牛肉18元、羊肉23元，3个小朋友每人带50元钱。

师：买两样不一样的东西，你可能买什么？你是怎样算的？（这是一个开放性问题，学生在思考时可以有不同的选择，根据学习经验首先判断两种商品的总价不超过50元，因此这道题的解法既有估算，同时也可以开展精算。）

教师怎样理解“以学定教”

教与学是教学活动中的共生体，两者无法割裂。《义务教育数学课程标准（2011年版）》指出：教学活动是师生积极参与、交往互动、共同发展的过程。有效的教学活动是学生“学”与教师“教”的统一，学生是学习的主体，教师是学习的组织者、引导者与合作者。“教”与“学”两者不可偏废，脱离“教”的“学”，是盲目和片面的；脱离“学”的“教”，是机械和僵化的。教什么？怎样教？学什么？怎样学？是教学研究的永恒主题。近年来，“以学定教”的主张得到教师们的重视。不过，怎样认识“以学定教”还需要更加深入地思考。

一、怎样理解“以学定教”中的“学”

“学”应当包含两个方面，一是学生的学情，二是教学的内容。两者一个是学习的主体，一个是学习的内容，要考虑这两者之间的联系。单纯地将“学”定义在学生的学情上是很难正确实施“以学定教”的，因为教学活动始终是师生围绕教学内容开展的，教师、学生、教学内容是教学活动的基本要素，教师既需要对学生的学情开展调查，也需要对教学内容做出深入分析。

先谈一谈了解学生的学情。了解学生不能靠教师的臆想，而要去广泛、深入地与学生交流。“广泛”是为了了解学生学情的一般性，“深入”是为了准确地了解学情，而不是简单、肤浅地了解。以苏教版《数学三年级上册》“两、三位数除以一位数”单元例3为例，教学内容是竖式计算“46 ÷ 2”，看上去比较简单，借助分小棒的操作过程，学生也能理解这样的除法要分两步进行，先分几个10，再分几个1。事实上，很多教师反映学生在学习了本节课之后，竖式计算的差错率非常高。在经过4轮18位学生的访谈和7次试教的基础上，笔者发现造成这一现象的根本原因就在于教师用自己的视角取代了学生的，学生对于“46 ÷ 2”的竖式有很多的疑惑：为什么竖式这么长？为什么要分两部分？竖式下面的6从哪儿来的？为什么竖式看上去像是缺了什么？4后面的0到哪儿去了？……这些问题不解决，他们就无法接纳新的竖式规则。所以，学情调查的一个重要方面是了解学生究竟是如何想的。另外，在用竖式计算时，实际上是要完成两次相除的过程（十位上的4除以2和个位的6除以2），这与学生以往的学习经验又不一致，许多学生在将个位的6移下来之后，往往不知道要做什么。事实上，学生以往并没有经历过稍复杂的除法计算，所以，借助竖式完成除法计算本身在其认知结构中的稳定性和清晰程度就难以支撑新知的正迁移。由此看来，在原有的认知结构与新知之间达成新的平衡对于学生来说就是一项具有挑战性的任务，而教师如若不调整教学的视角往往会进一步加大学生学习的难度。从这个角度说，了解学情的另一个重要意义在于发现学习难点，由此准确地分析产生学习困难的原因并寻求相应的解决策略。

再谈一谈分析教学内容。教师对教学内容理解到何种程度，教学效果才有可能达到相应的程度，教师对教学内容分析的水平可以充分反映出教师的学养。对教学内容的解读主要是思考“为什么学”“知识的来龙去脉”“学习的核心是什么”等，可以有所侧重，就像教学“用字母表示数”，教师要重点引导学生感悟用字母表示变量的意义。对教学内容的解读，还需要教师从整体上把握。例如不同年级教材中的有关“确定位置”的学习内容，教师应该怎样把握教学的“度”，让学生在从一维到二维、从经验描述到数学描述的学习过程中掌握知识。又如，教师通过对不同年级“认识图形”的教学，让学生实现从认识图形特征到掌握方法自主探究图形特征转变。教师对教学内容的分析既要深入地分析课时内容，也要通过通读教材达到用系统的、联系的眼光把握教学内容。

二、“以学定教”中的“教”要关注哪些方面

“教”要站在儿童的立场，但不意味着迁就，要立足儿童的现实，促进儿童的发展。《义务教育数学课程标准（2011年版）》中指出：数学教学活动，特别是课堂教学应激发学生兴趣，调动学生积极性，引发学生的数学思考，鼓励学生的创造性思维；要注重培养学生良好的数学学习习惯，使学生掌握恰当的数学学习方法。

具体来讲，第一，教师要发挥主导作用，处理好讲授与学生自主学习的关系。郑毓信教授指出：在大多数情况下学生（即使是通过相互合作）并不能清楚地意识到已建立的知识或已有经验的局限性，更不能自觉地去设定学习的目标，并自发地形成更为合理的思维方法或建构起系统的理论知识。对于类似“除法的认识”“认识小数”的概念教学，教师就应当采用“有意义地接受”学习的方式组织教学；而像“小数加、

减法”的教学，就适合学生自主学习。即便在一节课中，教师也要确定好教学方向——哪些是需要讲授的，哪些是自主学习的。例如教学“倍数和因数”，其中相关的概念是需要讲授的，同时，也要找一个合适的例题可以让学生自主学习。都说“教有法而无定法”，不过要达到“教无定法”的境界，先要达到“教有法”的要求，教师只有能够恰当、熟练地运用各种教学方法，才可能做到根据教学内容和学生现实的实际状况灵活地选择教学方法。

第二，教师要确定学习的次序。先学什么，再学什么，每个教学环节所要达成的教学目标都需要根据学情作出精心安排，做到“便学利教”，这需要教师在理解教学内容的基础上进行创造性的加工，而不是照本宣科地讲课，要努力让学生感受到学习的内容是有趣的、有意义的、有挑战性的，是经过努力可以攻克的。

第三，教学设计中要特别关注学生的学习行为设计，着眼“四基”的落实。学生应当有足够的时间和空间体会观察、实验、猜测、计算、推理、验证等活动过程。至于这些活动是否采用合作学习，需要教师根据实际情况做出决定，在独立学习、同桌合作、四人小组合作之间灵活地转换。特别需要强调的是，教师要充分考虑学生学习的个性特点，不能用一成不变的方法进行教学，而是给学生更多的自主选择。另外，从学习活动的社会性质思考，教师还应当努力构造一个好的学习环境，鼓励学生积极参与到学习活动中去，包括积极地发表见解、充分地交流（交流很重要的一个方面是倾听）、提出质疑及作出评价。

第四，教师要努力培养学生的元认知能力。学生在参与学习活动的过程中，教师要引导学生发现问题、提出问题，教师的教学要在解决问题的过程中逐步将解决问题的方法从隐性向显性过渡，并结合相应的学习内容让学生尝试自己制定解决问题的计划，在此期间，教师需要监控实施并及时调整策略。教师要积极地组织学生对学习活动进行反思，缺乏反思的数学活动很难实现从经验到理性层面的过渡。随着学生年龄的增长，学生的自主探究活动也就不能囿于找到数学问题的答案，教师要引导学生思考在答案的背后是否还隐藏着某种规律，从这个角度讲，数学教学还需要关注培养学生的理性精神。

如果说“以学定教”中对“学”的分析是偏向技术层面的，那么“以学定教”的“教”更多地反映出教师的教学理念。简单地将“教”定位在讲授知识、培养技能，或者笼统地将“教”描述为“教学方法”，都不能真正落实“以学定教”的精神。只有将“以学定教”从顺应儿童、促进其发展的角度出发，才能将每天的教学行为与儿童的长久发展建立联系，进而体现课程改革的精神和要求。

情境创设的目的和途径

情境就是情景、境地，或者说具体场合下的情形、景象。教学情境既包含教学时空中的物理环境，也包含教学过程中的情感氛围。从广义上说，整个教学活动都处在教学情境之中。通常，创设情境指的是为引入教学内容而呈现相应学习素材的一种教学方法。对于情境创设，教师首先应该明白“为什么”，其次应该清楚“怎么做”。本文从教学中的一些误区出发，重点谈谈小学数学教学中创设情境的目的和途径。

一、创设情境的误区

1.过于重视生活味和趣味性

有些教师认为，情境一定要有生活味和趣味性。因此，往往会直接选用现实生活中的真实场景，而不对呈现的相关素材进行相应的加工（如淡化某些与教学内容无关的元素）；还会过度强化课件的装饰、色彩、声音等效果，并使用一些卡通人物作为课堂“学习闯关”的主角。实际上，这样的情境往往会分散学生的注意力，使学生不容易快速地聚焦到相关的学习内容中，从而影响学习效率。

例如，教学六年级的“折扣”，一位教师选用了春节期间商场打折销售商品的情境，这与教学内容有紧密的联系。但是在切入题目前，师生围绕春节、压岁钱等无关的内容谈论了3分多钟，才引入商场打折销售的问题，影响了教学效率。

再如，教学“小数的初步认识”，一位教师呈现了超市中的食品柜台的照片，照片中琳琅满目的食品都是学生熟悉的。教师期望通过食品的价格引入课题，但学生似乎更多地被诱人的食品形象所吸引。

还有一节课，某教师开门见山地让学生猜一猜今天是什么日子，学生说了很多节日，教师都笑着摇头。这时，有一个学生说：“今天是老师的生日。”教师依然笑着说：“不对。”接着，另一个学生说：“老师，今天是您妈妈的生日吧。”所有听课教师都笑了。教师终于不让学生接着猜下去了，而是课件展示了圣诞老人的图片，同时说道：“圣诞老人正在来到班级的路上。”我疑惑地问旁边的听课教师：“到圣诞节了吗？”她肯定地说：“下周才到圣诞节。”这时，课件呈现了一个金光闪闪的圣诞礼盒，教师同时说道：“圣诞老人给我们带来了礼物，你们想看吗？”学生都大声地说：“想看！”于是，教师用鼠标在礼盒上点了一下，礼盒缓缓地打开后，从中飘出一道计算题。教师告诉学生这就是圣诞礼物，圣诞老人请小朋友们帮他算一算这道题的答案是多少。所有听课教师又都笑了。这节课后，我问执教教师为什么要设计这样的教学情境。她说教材中的情境要么是商场购物，要么是图书馆借书，学生都已经不感兴趣了，她想有些新意，正好圣诞节快到了，就想到用圣诞礼物引入例题。

这个例子正表明，如果仅仅把情境视作新授教学的“敲门砖”，只想到用新奇、有趣的事物吸引学生，是达不到预期效果的，因为学生往往会被情境中新奇、有趣的事物吸引，而忽视情境中的数学问题。

教师创设情境时，应首先考虑情境与教学内容的关联程度。一个好的教学情境，不仅在引入课题时可以发挥作用，而且在新知学习时仍然可以促进学生的理解，犹如一条主线贯穿于整个教学过程中。因此，教师要善于对情境进行加工，要凸显与教学内容有联系的元素，淡化其他的干扰元素。在保证情境具有数学味和思维性的前提下，再进一步考虑情境的生活味和趣味性。

2.忽视学生的熟悉程度与理解能力

有些教师创设的情境与教学内容关联度很高，但却是学生不熟悉、现阶段不能理解的领域，这同样会影响学生的学习。

例如教学“小数的初步认识”，有教师利用打靶的靶纸创设情境，因为当运动员的成绩不在靶线上的时候，射击成绩必然用小数表示。但是，三年级的学生对靶纸并不了解，因此教学效果并不理想。

此外，有教师创设的情境涉及自然、社会领域中事物的属性，如植物的高度、动物的速度、铁路的长度等，但是相关的数据不符合基本事实，这也是不可行的。

3.提出的问题不明确、不聚焦

出示情境后，教师提出的问题要明确、聚焦，即围绕教学内容，指向清楚，抓住关键，突出重点，使学生一听就知道是在问什么。在听课过程中，笔者发现教师经常会提出类似“观察情境图，你能发现哪些信息”这样含糊不清的问题。这种不明确、不聚焦的问题，会使学生不知道所谓的“信息”究竟是什么，从而无从下手。

例如教学“认识乘法”，一位教师出示下图并提问图中有哪些信息。学生回答有小鸡和小兔子。教师认为学生没有描述准确，于是让学生再仔细看看。这就是一个不明确、不聚焦的问题，需要学生“仔细看看”的到底是什么？学生“仔细看看”后，告诉教师还有草地、树林，后面还有大树桩。教师只好让学生再仔细看看。学生觉得图中没有什么其他信息了，于是开始发挥想象力回答。

其实，图中的数学问题是：兔一共有多少只？鸡呢？这两个问题可以下面的方式分别提出——

师：图中有小兔子，还有小鸡。同学们看一看小兔子每几只在一起？

…………

师：要求兔一共有多少只，你会怎样列式？

生：2+2+2=6。

师：你能上来指着图说一说你是怎样想的吗？

…………

师：鸡一共有多少只？你会怎样列式？先想一想，再把你的想法和同桌说一说。

…………

4.过于简单地呈现教材情境图

有些教师认为，把教材中的情境图用PPT呈现出来，就相当于创设情境了。这样的想法过于简单了。实际上，教材是纸质媒介，其中的情境图都是静态的。很多时候，尤其是在低年级计算教学中，教师要将情境图以动态的方式呈现，并引导学生将情境图所反映的信息用语言进行组织，这对于学生理解和掌握教学内容非常重要。

以苏教版《数学一年级上册》“连加”为例，教师应该将教材中的情境图分割为3个场景（见下图），并将它们所反映的信息通过语言——

小丽第一次运来4个南瓜，第二次运来2个南瓜，第三次又运来1个南瓜——组织起来，再提出请学生用加法解决的问题。这里对情境图的分解呈现很好地体现了“连加”的意义。

二、创设情境的目的

创设的情境应该为学生的数学学习服务，让学生用数学的眼光关注情境，为数学思维的发展提供土壤，让学生意识到数学是有用的、有趣的。下面，我们以计算教学为例，说明创设情境的目的、意义和价值。

1.感受现实意义，理解数学知识

创设情境能让学生感受到数学知识的现实意义，进而理解数学知识，并能将数学知识应用到相似的场景中解决类似的问题。

例如，教学苏教版《数学二年级上册》“认识除法”，教师可以让学生结合教材中的情境图（见下图）理解除法算式中的被除数、除数和商的概念，感受除法的现实意义；然后借助操作活动（用6个小圆片代表6个小朋友），在平均分的过程中获得计算结果。学生通过情境学习除法，使其能够将除法运算应用于现实场景中解决平均分的问题。

6个小朋友坐，每车坐2人，要坐(　　)车。

再如，教学苏教版《数学一年级下册》“100以内的加法（不进位）”，教师应引导学生结合教材中的情境图（见下图）理解“采了多少个桃加还剩多少个桃等于树上原来有多少个桃”这一数量关系。如果脱离了情境，对于低年级的学生来说，理解相应的数量关系就要困难得多。

2.引发认知冲突，激发学习动机

在创设情境的过程中，如果能够抓住学生学习的起点，在学生“似会非会”的水平下引出数学问题，便可以引发学生的认知冲突，进而激发学生的学习动机。这需要教师对学生的学习情况有较为准确的把握，并且能够找到恰当的学习素材，有效地与教学内容整合起来。

例如，教学苏教版《数学三年级下册》“小数的初步认识”前，通过学情调查不难发现，学生对小数是有所了解的：知道3.5元就是3元5角，反过来，8角就是0.8元；知道考试成绩中的99.5分是小数；大部分学生还知道小数的读法。但是，这种源于经验的认识固化了他们对小数的认识，认为小数就是“几点几”。因此，他们会将3元5分错误表示为3.5元，将2米3厘米错误表示为2.3米。可以说，学生对小数的认识处于“似懂非懂”的阶段。教师可以借助“公园售票处规定身高达到1.2米的儿童需要买票，小明身高1米5厘米，你认为小明需要买票吗”这样的情境问题引入，引发学生的认知冲突，进而激发学生深入学习小数的强烈动机：如果不理解小数的意思，就会连是否需要买门票都弄不清楚！

3.唤醒已有经验，促进自主建构

数学学习是一个自主建构的过程，学生的已有经验对于数学学习十分重要。教师要善于通过创设情境，唤醒学生的已有经验，帮助他们建构新知。通常，教师可以在分析教材的基础上，从情境图中寻找新知与学生已有生活经验或学习经验的关联。

以苏教版《数学三年级下册》“两位数乘整十数的口算”为例，教材创设了“李叔叔送菜椒到敬老院”的情境（见下图），提出了“一共10盒，每盒12个，一共多少个”的问题。得到算式“12×10”后，教师可以利用情境图唤醒学生的已有经验，让学生结合已有经验自主探究“12×10”的结果。具体地讲，教师可以提问：你是怎么看出有10箱的？学生可以看到地上有9箱，李叔叔抱着1箱；还可能想到如果把抱着的1箱放上去，那么竖着看就有2个5箱，横着看就有5个2箱。这些不同的观察视角蕴含着多样化的算法路径。这时，教师就可以让学生结合情境图，用学过的方法计算“12×10”。学生用不同的方法算出答案“120”后，教师可以让学生比较哪种方法最简便，并讨论“12×1”后面添“0”的原因，从而优化算法并明确算理。

1 李叔叔培育出一批新品种菜椒，送给敬老院10盒，每盒12个。送给敬老院多少个？

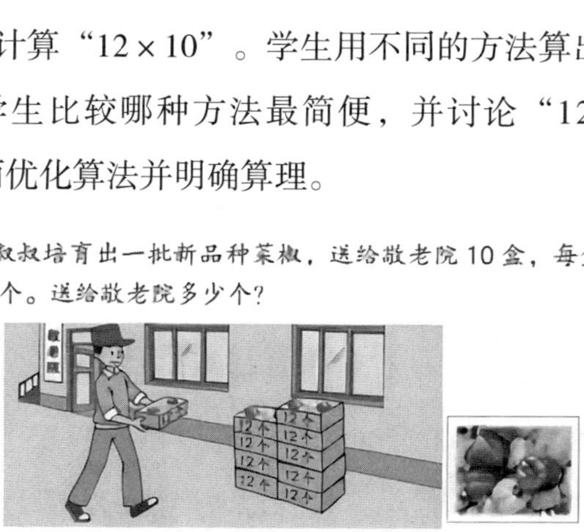

12 × 10 = ____（　）

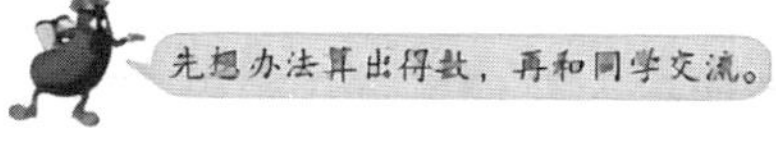

三、创设情境的途径

创设情境的途径是多样的，除了要用好教材中的情境图，教师还需要有一双慧眼，注意收集社会生活与学生学习中的情境素材，并通过有意识的加工，使之便于学生理解，并与相关教学内容产生联系。

1.利用生活场景

教材中选取生活场景作为教学情境的例子有很多。利用校园、图书馆、超市、商场等场景创设情境，贴近学生的生活经验，可以让学生感受到数学的实际应用，有利于学生发现问题和提出问题。例如，苏教版《数学五年级上册》“小数乘整数”内容，教材给出的情境问题是“买3千克西瓜要多少元”，教学时，教师可以直接根据教材中的情境图引出数学问题，也可以结合实际情况进行合理改编。

2.利用游戏

例如教学“有余数的除法”，教师可以通过学生课间常玩的“抱一抱”游戏创设情境：请12位学生上台，让他们2人1组抱在一起，发现正好是6组，再说出相应的除法算式；然后，让他们3人1组抱在一起，发现正好是4组，再说出相应的除法算式；接着，让他们5人1组抱在一起，发现分成2组还多2人。这时，教师可以提出问题“像这样的情况能用除法表示吗”，从而引入新课。

3.利用故事或史料

例如教学“加法交换律”，教师可以通过成语“朝三暮四”的故事创设情境：从前有个养猴子的人，用水果喂猴子，一开始，他每天早上给每只猴子3个水果，晚上给4个水果，结果猴子不高兴，觉得水果太少了，于是，他和猴子商量，每天早上给4个水果，晚上给3个水果，结果猴子就都高兴了。这就是成语“朝三暮四”的由来。教师讲完这个故事后，问学生有什么想法，学生表示猴子不够聪明，因为3加4和4加3的结果都是7。教师顺势板书“3+4=4+3”，并告诉学生在这个等式中有今天要学习的数学知识，从而引入新课内容。

4.利用旧知

例如教学“分数加法”，教师可以创设小数加法竖式计算改错的情境，请学生改错并说明原因。通过复习旧知，学生可以发现，计算小数加法列竖式时要将数位对齐，因为计数单位相同的数才能直接相加。这时，教师可以顺势引入新课——整数加法也遵循同样的规则，那么分数加法又是怎样的呢？这节课就请同学们一起来学习分数加法。

5.利用学习生成

例如教学“两位数加两位数的口算”，教师出示玩具汽车和火车的价格（见下图），然后提问：两种玩具各买一个，可能付多少元钱？学生回答后，教师将学生所说的算式（如“21+32”“28+39”等）有选择地写在黑板上，引导学生得出结果可能是50多元，也可能是60多元，这是由于个位进位与否所产生的不同。然后，教师追问：结果有可能是70多吗？学生回答后，教师指出：黑板上的算式就是本节课要学习的两位数加两位数的口算。

2□元　　3□元

教学方法的选择（一）

诸多教师将教学内容的知识点作为备课时的重点，一旦确定教学知识点，就按部就班地将知识点排序，以教师的讲解为主要方式进行教学。尽管教师在教学设计时也考虑了设计相应的问题使学生能投入到学习过程中，却往往因为问题的思维容量较小或者学习序列的安排未能兼顾学生已有的学情，在实际教学中会偏离教师原先预设的轨道，造成教师机械性讲解、学生被动性接受为主要特征的课堂现状。

备课，既要备“教什么”，包括知识层面与学生的能力发展层面；

也要备“如何教”，包括对学生学情调查和教法选择。就目前教师备课的现状看，教法选择的缺失是问题的主要症结。传统意义的教学法，如讲授法、讲解法、实验法、练习法等，对于新教师来说，虽然有一定的指导作用，但太过于笼统，不具有针对性。那么，这些教学法对有一定教学经历的教师来说，其指导意义又是什么呢？（王凌《教学设计应关注教学法的选择》）

一、“认识整万数”案例的描述

H老师是有近十年教龄的市级骨干教师，具有较丰富的教学经验，多次对市、区教师做公开教学展示。她执教苏教版《数学四年级上册》“认识整万数”单元的课堂片段如下。（下图为教材中的例题）

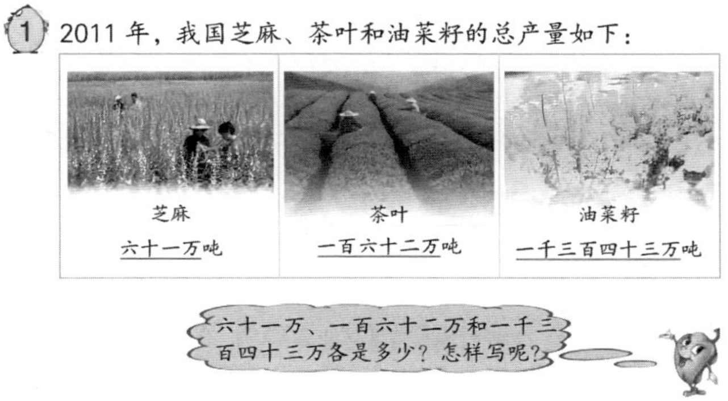

教师以南京青奥会为开场白，出示信息：青奥会期间，水果、蔬菜大约消耗二十一万千克，软饮料大约消耗三百零八万瓶。

师：（出示五位计数器）二十一万千克，你们能在计数器上拨出21万吗？

生：在万位拨21个珠。

师：以前没有这样拨过呀。

生：位数不够，要再添一位。

教师出示六位计数器，请学生拨珠。

师：为什么这样拨珠呢？

生：因为是2个10万和1个万。

师：十万和万有什么关系？怎样表示出来呢？谁来拨一拨？

学生上台在万位拨10个珠，然后退去后在十万位拨1个珠，并口答：10个1万是10万。

师：21万有多大呢？小朋友走2步大约是1米，10万步可以围操场走250圈。308万能用这个计数器表示吗？

生：不行，数位不够，要再添一位。

师：（出示八位计数器）十万位前面两位是什么位？

生：百万位和千万位。

师：百万和十万有什么联系？千万和百万有什么联系？

生：10个10万是100万，10个100万是1000万。

师：308万，就是拨多少个万？谁来拨一拨？

生：（上台拨珠）308个万就是308万。

教师出示21万和308万的拨珠图，请学生根据图写出这两个数。

师：今天我们新学了哪些计数单位？所在的数位又分别是什么呢？和同桌互相说一说。

教师根据学生的回答出示整数数位顺序表，介绍四位一级的分级方法。

接下来教师安排了相应的练习：首先是出示计数器拨珠图，所显示的数据分别是60000、3070000、70200000，请学生先说一说各是多少个万，然后再读一读、写一写；其次是完成教材中的对比读数练习，读一读，比一比，例如85和850000、850和8500000等，在这个环节，有学生出现读数错误，教师问学生有没有好的方法，有学生提出要划分级线，教师请学生说一说分级的好处；最后教师指导学生依次完成教材中的配套练习。

二、对案例的分析

H老师认为虽然课上得不太顺利，但是也基本完成了教学任务，因为教学设计中的教学环节都上完了。对于课中学生读数的错误，她表示没有想到会出现这种情况，因为“感觉读数并不是太难”。在备课过程中，她花精力较多的是创设有意义的教学情境，教学顺序以教材为主，首先是创设情境激发学生认数的需求，其次是教学万级的计数单位，再次是教学整万数的读和写，最后是认识整数数位顺序表。

从H老师反馈的情况看，她认为“教学设计中的教学环节上完了”就意味着“完成了教学任务”，这是有待商榷的，这体现了以教师为主的教学观念，忽视了对学生的“学”（特别是“如何学”）的关注，由此落实在教学行为中自然会表现出教师讲、学生听的分裂的场景。另外，教师教学过程中对学生学习的实际状况考虑较少，那么必然出现教学法对教学内容机械地、单向地处理，情况如下图所示：

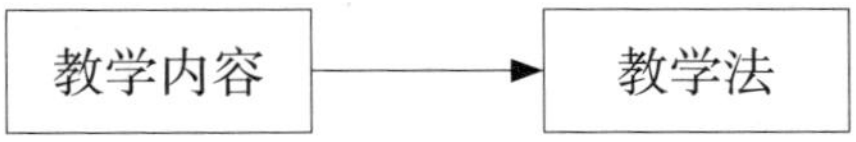

正如将小说改编为电影，是一个艺术加工过程，既可以按小说的发展次序拍，也可以调整小说内容的顺序拍。完全机械地再现小说，则失去对小说进行艺术加工的机会。因此，更为恰当的方式是，教学内容与教学法之间应该是互动的，既需要根据教学内容的实际情况考虑选择教学法，也应兼顾选择的教学法而相应调整教学内容中知识点的顺序。这一过程还应当考虑学生已有的知识、经验和学习方式，模式如下图所示：

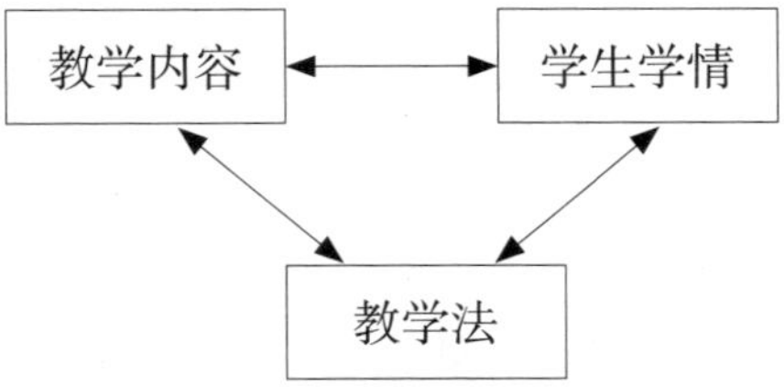

教师备课时，对于教学法的思考，首先应定位教学方法的方向选择，方向的选择是教师基于教学内容和学情分析做出的。基于对建构主义理论和“有意义地接受”学习理论，学习内容对于学生来说可能是同化，可能是顺应，也可能是既有同化，又有顺应。如果是同化状态，那么教学方法就以学生探究学习为主；如果是顺应状态，那么教学方法就以“有意义地接受”学习为主。如果两者兼而有之，则教学方法可将探究学习与“有意义地接受”学习两者结合在课堂教学中使用，如下图所示。例如“因数与倍数”的教学，关于因数、倍数的定义，教学方法应当选择接受学习；关于找一个具体的数做示范，教学方法则应当选择探究学习。

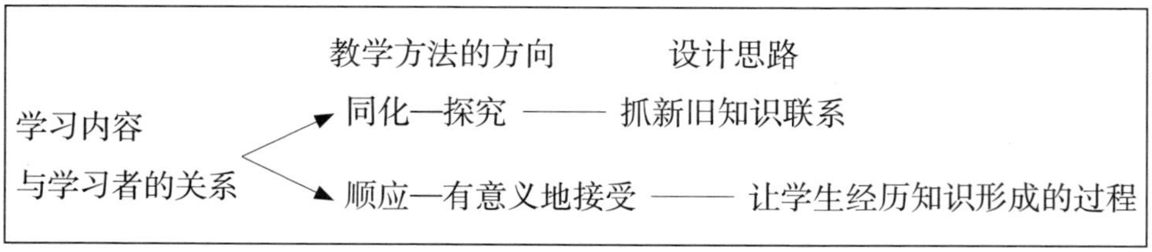

有了对教学方法方向的思考，可以使教师在备课上更具有针对性，将“教什么”与“如何教”更好地结合在一起，如下图所示。

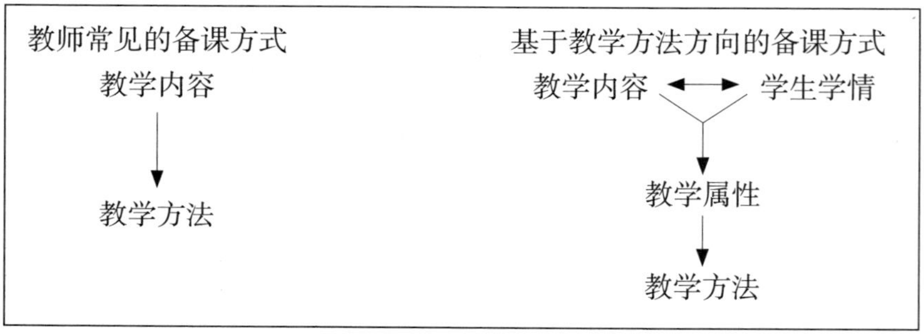

教法方法的方向相当于教学方法的策略性选择，有了策略性选择后，再考虑如何进行具体的实施，就更能凸显教法与学法的有机统一，真正发挥学生的主体地位，实现以人为本的教育方向。

三、修改后的案例

以“认识整万数”为例了解如何把握教学方法的方向选择。由于学生已经学习了“万以内数的认识”，已经认识了10000，这恰恰是认识整万数的知识生长点。试想，学生能在计数器上拨出1万，能进行读、写，那么认识2万会有困难吗？以此类推，一直到9万都不会有问题。只要解决从9万到10万的认识，学生就能根据学习经验类推下去，这是迁移学习在发生作用。由此分析下来，这节课的学习属于概念同化，教学方法需要选择自主探究学习。那么，选择自主探究是否意味着只需要呈现例题，然后出示探究要求就可以了呢？这里还牵涉到学习材料的组织，主要是指教学内容的序列，即在将本节课的学习内容列举出来之后，需要合理地组成一个学习的序列，这既要考虑学生的学情，也要考虑知识间的逻辑关系。

1.教学计数单位和数位

师：人们在计数时有计数单位。你知道什么是计数吗？（学生表示不知道。）简单地说，计数就是数数字。（课件显示石子计数的图片。）人类祖先曾经用过石子计数，例如抓到1只羊，用1个小石子表示；（课件显示很多石子的图片）这位人类祖先抓到的羊很多（学生笑。），怎么办呢？（课件显示小石子满十进一用大石子表示。）猜一猜，大的石子表示多少？

生：表示1个10。

师：像个、十就是计数单位。如果十不够怎么办？

生：用百表示。

师：百不够呢？

生：用千。

师：个、十、百、千就是学过的计数单位。（课件显示图片：四个小石子和两个大石子，小石子在前，大石子在后。）你们看，这些石子表示的数是多少？

生：24。

师：为什么不是42呢？4个小石子在2个大石子前面啊？

生：1个大石子表示1个10，2个就是20，4个小石子就是4，合起来就是24。

师：对，写数时计数单位的位置是有规定的。像计数单位十的位置就必须在计数单位个的前面。计数时计数单位所在的位置在数学中就叫作“数位”。像个所在的数位就是个位，十所在的数位呢？百呢？千呢？

师：比千大的计数单位是什么？几个千是一万？（课件依次显示下图中的图形）

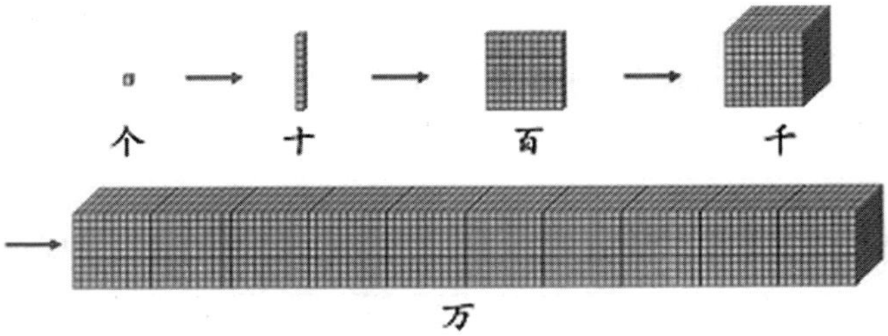

师：感觉1万怎么样？

生：1万很大。

师：比万大的计数单位是什么？

教师出示100000个小正方体排成的“100×10×100”的长方体，学生不由得发出惊叹声。

师：比10万大的计数单位是什么？

生：百万。

师：比百万大的呢？

生：千万。

师：要用这样的方块图表示计数单位百万、千万，这个屏幕已经放不下了，你能想象一下吗？

学生不由自主地闭上眼睛想象，并不断发出惊叹声。

师：比千大的计数单位有万、十万、百万、千万，它们所在的数位是什么？

生：万位，十万位，百万位，千万位。（教师结合学生回答板书。）

师：还有更大的计数单位吗？

学生回答有，个别学生还说出了“亿”，教师在肯定学生回答的同时，完成整数数位顺序表，在百万、千万位前面板书省略号。

2.教学整万数的写法

（1）了解计数器上的数位

师：刚才我们用小正方体表示计数单位，太麻烦了是吗？好在我们有计数器。千位左边是什么？

学生逐一读出万位、十万位、百万位、千万位。

（2）认识五位整万数

师：（在计数器的万位上拨1个珠）这表示多少？

生：1万。

教师继续在计数器的万位依次拨出2个、3个、4个珠，学生依次读出2万、3万、4万。

师：会写吗？把4万这个数写出来。你是怎么写的？

生：先写1个4，再写4个0。

教师再在万位接着拨出5个、6个、7个珠，学生依次读出5万、6万、7万。

师：7万会写吗？怎么写？

生：先写1个7，再写4个0。

教师继续在万位拨出8个、9个珠，学生依次读出8万、9万。

师：会写吗？

学生很兴奋地写下来，一时间，小手如林。

生：先写1个9，再写4个0。

师：我们在写4万时，先写4，再写4个0。4表示什么？

生：万位的4表示4个1万。

师：（指着70000中的7）7表示什么？

生：7个1万。

师：（指着90000中的9）9呢？

生：9个1万。

师：这3个数有什么相同的地方？

生：末4位都是0。

师：为什么末4位都是0呢？

生：都是在万位上拨珠，千位、百位、十位、个位上没有珠，所以是0。

师：是呀，没有拨珠那就写0占位。写几万的时候，先写什么？

生：写几万都先写那个几，再写4个0。

（3）认识六位整万数

师：（边说边拨珠）万位再拨1个珠是多少？

生：满十进一，10万。

教师将万位10个珠退去，在十万位上拨1个珠，再在万位上拨1个珠，学生读出11万。

注：认识10万之后，不要让学生写出10万，也不要拨出20万继续教学，因为这时刚刚建立整万数的特征是末四位是0，如果写出10万，再问学生是怎样写的，学生有可能回答“先写1，再写5个0”，这样就与刚刚建立的概念产生冲突，整万数的一致性也就难以保持下去，因此，对于末尾多于4个0的整万数可以放在后面的环节学习。

师：会写吗？怎么写？

生：先写11，再写4个0。

教师在万位上继续拨珠，学生依次读出12万、13万、14万、15万。

师：会写吗？

生：先写15，再写4个0。

师：（边说边拨珠）在万位上拨9个珠，十万位上拨9个珠，会写吗？

生：太简单了，99万，先写99，再写4个0。

师：这些数中的11、15、99表示多少？

生：表示11个万，15个万，99个万。

师：这些数好写吗？要写多少万？怎么写？

生：先写多少万的多少，再写4个0。

师：这些数都表示多少万，这样的数叫作“整万数”。整万数都有什么特点？

生：末尾都有4个0。

（4）认识七、八位整万数

师：在99万基础上再拨1万，是多少万？

生：100万。

师：再添1个万，是多少万？

生：101万。

师：会写吗？

生：先写101，再写4个0。

师：（在计数器上拨出195万）看一看，这是多少万？会写吗？

生：195万，先写195，再写4个0。

教师接着在万位拨珠，学生依次读出196万、197万……

师：再拨1个万，是多少万？

生：200万。

师：对，满十进一。

教师再拨珠，学生依次读出201万……206万。

师：一万一万地会数，十万十万地数会数吗？

课件显示：十万十万地数，从960万数到1020万。教师同步在计数器上拨出960万。

师：十万十万地数，在哪一位上拨珠？

生：在十万位上拨珠，十万位上1个珠表示1个10万。

教师请一位学生上台按要求拨珠，其他同学看着计数器数数：970万……1020万。

师：1020会写吗？怎样检查自己写得对不对呢？

生：先写1020，再写4个0。检查的时候，我们可以先不看末尾的4个0，看前面是不是1020。

师：就是说1020万表示的是1020个万，所以我们可以将末尾的4个0和前面的数分开，看看前面是不是1020个万，是这个意思吗？

学生表示同意教师的说法，教师指出这样将整万数分开检查是有道理的，之后继续教学整万数的分级。

以上的教学设计是基于从知识的发展顺序和学生已有的知识、经验出发的。从新旧知识间的联系分析，在三年级“万以内数的认识”单元学习中，学生接触过个、十、百、千、万这些计数单位，但不知道“计数单位”这个名称。同样，对于“数位”这一概念有具体的经验性认识，但不知道“数位”这个名称。在认数过程中，学生是否能正确地读写“10000”这个数，就成了本节课的知识生长点。从实际教学情况看，借助计数器，学生可以读写五位整万数。以五位整万数的学习为基础，学生自然就能完成六位整万数的读写学习，依次类推，对于七位、八位的整万数的读法和写法，学生也是可以进行自然迁移学习的。所以本节课的教学设计应以学生的认知水平为学习主线，依次开展五位、六位、七位、八位整万数的教学活动，教学方法的选择应以学生的自主探究学习为主。在整节课的学习过程中，学生几乎都是在根据已有的知识和经验去不断地超越现有学习水平，进入到最近发展区。下课后，学生都会觉得这节课的内容很简单，并且不是由教师教会的，而是自己学会的。

对于“有意义地接受”学习的内容，在下一节中会进行分析。

教学方法的选择（二）

教学方法的选择需要考虑两个因素，一是知识间的逻辑结构，二是学生已有的知识和经验。“认识整万数”的教学设计是根据学生已有的知识和经验判断学生的最近发展区，对学习材料的组织顺序则是考虑知识间的逻辑结构，由易到难，先学习多位数的读法与写法，在读写数的过程中感悟整万数的特征。这就说明教学设计的质量直接影响到教学实施的效果，教师进行教学设计时不能囿于教材，既要围绕例题中心知识点进行设计，也要考虑学生的学习起点。合理思考教师如何“教”与学生如何“学”。教师如果淡化对学情的思考，会造成教学的低效，学生往往难以在学习过程中有实质性的参与。要提高教学的有效性，应坚持以钻研教材与学情调查并重，在此基础上合理选择教学方法。同时，对于某些“教师难教、学生难学”的课，如何开展“有意义地接受”学习呢？仅凭对教学经验的依赖往往难以获得有效的解决方法，教师需要学习相关教学理论指导教学实践，加强理论联系实际，这才是教师专业成长的有效路径。

一、“隔位退位减”的案例描述

1.案例一：W老师是有近十年教龄的区骨干教师

教师根据情境图引出“202－108”。

师：先算什么？

生：个位2减8不够，向十位借一，十位退一。

师：十位能退吗？（学生回答不能。）为什么？

生：十位上两个数全是0。

师：被减数十位是0，表示没有。那怎么办呢？

教师拿起计数器，大部分学生回答用计数器算，也有生说向百位借。

师：百位退一给哪一位？

生1：十位。

生2：个位。

教师未对生2的回答作出应对，指着十位问十位拨几个。

学生回答1个。教师用疑问的口吻问：1个吗？

另一个学生说10个。

师：为什么？（教师在十位拨10个珠。）

生：10个10是100。

师：个位怎么算？（学生回答“12－8”。）个位上是2，10是从哪里来的？

生：从十位上退一。

教师放下计数器，在黑板上的竖式中先在百位、十位上打上退位点，然后写下个位的4，接着指着十位问学生是多少，学生说是9。教师又问为什么是9，一个学生说退给个位1个。

在问答的过程中，教师完成了黑板上的竖式，并请学生说一说要注意什么。学生回答有“退位点要和数字对齐”“减法不要算成加法”“要打两个退位点”“退位后就不是原来的数”。

教师请学生完成课堂作业，根据课堂观察，全班28人，出现错误的有18人。出现错误的学生约为全班人数的64%。

以“1000－537”为例，学生的错误得数有573、433、473。在与学生的交流中，我们发现学生虽然打了退位点，但并不清楚在相减过程中究竟表示几，正像他们的得数所反映的：十位上应当是6，而很多同学认为是7。

W老师为此也很困惑，她认为这节课很难教，学生学习难度很大，因此也借助了计数器，将相减的过程一步步地演示。同时也设计问题，请学生回答要注意什么，以此引发学生关注“0上打点当作9”这一难点。但她表示，根据她的经验，隔位退位减中，出现“1000－537=473”这种错误是不可避免的，也无法消除，需要通过反复练习，让学生在订正中修正算法，记住“0上打点当作9”这个事实。

2.案例二：X老师是有5年教龄的区骨干教师

她听了W老师执教的课，认为这应当是让学生自己探究的课，因为退位减法中的两种情况（个位不够减向十位借一、十位不够减向百位借一）前面刚刚学过，因此学生应该能自主探究出算法。她认为W老师的课中老师一对一的提问过程过多，课堂气氛沉闷，教师以讲为主，学生没有真正地参与到学习中，所以正确率不高。

X老师在根据情境图引出“202—108”后，问学生你们会算吗，学生回答会算。于是老师请学生试做。片刻后，有几个学生没有算出结果，听课老师小声地与他们交流，学生反映“个位不够减，向十位借一，但十位没有，不知道怎么办”的问题。这时其他大部分学生都已算好答案，老师请了得数不同的同学进行板演。学生的得数分别有4、106、104、94、194这5种情况。

师：某某同学的答案是4，你能说一说是怎么想的吗？

生：个位“2—8”不够减，向前一位借一，“12—8=4”，十位上是“0—0=0”，百位上“1—1=0”。

师：你个位上“2—8”不够，向前一位借一，是向哪儿借？

生：2。

师：向百位的2借吗？

生：是的。

师：你们同意吗？

其余学生有的说不同意，有的说同意，还有几个在忙着改动自己的竖式。

师：从百位借一，表示1个多少？

生1：1个10。

生2：不对，是10个10。

师：是啊，一个百表示10个10，你把它当作1个10，这样算对吗？

做出得数是4的学生开始在座位上改正自己的竖式。

师：再看这个竖式，某某同学做出的得数是106，你是怎么想的？

生：个位“2—8”不够，要向十位借一，十位是0。（学生说到这里，有些疑惑，停下来不说了。）

师：你是不是看十位是0，所以就用“8—2”了。（学生点头。）个位上应该是“2－8”，用“8－2”行吗？（其他学生回答不行。）

这时，X老师意识到这样说下去时间会不够用，她请学生用验算的方法对其余3种情进行了计算，让学生知道94才是正确的答案。

师：怎样才能算出正确结果94呢？我们请某某同学说一说。

生：个位上“2－8”不够，向百位借一，就是10个10，“12－8=4”，然后十位上“9－0=9”，百位上2借走1个，还剩1个，“1－1=0”，所以得数是94。

师：她说得很好！你们明白了吗？（大多数学生说明白，老师感觉他们并不明白，于是又拿出计数器，拨出202。）

师：看，个位上“2－8”，够吗？（学生答不够。）那就要向前一位借一，十位上有数吗？（教师指计数器的十位，学生答没有。）十位上是0，那怎么办？我们可以向百位借一。

教师放下计数器，在竖式中百位的2上打上退位点，然后再拿起计数器，退去百位1个珠。

师：百位的1是10个几？（学生接答10。）要在十位拨几颗珠？（学生回答10个珠。）这时再向个位退一（边说边拨去十位上的1个珠）就是10个1，和2合起来是多少？（少数同学回答是12。）这时十位上还剩多少？（学生齐答9。）

教师放下计数器，边说边完成竖式。

师：刚才十位退一到个位，和2合成12，“12—8”等于几？（学生答4。）十位上还剩多少？（教师边问边指计数器，学生回答9。）“9－0=9”，百位退走一个，“1－1=0”，所以得数是？（学生答94。）请算错的同学订正。

同学们将原来错误的竖式得数擦去，直接写上正确结果94。老师问大家是否会了，同学们都说会了，于是开始练习。从反馈结果上看，大部分同学仍不会计算。以“403－146”为例，全班28人中计算错误的有16人，错误得数有263、167、267、297、347等情况。

二、对案例的分析

上面的两个案例具有一定的代表性。绝大多数的教师认为学生在本单元刚学完退位减的两个例题，而“隔位退位减”虽然难一些，但与前面例题的联系仍是相当紧密的，因此是可以“同化”的，在教学方法选择上，让学生以探究学习为主。X老师教学设计的出发点也正是如此。从老师的想法中，我们发现教师对教学内容的分析思考的主要依据仍是知识间的逻辑关系，而并没有从最近发展区的角度去分析教学内容与学生已有认知结构的认知“距离”。事实上，如果学习内容中包含过多要求学生修正自己的认知结构以后才能获得的知识，那么学生必然会出现两种状态：被问题弄得不知所措，从而放弃解决问题；或者意识不到问题的存在，从而采用一种“自适应”的方式去解决问题（正如学生直接将百位的1退至个位当成10所理解的那样）。因此，对教学难点的分析不能囿于教师单方面对知识的分析，还应重点关注基于学生认知过程中的“不恰当建构”。美国认知教育心理学家奥苏伯尔的观点是影响学习的唯一最重要因素是学习者已经知道了什么。如何将奥苏伯尔的观点转化为具体的操作性行为呢？这就需要做学情调查。

X老师课后很困惑，课的发展与原来预设的轨道完全不同，一节预想为“探究”的课演变为一节“单向接受”的课，以至于产生了“无法控制课堂发展”的感觉。产生这一现象的根源正是因为老师对学情缺少足够的了解。课后，笔者与X老师在还未学习“隔位退位减”一课的班级中随机选了6位同学，他们的学习水平在班级处于中等位置，我们出示“202－34”的竖式后问他们是否会算，他们都表示会计算，于是请他们不讨论，自己独立完成，他们的解决方法有：

① 202－34＝172。

学生思路：个位2减4不够，向十位借1，但十位是0，就用4减2。十位0减3不够，向百位借1，结果是172。

②202－34＝78。

学生思路：个位2减4不够，向十位借1，但十位是0，就向百位借1到个位，12减4得8，十位0减3不够，向百位借1，结果是78。

③202－34＝178。

学生思路：个位2减4不够，向十位借，12减4得8。前面20减3得17，结果是178。

④不会计算，无结果。

学生思路：个位向十位借一，但十位是0，不知道该怎么算。

根据我们后续的学情调查统计，学生的解决方案有7种之多，上述的情况是较为常见的。解答正确的学生也有，但是总体看来数量较少。从学生的口述思路可以看出，不同的学生在解决该题时，都自觉地调动了自己已有的知识基础和相应的解题经验进行了自我建构，尽管有的答案不正确，但是在他们自身看来都是合理的。这就说明该题的难度与学生现有的发展水平不匹配，在这种情况下，再盲目地要求学生进行探究学习就显得不合适了。只有当教学情境中的问题的新奇性、差异性与学生现有发展水平相适应时，才能出现主动学习。在学生的思路中我们发现，尽管学生对“退位减”有了相应的解题经验，但是对于“隔位退位减”无法从已有认知结构中获得支撑。因此，这个学习内容对学生而言是全新的，是需要对原有认知结构进行变革式的“顺应”，而不是教师原先设想的“较为简单的同化”，所以教学方法应选择“有意义地接受”。

W老师的教学设计中缺少学生的认知参与，在教学过程中对大部分学生的学习状态关注不够，以一问一答为主，只有少数学生理解了“隔位退位减”的算法，大多数学生仍处于一知半解的状态。我们认为除了上述原因之外，教具（计数器）的操作活动不到位，也是造成学生理解困难的重要原因。布鲁纳认为：在某些数学学习中，儿童会经历三个主要的阶段，即动作性表征、映像性表征和符号性表征。（J. L. Martin《教与学的新方法·数学》）也就是说，儿童的学习过程应该是从感知操作到形成表象，再到形成形式化的符号表征。

W老师在利用计数器演示“202－108”时，一方面没有完整地演示计算过程，仅以百位向十位退一当十为主，并且这一过程是由教师完成的，其实，由学生完成这一过程会更有利于其的思考；另一方面，W老师在进行行为操作后，越过表象操作，直接进入了竖式计算（即符号操作阶段），而学生的思维缺少足够的表象支撑。教材中有一幅图（见下图）说明了“202－108”的算理。

先在计数器上拨一拨，再算一算。

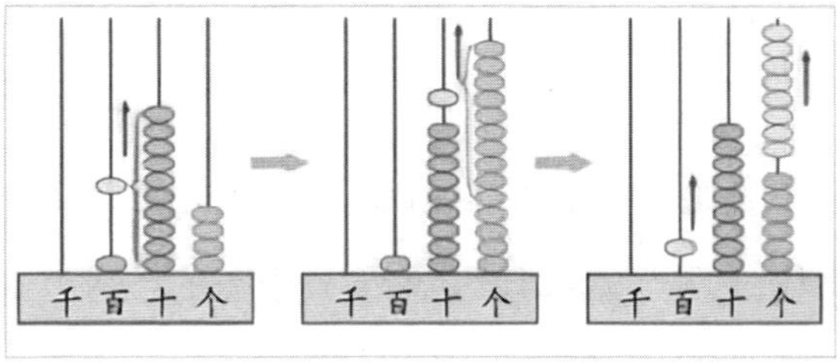

教师用书中也指出：教材呈现了连续3幅用计数器计算的图，形象地说明了隔位退位的全过程，不仅有助于学生理解隔位退位的操作过程，而且也直观地显示了算理，有利于学生在理解算理的基础上掌握算法。教师如何用好这幅图？这就需要将“静态插图”进行“动态演示”，结合教学过程，完整地将拨珠计算过程用动态演示的方式呈现出来，并且学生要能通过回忆拨珠过程口述图的画法。这个过程相当于在头脑中进行操作演算，构成了理解算理、掌握算法的有效基础。

对于“202－34=178”这类常见的错误，我们在W老师和X老师的班上通过观察与访谈了解了产生错误的原因——很多学生在处理“隔位退位减”法时，对十位上究竟是0还是9并不确认，也就是对“0上打点当作9”这个操作性知识还不能熟练掌握。有的同学做错后，我们刚指出有误，他们马上就能意识到问题在哪，并迅速地纠正。那么，这一现象真的像W老师认为的那样——在课上既无法避免，也无法消除吗？

三、理论指导下的教学分析

通过了解学情与课堂案例分析，我们得到以下结论：

第一，如若教学内容已超出学生的最近发展区，教师仍以探究学习进行教学，再讲解例题，不仅教学任务难以完成，教学效益也不会高。因此，在教学方法选择上应以“有意义地接受”学习为主。教师应设计好学习内容的序列，并让学生在思考问题的同时进行相应的操作活动。“有意义地接受”与机械接受的不同在于学生在有意义地接受学习时，能经历知识学习的全过程，能理解过程中每个步骤的意义，并且可以将分散的步骤重新聚合为一个整体，是一个“整体感知—分解认知—整体重建”的过程。

第二，利用布鲁纳的操作层次理论，合理地安排利用计数器进行完整计算的行为操作—动态完成计算过程示意图的表象操作—以前两个层次为基础的竖式计算的过程，即为符号操作。学生以操作为基础，理解并掌握算法，从而能正确进行“隔位退位减”法。

第三，对于“202－34=178”这类错误，我们认为很多学生对于算理是理解的，出现错误的主要原因是短期记忆负担过重。若将计算的思维过程记录下来：①个位2减4，不够减，向十位借一；②十位是0，向百位借一；③百位退一，是10个10；④十位向个位退一，十位上还剩9个10；⑤个位的2与十位退的1个10组成12；⑥12减4等于8；⑦回忆起十位上是9；⑧十位上用“9－3=6”；⑨百位上是1。上述过程中，过程④对学生来说是一个记忆难点，对于前面所学习的退位情况，由于要退位的数位上的数都是1～9，很容易想到退位后，该位的数必然比原数少1。而对于数位上是0且要退位的情况，必须要理解退位后该位是9的道理，并且要牢记这一事实，这正是“隔位退位减”法的难点所在。另外，当学生完成⑤⑥两个过程时，需要注意力高度集中，以完成12减8这一退位减法，当他们完成这一过程计算十位的结果时，会出现记忆的分配失调而导致十位数据的遗忘。

解决这个难点的方法是借鉴认知心理学的信息加工理论中对短时记忆机制的研究。人们要习得外来信息，则它必须由感觉记忆进入短时记忆。短时记忆不但保持时间短暂，而且容量有限，除非我们不断复述或思考某些信息，否则这些信息通常会在20秒之内从短时记忆中消失。事实上，认知心理学关于短时记忆的研究结论正说明了二年级学生初学“隔位退位减”的困难所在。如果能将短期记忆中的信息以组块为单位，再将有联系的组块进行组合，就可以得到更大的组块，这个组合过程的关键是学生必须找到小组块之间的联系，使它们之间的组合富有意义。对于计算过程中的难点——0上打点当作9，就需要借助操作来达成理解，通过反复回顾这一事实，将操作过程压缩成记忆组块，降低短时记忆的负担。

解决问题的核心在于通过操作理解“0上打点当作9”的原理，让学生形成相应的记忆组块，实现这个知识点由“过程”向“对象”的转化，即为数学教育心理学中的“凝聚”。为便于形成记忆模块，降低学习中的记忆负担，突出学习重点，我们可以将一个例题分解为两个例题：例1为“202－8”，其作用是形成“0上打点当作9”的记忆组块；例2为“202－38”，其作用是学习“隔位退位减”的一般方法。

四、改进后的教学案例

1.通过“行为操作”理解算理

教师出示例题：202－8。学生尝试计算后，教师带着学生一起用计数器计算。

师：202在计数器上怎么拨？（学生上台拨珠。）我们一起来看个位上只有2颗珠子不够减8怎么办呢？

生：问十位借。

师：十位没有珠子呀？

生：再问百位借。

师：退一当几？

生：退一当十。

师：谁来拨给大家看看？

生：（边说边拨珠）百位退去1颗珠子，十位拨上10颗珠子。

师：（再在十位退去1颗珠子）这时个位上应该有多少个珠子？（学生答12。）12减8得？（学生答4。）那十位上还剩多少个珠？（学生答9个。）你怎么知道的？

生：刚才有10个珠，借给个位1个，还有9个。

师：这个拨珠过程看清楚了吗？我们一起再来看一遍。

师生共同完成拨珠过程，教师在拨珠过程中重点提问：个位2不够减8怎么办？十位没有珠怎么办？百位退一退到哪一位？退一当几？十位再向个位退一，还有几个珠？

通过两次在计数器上拨珠，学生初步理解了算理。

2.通过“表象操作”巩固算理

师：如果总是靠拨珠完成计算是不是很麻烦？我们可以把拨珠过程画下来。

学生在教师引导下，重述拨珠过程，教师的课件动画演示分解成下图：

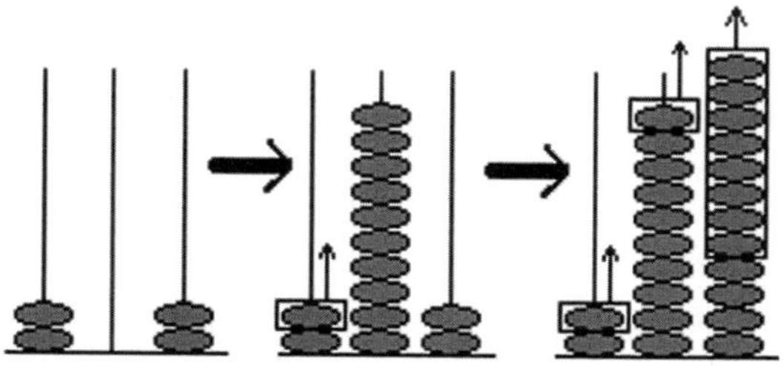

这个过程中，教师重点提问：十位上还剩几个珠？你怎么知道的？

生：从百位退一到十位，十位有10个珠，又借给个位1个，还剩9个珠。

动画演示计算过程的目的是让学生在脑海中重温刚才的拨珠活动，这是学生继续学习竖式时的“脚手架”，对“十位上剩下9个珠”这一学习难点进行知识内化，也是下一个环节——对“0上打点当作9”进行思维“压缩”的基础。

3.通过“符号操作”，在理解算理的基础上，形成算法

师：如果每次算减法都让你画个图，你觉得方便吗？我们可以利用竖式来计算。个位2减8够吗？（学生答不够。）怎么办？（学生答向十位借一。）十位上也没有珠呢？（学生答向百位借一。）

教师在百位打退位点，同时提问：百位退一到哪位？（学生答十位。）这时十位上有？（学生答10个珠。）

教师在十位打退位点，同时提问：十位再向个位退一，这时十位还有几个珠？为什么？（答略。）也就是说，0上打点可以想成几？（学生答0上打点当作9。）教师再请一位同学回答0上打点当作几，并问为什么。

师：个位上现在是多少？（学生答12。）12减8得？（学生答4。）十位现在还有几个珠？（学生答9个。）你怎么回答得这么快？（学生再次回答刚才十位的拨珠过程。）是的，那么0上打点想成几？（学生答9。）

在这一环节，教师的提问紧紧围绕刚才的拨珠活动，使学生能够顺利地利用获得的活动经验进行思考。同时，教师反复提问“0上打点当作几”，使学生在明确算理的基础上，对这一数学知识进行思维压缩。

4.借助算理，形成记忆模块，提升计算技能

教师逐题请学生计算：306－9、100－3、1002－3。

反馈时，教师重点提问：0上打点想成几？并选择“306－9”请学生说一说为什么。

教师再逐题出示“202－38”“1004－238”和“4003－2124”请学生计算。以“202－38”为例，反馈时教师重点提问：十位0上打点想成几？这时十位只要计算几减几？

至此，学生已经将“0上打点当作9”这一“过程性知识”转化为

“对象性知识”，完成了“内化—压缩—客体化”的过程，学生已经能较为熟练地正确运用“隔位退位减”法，还能够在脑中进行相应的拨珠活动，并能够说出为什么。（王凌《对〈隔位退位减〉的教学思考与实践》）

五、教学效果及反思

笔者用改进后的教学设计在8所小学（包括乡村小学）进行了教学，学生的计算正确率普遍都在95%以上，出现错误的同学也能够借助拨珠活动的经验进行自我纠错，并且在后续练习中正确进行计算。在学习过程中，学生能积极参与，思维活跃，能较好地描述“0上打点当作9”的道理。通过前文的分析，我们可以得出以下三点认识。

第一，了解学生的重要性。在为骨干教师培训的时候，笔者以此教学内容为例，询问参加研训的教师在教学方法的选择上是选择探究性学习，还是选择接受性学习。绝大多数教师认为在教学本课的前两个例题中，一个例题是个位不够减向十位借一，另一个例题是十位不够减向百位借一，两题都与本课教学内容联系紧密，存在明显的逻辑关系，所以应选择探究学习。但是从学生的实际情况看，要探究出“隔位退位减”的计算方法是有相当难度的。这说明教师在思考教学法时主要是以知识间内在的逻辑关系为重点，忽视了学习内容是否在作为学习主体的学生的最近发展区内。我们建议教师采用学情调查。否则，我们对学生的已有经验、认知现状一无所知，设计的教案就很难产生效果。从根本上说，一切的数学教学活动最终都应落实到学生的数学学习中去，只有对学生在学习过程中的思维活动具有较为深入的了解，数学教学工作才有可能超越纯粹经验总结的水平而上升为理论指导下的自觉实践。因此，教师的教学设计既要考虑知识联系，也要考虑学生的现有学习情况。

第二，仅凭经验难以解决教学问题。“隔位退位减”是本单元教学难点，很多教师教学时仅通过静态的教学挂图（有的教师甚至连教学挂图都不用）教学竖式计算，反复强调“个位3减7不够，向十位借1，十位是0，所以向百位借1，……”然后结合竖式的计算过程让学生说理，他们注重放慢节奏，运用“刺激–反应”的行为主义教学方式“稳扎稳打”，学生依赖强记也能使计算正确率达到比较高的情况，但是对算理的理解却只能是“小和尚念经，有口无心”的状态。所以长期以来，教学难点“涛声依旧”，教师反映找不到好的教学办法。如何应对教学难点？仅凭经验是不够的，因为有些经验是有效的，有些经验看似有效，实际上是“有害”的。更进一步讲，我们仅凭经验是难以确定这样教是否科学的。因此，我们需要加强学习，借助理论解决教学问题。在学习教学理论的同时，重点是要联系教学实际，也就是结合自己的教学经验来达到对理论的理解和内化。要加强理论与实际的联系，多多借助教学理论进行教学设计。只有如此，理论才能在实践中有用武之地。否则，只能是赵括式的“纸上谈兵”，真正遇到问题时还是无法解决。联系实际是理论和实践双赢的事情，有教学实例联系的理论，才是有血有肉有生命力的。借助理论，教学研究才有方向，做法才有依据，从而实现从不自觉状态向自觉研究状态的转变。

第三，教师培训中要重视运用案例，特别是应用理论解决实际教学问题的生动的案例。这既能增加教师对理论应用的信念感，也利于教师活学活用和相应的迁移。

例题加工的常用方法

相关研究表明，学生在解决数学问题的过程中，其认知水平可以划分为记忆型、无联系的程序型、有联系的程序型和做数学4种情况，后两种属于高认知水平。保持学生在学习过程中的高认知水平，涉及很多方面，其中包括教师的学科知识、学生的实质参与、教学法、学习环境设计、教育技术支持、学习者文化场域构建。反映到教师的教学行为中，最具体的体现就是对于教学例题的加工。对例题的加工并非指改动例题，而是在理解例题编排意图的基础上，更好地实施对例题的教学。理解例题是加工例题的基础，教学中教师要达到“用例题教”而不是简单的“教例题”，就需要科学、准确地把握学科知识，还需要对学生学习过程中可能出现的情况有准确的把握和相应的预案，同样要有与学生交往的有效策略。

一、从学生学习的视角加工例题

学生是学习的主体，但是在教学过程中，做到这点并不是一件容易的事情。很多情况下，教师往往机械地执行教材，习惯站在知识达成的目标维度去思考教学流程的设计，从是否方便自己“教”的角度去开展教学活动。在这样的安排下，学生只能举着“主体”的旗帜，去完成从“学习的主体”到“被动接受学习者”的角色变换。诚然，这种行为与教师获取的关于教学的知识相悖，也并非教师的本意，发生这样的情形既与教师的教学信念相关，也与教师需要掌握的专业技能相关。南京大学吕林海教授的研究表明：教师专业发展的内核在于通过教师教学信念的转变推动教师的实践变革与教学创新。相关研究表明，教师信念的建立与教研文化、反思回顾、教学方法策略与教学技术也密切相关。因此，切实发展教师教学的专业技能对提升教学品质是至关重要的。下面我们通过教学案例分析说明教师如何从学生学习的视角加工例题。

1.案例描述

L老师是刚工作3年的新教师，积极向上，教学态度认真。专业发展的路径基本以参加教研活动或者是上校内公开课时获得指点为主，总体来看，这样的机会并不是很多。对于教材的例题，教师基本采用原样照用的方式，将例题中的问题直接调整为教师的提问。教学过程中虽然也关注小组讨论，但反馈时往往用一问一答的方式快速推进，以至于学生参与的程度不高。她自己也坦言想要以学生为主体，但是不知道怎样才能实现。下面是她执教苏教版《数学二年级下册》第一单元“有余数的除法”单元例1的教学片段。

教师呈现教材例1（见下图），请学生读题。

1 把 10 支铅笔分给小朋友，每人分 2 支，可以分给几人？每人分 3 支、4 支、5 支呢？在小组里分一分，说一说。

师：10支铅笔，每人分2支，可以分给几人？

学生回答后，教师在课件中呈现下表，并填写结果。

每人分几支	分给几人	还剩几支
2	5	
3		
4		
5		

师：如果每人分3支，可以分给几个人呢？每人分4支、5支呢？你能用手中的小棒分一分，并在表格（见上表）里填写每次可以分给几人和还剩几支吗？

学生开始活动。活动过程中，有的学生很快将3种情况依次摆放，并快速填表，然后会当小老师指导其他同学；有的学生拿着一捆小棒，不知道该做什么，看着其他同学在分小棒，也将小棒拆开在桌上摆放，但是摆放完了之后没有填表；有的学生在摆放“每人分3支”这种情况时，总觉得剩下1根让人费解，于是将剩下的1根拿在手里，嘴里小声念叨。

进入学生反馈环节，在师生一问一答的过程中，教师在课件中完成了表格的填写。

师：同学们，看看每次平均分的结果，你们能把它们分成两类吗？在小组中说一说。

学生将4次平均分的结果分成有剩余和没有剩余两类。

师：平均分可以用除法表示，每人分2支，除法算式怎样写呢？每人分5支，算式又怎样写呢？（教师板书算式。）

师：平均分有剩余时，也可以写成除法算式。［教师板书：10 ÷ 3=3（人）……1（支）］

师：除数3是什么意思？商3又表示什么呢？算式中的1支表示什么？谁来说一说。

生：除数3表示每人分3支，商3表示可以分给3个小朋友，1支是剩余的1支。

师：这道算式和前面学过的不同，在商的后面还要写出余下的数。这里的1就表示余下的1支，叫作“余数”。写算式时，在商的后面用“……”表示余数，余数是几就写几，像这样的除法叫作“有余数的除法”。

师：表格中每人分4支的情况，你们能像这样写出除法算式吗？自己写一写。

教师组织核对并收集反馈。

师：算式中的除数4表示什么？商2表示什么？余数2又表示什么呢？

以上是“有余数的除法”单元例1教学的片段，后续教学过程省略。

2.案例分析

“有余数的除法”是表内除法知识的继续，又是笔算除法等后续知识的基础。教材通过例1安排了适合学生操作的教学素材，素材的丰富性让学生感受到生活中进行平均分时，既有正好分完的情况，也会出现不能正好分完、有剩余的情况。尽管有部分学生已经对“有余数的除法”有一定的了解，但是还没有真正理解余数的产生和余数所表示的意义。更多的学生对于也可以用除法表示是不了解甚至是不予接纳的，因为已有的学习经验都是恰好整除的情况，而有余数的除法与已有经验是相悖的。在所做的学情调查中，要求参加调查的学生回答“将10支铅笔平均分给几个小朋友，你打算每人分几支？”学生的回答集中在2支、5支上，少数同学回答1支。当教师追问“如果每人分3支，你会分吗”，学生可以将小棒分成3份，但是为数不少的同学对剩余的1支表示出极大的困惑，有同学明确表示“每人分3支是分不起来的”，也有同学表示“可以将剩下的1支切开来继续分”。因此，怎样让学生理解“分不完，有剩余”的情况也可以用除法表示，是教师需要关注的首要问题。学生对于有余数的算式的理解，既要能根据平均分的过程写出相应的算式，也要能对算式作出合理的解释，同时要结合具体的操作行为对解释的过程给予具象的表征，最终可以解决生活中简单的“有余数的除法”的实际问题。这些都是例1教学中需要关注的问题。在例2中教材进一步安排了相关例题，帮助学生理解余数要比除数小的道理。

从L老师的教学片段分析，由于没有开展学情调查，缺少对学生学习起点的把握，对于例题没有从学生的视角进行加工。第一，二年级学生年龄小，处理综合性问题的能力不强，而教师对于例题的呈现过于生硬，同时没有考虑学生已有知识经验与“有余数的除法”之间的冲突。第二，在学生自主活动过程中，教师缺少对不同操作的了解，也没有组织学生就不同的情况展开讨论，反馈填表时，只是请了学习能力强的学生“代表”大家回答了问题的答案，使得教学过程流于形式。第三，在将平均分的过程改写成除法算式时，没有结合学生操作小棒的过程给予充分的解释。

这样的教学过程在新教师的教学中是屡见不鲜的，值得思考的是“这节课我要教什么”，这需要站在促进学生发展的角度去思考，而不能简单地回答“我要教有余数的除法”。“怎样才能使教学过程与教学预期一致起来”“怎样判断学生达成了对知识的理解”“在促进理解时可用的教学辅助手段是什么”……这些问题在进行教学研究的过程中常思常想，自然能有效促进教学信念的变化，同样，教师也需要掌握相应的教学方法、策略、技术，从而有效地促进教学技能的提升。

对于平均分有时恰好分完、有时会有剩余的情况，教师可以从学生的生活经验中寻找相关的素材，这样的素材是学生熟悉的，又是与所学的除法知识关联的，对学生学习新知是富有意义的。学生常常玩的游戏“抱一抱”就是一个好的素材，借助游戏可以帮助学生理解知识点。对于例题的呈现，较好的处理方式是分层揭示，因为这符合儿童的年龄特点。教师要重视让学生结合操作过程对“有余数的除法”算式进行说理练习。

3.案例改进

（1）游戏引入

师：同学们喜欢玩“抱一抱”的游戏吗？（学生答喜欢。）请6位同学上台，每2人抱在一起。还是一个数学问题呢，你们能用除法算式表示吗？

生：6÷2=3。（教师板书算式。）

师：谁能说一说这里的6、2、3分别表示什么？

生：一共有6个人，每2人抱一抱，可以抱成3组。（教师在板书中补写单位。）

师：说得很完整，这其实就是学过的平均分。平均分可以用除法算式表示。你们平时是这样玩的吗？

生：老师，这样玩都正好抱完了，就没有意思了，可以再添1个人，就是7个人来玩。

教师请发言的学生上台，再次玩游戏。

师：刚才的抱一抱正好抱完了，这次呢？

生：剩下1个人没有人抱。

师：7个人，每2人抱一抱，最后抱了3组，还剩下1个人，这也是平均分。和刚才的平均分有什么不同？

生：刚才的抱一抱都抱完了，这次的抱一抱还剩下1个人。

师：是的，说明平均分有时正好分完，有时会有剩余。今天这节课就学习平均分之后有剩余的情况。（教师板书：正好分完，有剩余。）

（2）动手操作，学习新知

教师出示例题。

师：10支铅笔，每人分2支，可以分给几人？（学生答5人。）

师：你能用除法算式表示刚才平均分铅笔的结果吗？

生：10÷2=5（人）。

师：这就是平均分，正好分完，结果是没有剩余的情况。

教师出示表格，把分法和结果填写在表格中。

师：除了每人分2支，想一想，每人还可以分几支？想出一种分的方法，用小棒分一分，并在表格里填一填每次分给几人和还剩几支。

学生汇报反馈，教师根据学生反馈情况完成填表（见下表），有学生提出了每人分1支的情况，教师也将这种情况填入表中，并请学生上台在黑板上的小棒图（见下图）中用圈一圈的方法表示出平均分的结果。

每人分几支	分给几人	还剩几支
2	5	——
3	3	1
4	2	2
5	2	——
1	10	——

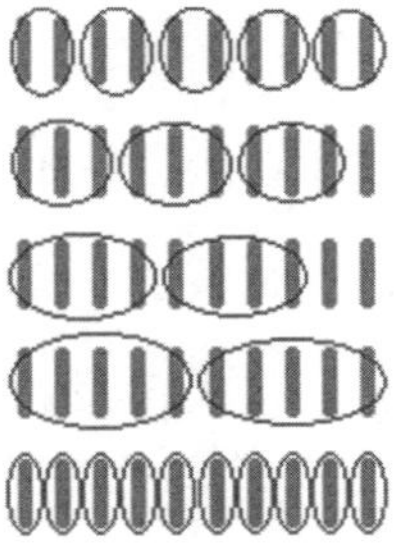

师：这5种平均分的情况，你们能把它们分成两类吗？同桌互相说一说分类的理由。

生：第一类平均分是正好分完没有剩余的，第二类平均分是分的结果有剩余的。

师：看来，同学们都已经了解了平均分会出现两种情况。前面我们学习了平均分的情况是可以用除法算式表示的。像每人分2根这种情况，就可以用“10÷2=5（人）”表示。下面，谁能结合小棒图说一说这里的10、2、5分别表示什么呢？（学生回答略。）

师：还有4种情况，你们能选一种用除法算式表示吗？

学生先选了每人分5支和每人分1支的情况，同样，教师也要求学生结合小棒图说出算式中各部分的意义。

师：同学们先选了正好分完的情况。那么平均分后还有剩余的情况怎么用除法算式表示呢？例如每人分3支，谁来试一试？

生1：10 ÷ 3=3（人）……1（支）

生2：10 ÷ 3=3（人）剩1支

生3：10 ÷ 3=3（人）①支

教师请学生解释各自算式的意思。学生回答略。

师：看来，同学们采用了不同的表示方法，但表示的意思都是10支铅笔，每人分3支，可以分给3人，还余下1支。怎样用除法算式表示呢？

教师板书，并请学生上台结合小棒图解释算式中各部分的意义。

师：这道算式和刚才3道算式有什么不同？

生：多了剩余的1支。

师：余下的1支，我们叫它“余数”。写算式时，先按过去的方法写出除法算式，商后面用“……”表示余数，余数是几就写几。这就是今天学习的“有余数的除法”。商和余数的单位名称为什么不同呢？

生：商3表示可以分给3个人，余数1表示还剩下1支铅笔。

师：如果每人分4支，你们能用“有余数的除法”写出来吗？自己试一试，写好后同桌对着小棒图互相说一说算式里每个数分别表示什么。（学生回答略。）

师：开始时的“抱一抱”游戏，有7个小朋友，每2人抱一抱，现在你们能用除法算式表示了吗？

（3）对新设计的解读

改进后的教学，教师首先用游戏解决了学生的困惑，让他们从身边的常见场景中发现原来按照每份同样多进行平均分之后，结果可能正好分完，也有可能有剩余，便于学生接纳平均分是可以有余数的结果。在

“抱一抱”的游戏过程中，教师引导学生用除法表示，实际上就是从旧知引入，唤醒对除法知识的记忆，为新知识的教学“搭桥铺路”，让学生将平均分的操作活动与除法算式建立联系。教师对例题的呈现采用了分层揭示的方法，首先出示第一个问题，请学生自己想一想每人还可以分几支，一方面增加了问题的开放性，另一方面，也便于学生理解问题的要求。在反馈汇报时，教师将小棒图与表格有机地结合在一起，便于学生充分地利用操作资源，结合图意具体说明算式的意义，也使得算式与具体图像建立了联系，这种简单的模型是有利于学生理解“有余数的除法”的意义的。教学的最后，教师又呼应了开始的游戏，发展了学生根据实际场景、利用“有余数的除法”解决简单的实际问题的能力。

从上述案例看出，加工例题的基础是教师要对学生的学习起点有所把握，要充分地了解学情，包括学生生活场景中与教学内容存在联系的有效教学资源等。呈现例题的方法也是多种多样的，对于综合性的问题，不宜在教学刚开始就进行整体呈现，分层揭示是更为建议的方法。对于例题的处理，要有效利用教材提供的素材，例题中明确提出了“在小组里分一分、说一说”，既包含了操作要求，也包含了自主探究、合作交流的要求，怎样将这些要求落到实处，就需要教师将操作活动有效地呈现出来，否则学生摆小棒的活动过程就失去了意义。特别在第一学段，具体化与抽象化、操作与说理的有机结合是常用教学方法，值得教师关注并在教学过程中合理应用。

二、从丰富素材的角度加工例题

学生需要学习的数学知识以例题的形式出现，学生通过对例题的学习理解知识、形成技能，每个例题中都有其内含的知识点。但是教师必须清楚地意识到这样一个现实——不要期待学生仅通过一个例题的学习就能掌握相应的知识点。概念形成主要依靠对感性材料的抽象概括，而概念同化则主要依靠对感性经验的抽象概括，因此，感性材料或感性经验是影响概念学习的主要因素。如果感性材料或感性经验不足，学生对概念的感知不充分，对概念的认知就很难建立起来。教师可以从丰富学习素材的角度加工例题，将一道例题丰富为一组学习素材，在此过程中关注变式，让学生在学习过程中感悟变化中不变的本质，这样的学习过程有利于发展学生的迁移能力。学校教育的一个主要目标是让学生能够灵活地适应新的问题和情景，其中迁移能力是学生成长的一个重要标志。初始学习的数量和种类是决定知识发展和知识迁移能力的关键。

下面，我们以Y老师执教的一年级上册“9加几”教学为例进行分析说明。Y老师是工作5年的青年教师，是学校的骨干教师，她对本节课的教学设计反映了众多一线教师教学的实际状况。

9 + 4 = □（个）

师：看图（见上图）算一算“9+4”等于多少？说说你是怎么想的。

生：9+4=13，可以把外面的一个苹果移一个到盒子里，就正好是10个，外面还有3个，合起来是13个。

师：是的，从外面移一个苹果到盒子里，就是把4分成1和3。那为什么要移进去一个苹果呢？

生：盒子里原来有9个，移1个苹果就是10个了。

师：就是把4分成1和3，先算“9+1=10”，再算“10+3=13”。这种方法叫作“凑十法”。哪位同学说说“凑十法”是怎样计算“9+4”的？（学生回答略。）

师：同桌互相说一说用“凑十法”怎样计算“9+4”的。你会用“凑十法”完成书上的填空吗？

这是较为典型的教学片段，Y老师也认为她的教学体现了课改的精神：独立思考、自主探究、合作交流。从课后学生计算的正确率上看，也达到了预定的教学目标。回顾教学过程，我们还是要问一个问题：教学的指向究竟是什么？不难看出Y老师的教学偏向知识学习，但是对人的发展的关注仍然不够。在教学过程中，人的发展与知识学习是并行不悖的。常见的教学现象中的问题是，教师只通过一个例题教学，学生没有经历实际的操作，缺少丰富的体验，没有实质地参与，结论便已经被总结出来了，这种教学方式中的过早形式化只会导致学生以模仿学习为主。由于缺少丰富的学习素材，学生难以积累数学活动经验，更不能奢望自觉地对学习过程进行观察与比较，从而达到反思提升的效果。根据孔企平的研究，单纯的行为参与并不能促进学生高层次数学思维的发展，而学生在教学过程中的全面参与是高层次思考能力发展的基本条件。（孔企平《数学教学过程中的学生参与》）

作为数学教师，处理例题的专业方法就是丰富学习素材，而不是只讲一个例子。在学生的学习过程中，通过提炼核心问题引导学生实现深层次的参与，不仅是行为上的参与，情绪和认知上的参与也同样重要。这实际上正体现出辩证唯物主义观的量变引发质变的观点。下面是改进后的教学片段。

师：（出示下图）小猴先买了9个苹果，又买了4个苹果。

你能像这样用小圆片在十格图（注：事先发给学生印有10个方格的图片，摆满圆片用以表示1个10）上摆一摆吗？你能提出一个需要用加法解决的问题吗？

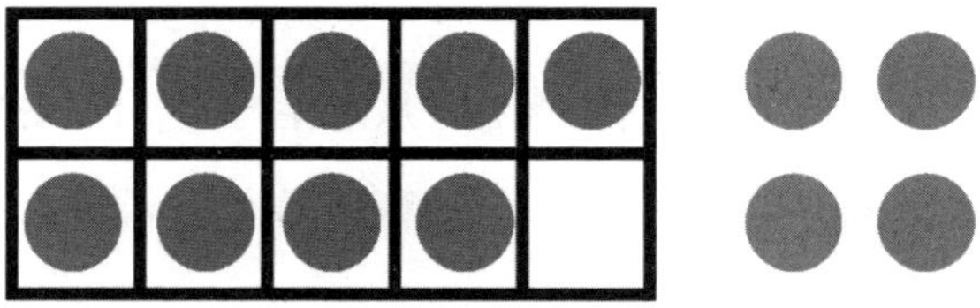

生：小猴一共买了多少个苹果？

师：现在要求出一共买了多少个苹果，算式怎么列？

生：9+4。

师：你能根据刚才摆的小圆片算出9加4的结果吗？

生1：盒子里已经有9个，接着就是10、11、12、13。

生2：我看图就算出“9+4=13”了。

生3：我把外面的苹果移1个到盒子里，就是10个苹果，外面还有3个苹果，10+3=13。

师：3位同学都算出了9加4的结果等于13，（问最后一个学生）你为什么会想到移1个苹果到盒子里？

生：移1个到盒子里，盒子里正好是10个。

师：说得有道理。全班同学都来用这种方法试一试。

师：（出示下图）9加6的结果是多少呢？你是怎样算的？

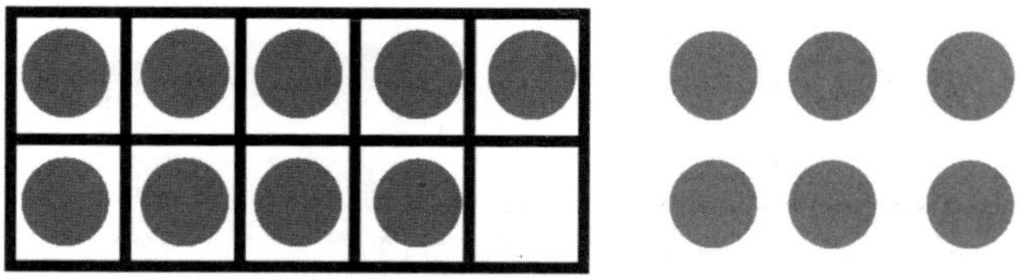

生：从外面移1个苹果到盒子里去，就是10个苹果，外面还有5个，合起来是15个。

师：（课件演示计算过程）是这样想的吗？同学们，移1个苹果到盒子里好算吗？为什么？

生：移1个到盒子里就正好是10个，外面还有5个，合起来就是15个。

师：（出示下图）9加8的结果是多少呢？和同桌说说你的想法。

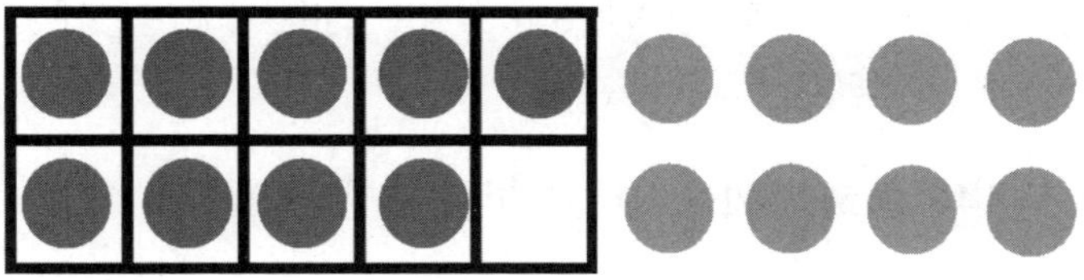

生：从外面移1个到盒子里就正好是10个，加上外面还剩的7个就是17个。

师：（出示下图）3加9怎样计算呢？

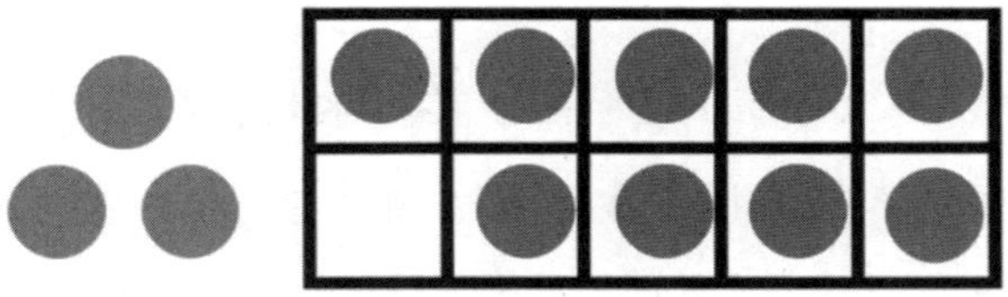

生：从3个中移1个到盒子里就正好凑成10个，外面还有2个，合起来就是12个。

师：（出示下图）刚才我们算了4题，都是9加几，你觉得计算9加几有什么好方法？和同桌说说你的想法。

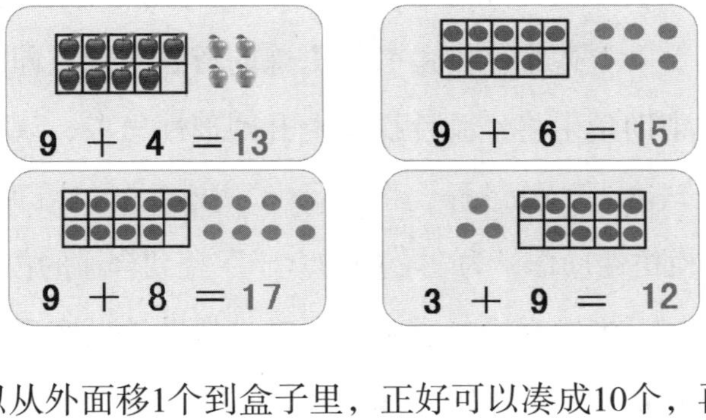

生：可以从外面移1个到盒子里，正好可以凑成10个，再看外面剩几个就是十几。

师：（演示课件）为什么要移1个到盒子里？

生：这样可以凑成一个好算的10。

师：是的，先凑成一个好算的10，后面就容易算了。可以把这种方法叫作“凑十法”。

师：（板书算式“9+5”）9加5等于几，你能算出结果吗？同桌互相说说。

生：9+5=14。从5里移1个到盒子里，盒子里就凑成1个10，外面还有4个，就是14。

师：（边说边完成计算过程板书）从5里移1个，就是把5分成1和4，9和1凑成10，再算10加4等于14。

师：（板书算式“9+4”）9加4怎么算呢？你能像刚才这样和同桌说说计算过程吗？

改进后的教学，教师首先丰富了学习素材，将教材例题“9+4”丰富为有层次的多个素材，让学生实现了自我学习——既有操作、表述、交流等实践的机会，满足其自主探究的精神需求，又在反复操练的过程中，不断亲身体验“凑十”计算的合理性，并进一步萌发“凑十”计算的需要。这样的学习，让所有学生都有了参与的机会，在过程中获得感悟、积累经验，有利于学生总结归纳计算方法。数学学习需要学生全身心地投入，从而形成自己的理解，即便是看别人操作，也必须同时进行思考，进而通过实际演算才能掌握，这一过程无人可以替代。（李士锜《熟能成巧吗》）上述案例中由教师提炼的核心问题，即为什么要移一个到盒子里，帮助学生将经验性操作上升到理性思考，认识到“移”的过程实际上是“凑十”的过程，将“凑十”演变为学生计算活动中的自发需求，而非模仿性操作，为“心中的盒子”找到合适的位置。

从上述案例不难发现，丰富学习素材是帮助学生实现深层次参与数学学习的行之有效的教学组织方式。在教学实施过程中，教师鼓励学生用自己的方法去解释所学习的内容，并通过提炼核心问题引导学生对学习过程进行比较，开展讨论，让学生通过自己的思考建立起对数学的理解，从而达到自觉的学习状态。

三、从展示知识形成过程的角度加工例题

教师教学专业性的体现在于呈现知识的形成过程，即不仅要教学生知识是什么，也要教知识是怎么来的。那么，如何呈现知识形成的过程呢？方法就是让学生进行再创造。

下面以苏教版《数学二年级上册》“认识厘米”一课为例进行分析。学生认识长度单位“厘米”之后，需要认识度量工具直尺，直尺作为人们在度量过程中产生创造度量工具需求的最终物化成果，是有一个产生过程的。学生要了解直尺的构造，并会用直尺度量，这些都可以通过经历直尺的产生过程体验学习。

在下面的教学片段中，学生已经学习了长度单位“厘米”，并且都有1厘米长的学具小棒作为度量工具。

师：我们已经知道了纸条（见下图）的宽度是1厘米，那纸条的长度是几个1厘米呢？带上小棒，同学们2人1组，用1厘米的小棒量一量。

生1：我量的纸条长度是4厘米。

生2：我量的也是4厘米。

师：像这样摆小棒还可以量很多物体的长度，比如量橡皮（见下图），它的长度是几厘米？

生：橡皮的长度是3厘米。

师：你是怎么知道的？

生：（边说边演示）我摆了3次，正好量完，所以是3厘米。

师：像这样有3个1厘米就是3厘米。

教师继续要求学生测量并且核对测量结果，如下图所示。

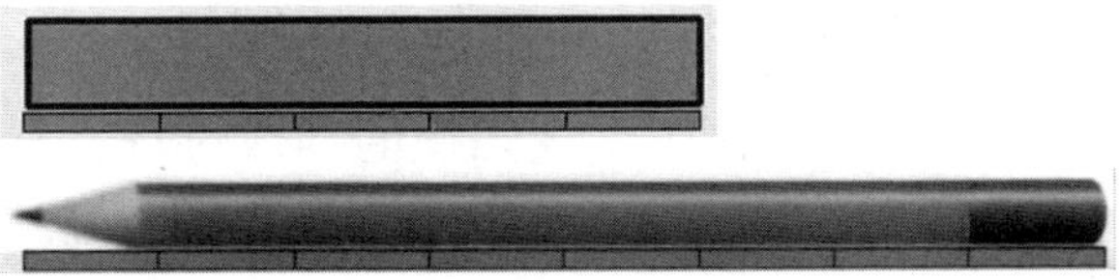

师：每次都这样摆小棒，感觉怎么样？

生：太麻烦了。

师：为了方便测量，人们把很多的1厘米连在了一起。这一段线段的长度是1厘米，我们画出它的端点，为了让同学们看得更清楚，我们把端点画长一点。这一段是1厘米，那一段也是1厘米。我们画出很多1厘米线段的端点，就出现了尺。尺上每1大格的长度都是1厘米，如下图所示。

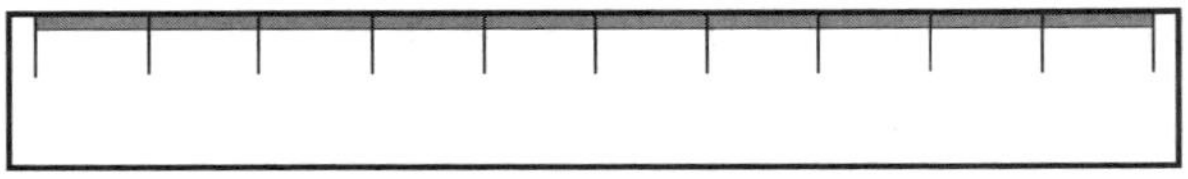

师：瞧，同一把尺可以量3件物品的长度了，比起摆小棒怎么样？

生：方便多了，不要再一根一根地摆小棒了，只要数有几格就行了。（见下图）

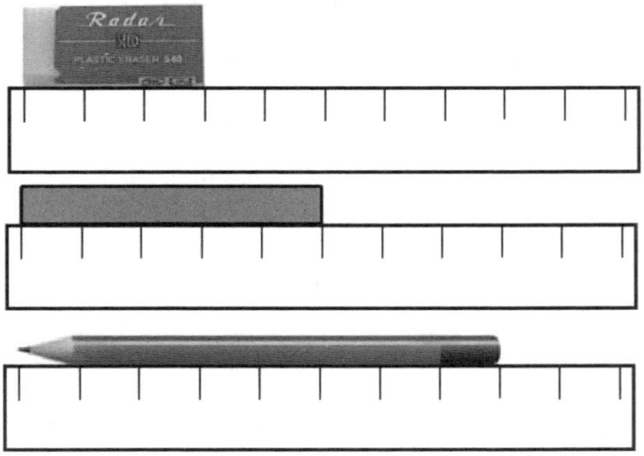

师：再用尺量一量这根小棒有多长？（见下图）

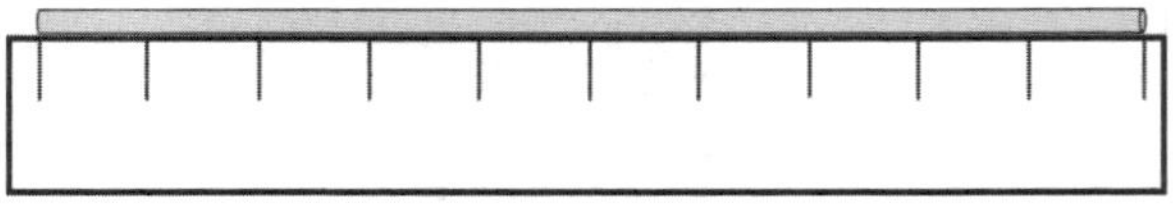

师：如果一下子看不清，那咱们就来数一数。

生：1、2、3……

师：每次量时，如果都像这样1厘米1厘米地数，方便吗？你有什么好办法让人一眼就能看出是几厘米呢？

生：可以在尺上标数字。

师：同学们身边的托盘里就有这样的纸条尺，请你们拿出这把尺，在上面标数字。

经过反馈，学生的纸条尺出现了两种不同的情况，如下图所示。

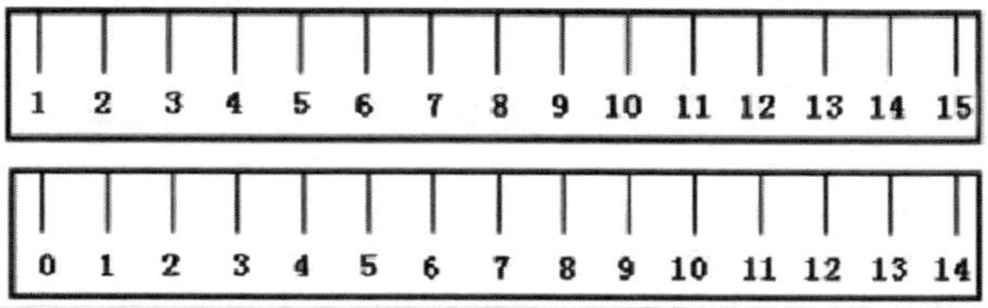

教师请学生在展台上用两种纸条尺分别测量刚才的物体长度后，学生感受到第二把尺能让人一眼看出是几厘米，其实从0到几就是几厘米。

师：所以，为了方便测量，尺上的起点都是从0开始的！

在上述的教学片段中，学生经历了直尺的产生过程，并参与了“创造”尺的过程，对直尺的结构以及如何用直尺进行测量有了清晰的认识。类似的，在“角的度量”教学中，关于量角器的教学也可以采用这样的方法，即展示知识的形成过程。教师加工例题时就应更加关注学生学习过程中的体验，让其在体验中产生学习需求，在体验中经历知识的形成过程，在体验中积累数学活动经验。

四、从以旧引新的角度加工例题

数学学习的过程是概念同化或概念顺应的过程。如果新知与原有的知识结构一致，新知就被纳入已有的认知结构中，这就是同化过程；当新知与原有的认知结构不一致时，就要对已有的认知结构进行调整或改组，这就是顺应过程。教师对例题的处理需要分析新知与旧知之间的联系，通过抓住联系来加工例题。下面以苏教版《数学四年级下册》第二单元“认识多位数”中例7为例进行分析。（见下图）

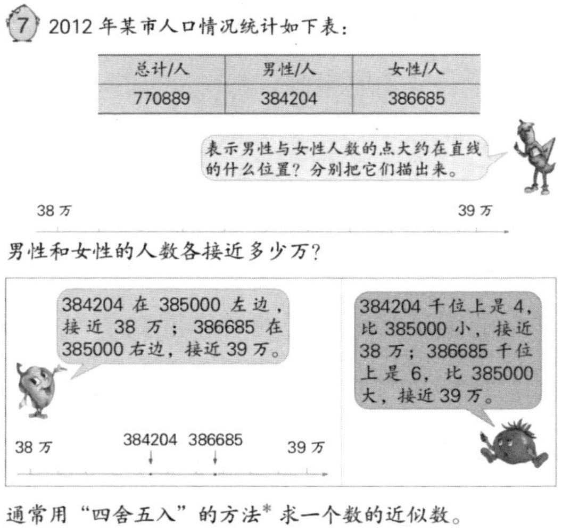
7 2012 年某市人口情况统计如下表：

总计/人	男性/人	女性/人
770889	384204	386685

男性和女性的人数各接近多少万？

通常用“四舍五入”的方法* 求一个数的近似数。

二、三年级学生学习了将一个数近似到几百或几千的估算（如下图所示），这些学习经历就是本节课的学习起点。

9

龙岗小学有学生 695 人。　东山小学有学生 703 人。

可以这样表示：

695 ≈ 700　　703 ≈ 700

约等号

试一试

实验小学有学生 2016 人，大约是几千人？

2016 人≈______人

学生已经具备了哪些可以迁移的经验呢？在四年级上册的学习中，学生已经会将除数是两位数的除法利用四舍五入的方法来试商。（如下图所示）

怎样对例题进行加工呢？教师可以考虑从旧知入手，以旧引新。先从已有的经验出发，自主学习求两位数、三位数的近似数，通过“接着想下去”思考四位数、五位数等的近似数应该怎样求，达成对例题学习的概念同化。研究表明，就智力与经验对概念学习的影响程度来看，经验的作用更大，丰富的经验背景是理解概念本质的前提，否则将容易导致死记硬背概念的字面定义，而不能领会概念的内涵。

教师出示下图并提出问题组织学生交流讨论，问题包括：32和39都是30多，为什么一个约等于30，一个约等于40呢？在30到40之间，还有哪些数约等于30？哪些数约等于40？35约等于多少呢？它与30和40相差的都是5，为什么约等于40？

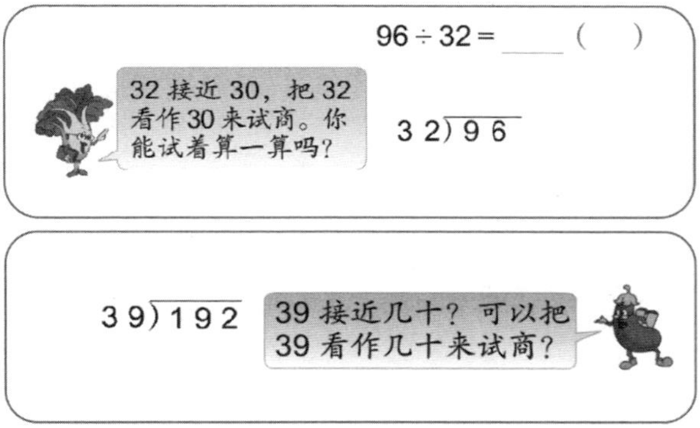

讨论指出数轴上在35和36之间有很多与35相关的小数，例如35.1、35.2等，这些数离30近些，还是离40近些呢？很明显离40近些，又因为这些数都与35有关，因此规定35也约等于40。这种求近似数的方法就叫作

“四舍五入法”。

教师追问，如果数轴继续向两端延伸，还有哪些数也约等于40，以及哪些数约等于30。（见下图）

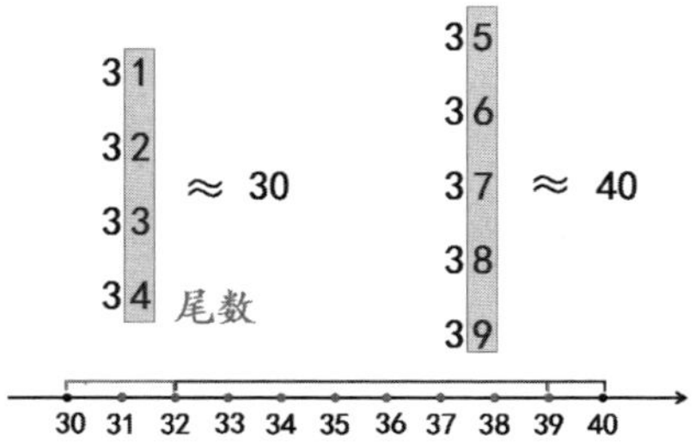

小结：保留到十位，关键看个位上的数。

教师出示4个电话机的价格图片（见下图），并请同学说说每个电话机大约几百元。试着和身边的同学说说看。

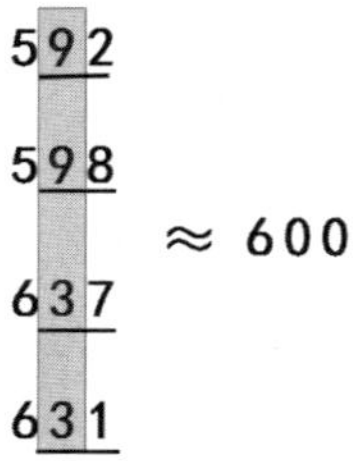

小结：保留到百位，关键看十位上的数。

教师请同学们接着想下去，是保留到千位，万位还是亿位。

小结：保留到哪位，就要看尾数最高位上的数，以此确定求这个数的近似数是要“四舍”还是要“五入”。

接下来进入巩固练习——

①把下面的数精确到千位。

3829　　5399

②将下面的数省略万位后面的尾数，再写出近似数。

78100　　120800

③省略最高位后的尾数，再写出近似数。

705　　385　　1994　　3208　　9775

教师出示苏教版《数学四年级下册》第96页第二个例题（见下图），请同学们说说保留到万位看哪位上的数。以男性人口数为例，哪位同学可以说一下。那么女性人口数呢？

⑦ 2012年某市人口情况统计如下表：

总计/人	男性/人	女性/人
770889	384204	386685

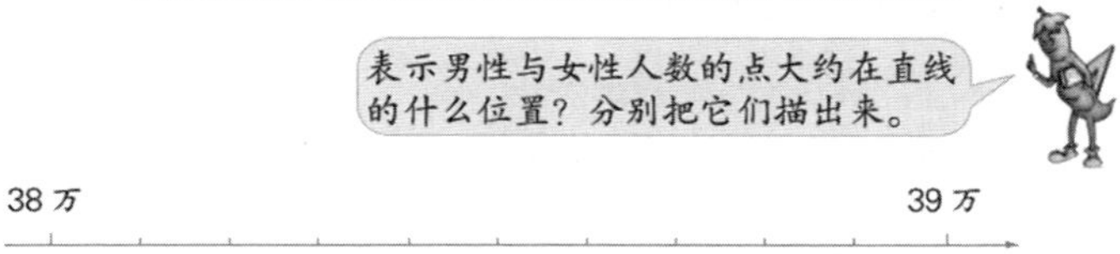

男性和女性的人数各接近多少万？

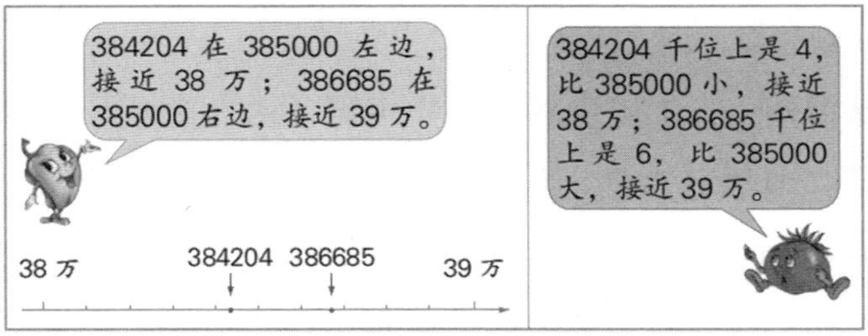

通常用“四舍五入”的方法* 求一个数的近似数。

接下来做几道题巩固练习——

①用“亿”作单位写出下面各数的近似数。

8340000000　　20680000000

②用“万”或“亿”作单位写出下面各数的近似数。

283000≈（　　）万　　1970000000≈（　　）亿

③□里可以填哪些数字？

9□875≈10万　　39□0000000≈39亿

学习合理地使用近似数，教师请同学们用近似数说一说以下几道练习题。

①张叔叔的月收入是6084元。

②《中国昆虫目录》中收录已知的中国昆虫20069种。

③体育馆有座位60875个。

这么看，近似数的作用确实很大。教师引导同学们继续思考以下两个问题。

①如果同学要到你家去玩，需要知道你家的地址，你认为将地址的近似数告诉同学好吗？

②你和朋友约好11：50在公园门口见面，你“近似”到12点到，这样好吗？

小结：准确数、近似数在生活中都在发挥着各自的用途，只有用得对、用得巧，才是真正地了解近似数。

教师请同学们课后想一想在生活中，什么情况下用近似数好，什么情况下用准确数好。

教师从旧知引入加工例题，让学生学会“接着想下去”。“接着想下去”既是一种学习方法，也是一种归纳推理活动，因为不单单要“接着想”，还要通过这一系列的“想”，发现“关键看尾数最高位上的数”这一事实。教师要力争让学生浸润在充斥着数学思想和方法的数学活动中，从而不断提升学生的数学素养。

五、从分散难点的角度加工例题

有些例题对学生来说学习难度较大，原因主要是经验不足、相关知识掌握不充分、学习过程中注意力分配不合理、记忆负担重等。教师需要根据学生的学习困难合理加工例题，常用的方法是分散学习难点。下面，我们以苏教版《数学四年级下册》第一单元学习内容“旋转”为例进行分析。教材首先通过例2演示居民小区门口的转杆打开和关闭的过程，引导学生观察转杆的打开和关闭是怎样运动的，通过讨论，了解旋转的要素包括旋转中心、旋转方向、旋转角度。教材再通过例3演示在方格纸上将三角形旋转90°，这是本单元的教学难点，部分学生对于怎样将三角形在方格纸上旋转90°之后的图形画下来无法准确把握，有教师先让学生将三角形纸片学具在方格纸上旋转，然后再让学生作图，其教学效果也不明显。问题的关键在于，尽管三角形是一个简单图形，不过用纸片运动时，三角形是作为一个整体存在的，但是在学生作图时，它受3条边这3个部分决定，怎样把握这3条边的作图顺序以获得一个完整的三角形是学生的学习难点。画旋转后的图形除动手操作之外，还需要丰富的动脑活动来支撑，只有当学生头脑中旋转的表象越来越丰富、清晰、生动时，实际的旋转操作才会变得越来越简单。教师教学时可以通过分散难点的方法进行教学。

教学时，教师请学生每人带一根吸管，然后在方格纸上首先进行一根吸管的操作，这相当于是一条线段的运动。教师告知旋转的方向、固定点和角度后，请学生拿出准备好的吸管按照指令旋转，如下图所示。

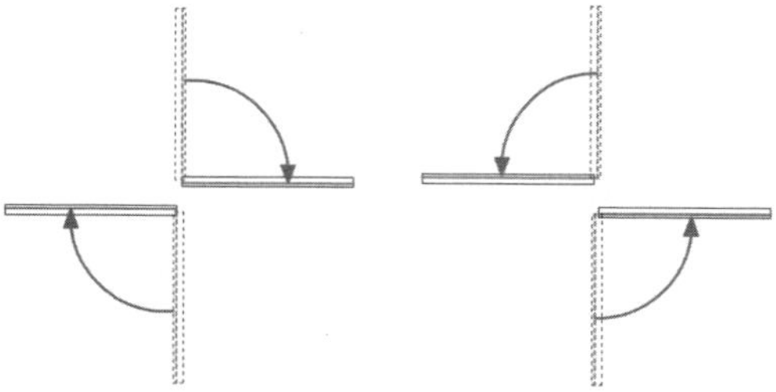

以此操作活动经验为基础，教师请学生在下图中作图。

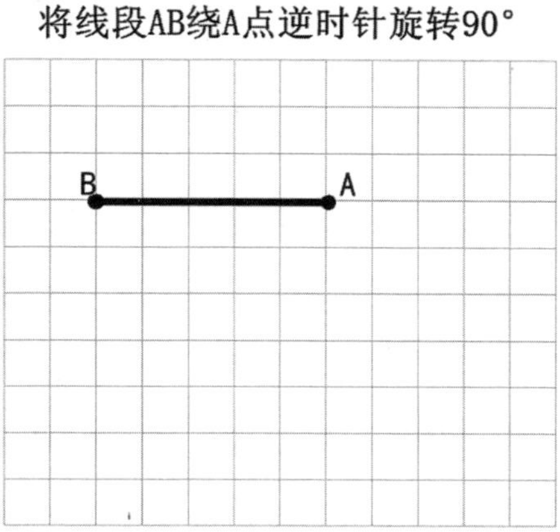

教师请学生先想象后尝试，在作品对比中发现：要弄清哪个是旋转中心；旋转后物体的大小、形状不发生改变；旋转时画上箭头能让人一眼看出旋转的方向。教师继续请学生在下图画两条线段的旋转。

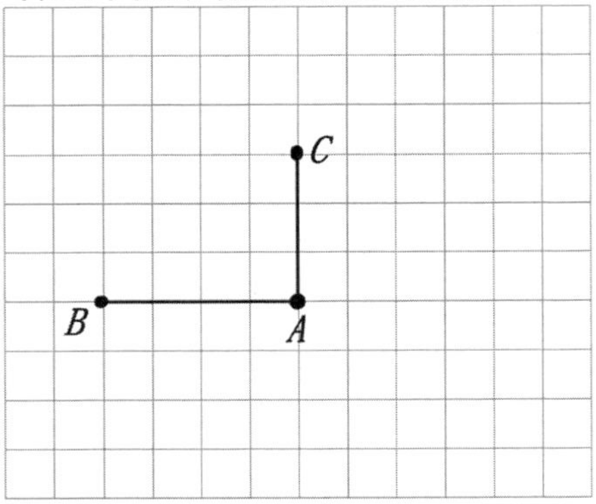

教师请学生想象并尝试作图。经师生讨论后得出：在操作时，两条线段是同时旋转的，在画的时候先将一条线段旋转，再将另一条线段旋转。最后，教师请学生将三角形在方格纸上旋转并作图。学生发现，只要先把两条直角边进行作图，再连接两个端点就得到第三条边。

六、对“简单”例题的加工

小学数学中的一些教学内容，学生可以调用已有经验或知识进行迁移，因而显得比较“简单”，例如苏教版教材中一年级的“数的分与合”“10以内的加、减法”、二年级的“整十数、整百数乘一位数的口算”、三年级的“两位数乘一位数的笔算（不进位）”、五年级的“小数的加、减法”等。对此，教师在教学中，往往呈现出两种截然不同的状态：要么把学生当作什么也不知道，要求他们从头至尾亦步亦趋地跟着教师的问题学习；要么认为学生都会了，快速地结束新知的学习，进入练习环节。这两种教学方式，前者让学生索然无味，只能装作什么也不知道的样子，配合教师开展学习活动；后者只是让学生提高了运用的熟练程度，而对知识的理解仍然停留在原来的程度，没有得到进一步加深。因此，教师对“简单”例题也需要加工。下面通过教学案例进行分析说明。

W老师是有着近20年教龄的骨干教师，长期从事第二学段的数学教学工作，态度认真，经验丰富。由于工作单位调整至新建校，他首次执教一年级。以下是他执教苏教版《数学一年级上册》“2~5的分与合”单元的新授片段。

师：（出示教材情境图）猴妈妈采了4个桃，要分在两个盘子里，你能用手中的圆片自己分一分吗？

生：左边放2个，右边放2个。

师：就是说4可以分成2和2。

生：左边放1个，右边放3个。

师：4可以分成1和3。还有不同的分法吗？

生：左边放3个，右边放1个。

师：4还可以分成3和1。一共有3种分法，同桌两个互相说一说。

学生活动。

师：看第一种分法，4可以分成1和3，1和3合成4。另两种分法，你能完整地说一说吗？

学生在教师指导下，完整描述另两种方法。教师揭题：今天我们学习“分与合”。

师：观察4可以分成1和3与3和1这两种分法，你有什么发现？

生：1个3在左边，1个3在右边。

生：1个3在前面，1个3在后面。

师：1和3这两个数交换了位置。4可以分成2和2，有没有交换位置的情况？

生：因为2和2是一样的，所以只有1种分法。

师：5个圆片，分成两份，你会分一分吗？

学生操作圆片，很多学生得到一种分法后就举手示意。教师点名某学生回答，4位学生依次回答5可以分成2和3、1和4、3和2、4和1。教师板书后，指着每一种方法请学生完整地说出分与合。

师：看5可以分成1和4，你还能想到什么？

生：想到5可以分成4和1。

师：看5可以分成2和3，你还能想到什么？

生：想到5可以分成3和2。

数的分与合是学生掌握数的组成，学习10以内加、减法的基础，对其的学习有利于发展学生的数感。W老师的教学能够引导学生通过操作活动抽象得到数的分解，进而比较发现同一种分法的两种表达。但是，W老师将数的分与合当成一个知识点来教学，在引导学生分圆片的过程中，重点关注了分解的结果，简单带过了逆向的合成。这就忽视了一个更基本的事实：原来一个数可以分解为两个部分，反过来，这两个部分又可以合成这个数。而这对于学生来说，完全是一个有趣的数学游戏，甚至可以看成一个有趣的数学魔术——“数字变变变”。学生可以通过感受数的组成的多样性来发展数感，同样可以感受到分与合之间是存在联系的，进一步可以感受到同一种分法的两种不同表达，这不也是一种极有意思的体验吗！

其实，教师用书很清晰地对教材编排做了解读：教学“4的分与合”时，“不能仅局限于4的组成，还要充分关注分与合的思想以及研究数的分与合的方法等，因为这些直接关系到其他各数分与合的学习”；教学“5的分与合”时，教材首次提出“5可以分成几和几，几和几合成5”的问题，启发学生借助学具操作获得对问题的解答，把“分”与“合”同时教学。可见，教师需要更细致地研读教材和教师用书，厘清每个例题的作用，发现例题中所隐含的知识，进而从学生的视角出发，发现探究知识的过程中所蕴含的丰富情感体验和思维过程，从而在教学中引发学生的情感共鸣和思维参与，调动学生的学习兴趣，促进学生思维进阶。从某种意义上说，学生数学思维以及情感态度与价值观的形成，和教师拥有的数学思维以及情感态度与价值观密切相关——教师如果认为知识是静态的、固化的、冰冷的，学生又怎么能感受到知识是动态的、生动的、火热的呢？

课后我们与W老师进行了交流，在理解教材的基础上，重点讨论了

“4的分与合”的教学中怎样引发学生的情感共鸣和思维参与。我们认为，应该在新授中让学生发现数与数之间是有联系的，这种联系与他们之前获得的“某个自然数加1会得到一个新的自然数”的动态变化不同，而是对一个数进行分解从而变成两个数，这两个数又可以合成原来的数，这是一种新的经验。在练习中继续引导学生发现，分成的两个数仍有可能继续分解，而这个数本身又可以作为一个部分与另一个数合成一个新的数。下面是改进后的教学片段——

师：猴妈妈采了4个桃，想放在两个盘子里，你能用圆片表示桃子，帮猴妈妈分一分吗？

生：左边盘子放2个，右边盘子放2个。

师：（同步课件演示）4个桃被分成了两个部分，左边是2个，右边是2个。同学们看多有意思啊，4被分成了两个数！谁来说一说，4分成了几和几？

生：4分成了2和2。

师：原来1个数可以分成两个数。4个桃放在两个盘子里，还有其他的方法吗？谁在黑板上摆一摆？

生：（同步摆放）左边盘子放3个，右边盘子放1个。

师：（同步课件演示）像这样分，4分成了几和几？

生：4分成了3和1。

另一位学生上台，在黑板上摆出左边1个圆片、右边3个圆片。

师：（同步课件演示）像这样分，4分成了几和几？

生：4分成了1和3。

师：（课件呈现4个圆片，动态演示分成1和3、2和2、3和1）数原来也可以变魔术呢，可以分成两个数！4可以分成几和几？

学生依次回答。

师：（指着课件中的第一个图）小猴子回家了，同学们想一想猴妈妈采了几个桃呢？

生：4个桃，因为1个桃和3个桃合起来就是4个桃。

师：我们就说1和3合成4。原来两个数可以合成一个数！还有几和几合成4呢？

学生回答。

师：这真是有意思的数字魔术！一个数可以分成两个数，这两个数又可以合成这个数。4的分与合，你们会了吗？

教师请一位学生说了一种分与合后，又请同桌两位学生分别补充，然后让全班完整地说。

…………

练习环节，教师出示下图所示习题，要求学生综合调用本节课所学的知识，并根据方框内的数是否需要继续“分”来选择所要填的数。

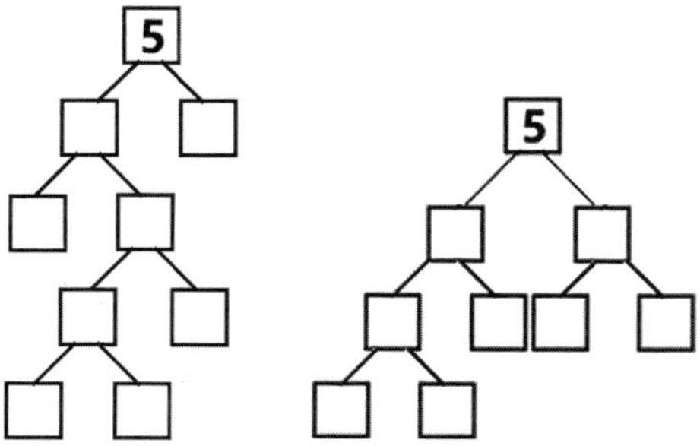

对“简单”例题的加工并不简单，教学的落脚点不能仅仅放在例题中蕴含的知识上，而要从不同的视角优化、提升。

1.着眼多元，让学生在交流中学

“简单”的课看上去简单，学生不用教就会了，实际上学生往往囿于自身的知识与经验，不能从不同的视角去认识与思考。因此，教师要组织学生开展交流，丰富其认识与思考的视角，进而修正、完善其原有的观点。交流活动中，教师要关注学生的数学表达，是否能做到有理有据，是否能借助举例、画图等方法，是否能对他人的表达进行质疑或补充。例如，教师教学“两位数加两位数的口算”时，只有充分交流，学生才会发现既可以从十位加起，也可以从个位加起；教学“两位数乘一位数的笔算”时，学生有的从个位乘起，有的从十位乘起，只有通过交流，结合3个12连加的竖式，将加法竖式与乘法竖式联系起来，学生才会明白为什么要从个位乘起。在这个过程中，教师是否关注到提供丰富的学习材料，帮助学生调用原有经验，有效唤醒学生的前拥理解，这是教学活动中多元呈现的基础。同样，我们可以将学生的前拥理解看作是教学的起点，通过比较不断地引导学生进行原有理解的转化，那么就可以促进学生学习。

2.着眼历史，让学生在文化中学

“简单”的课虽然知识内容单薄，但知识形成的历史却含有丰富的人文素材。教师要善于将知识内容背后的数学史料挖掘出来（苏教版教材安排的“你知道吗”栏目其实就提供了有关的素材），改编为数学故事，让学生体会其中蕴含的数学文化。例如，对于一年级“认识整数”的教学，教师如果能让学生了解到数字的由来原来有如此曲折的经历，数字就会变得不那么“简单”，因为无论1个苹果，还是1个皮球或1辆汽车等，它们的数量都可以用数字1表示。同样，对于“分数的初步认识”的教学，教师也可以结合分数产生的历史开展，介绍中国古代用算筹表示分数、古代印度的分数表示方法，直至分数线的产生，让学生发现简单的分数其实并不“简单”，让其更能感受到数的抽象性，了解到这些知识并不是原本就是这样，而是逐渐被创造出来的。

3.着眼过程，让学生在思维中学

“简单”的课虽然知识内容浅显，但知识探究的过程却含有深刻的思想方法。教师要准备好课件、学具等辅助手段，组织学生开展探究活动，让学生感悟其中的数学思维。例如，教师在“2~5的分与合”教学中渗透分与合的思想；在“6的分与合”教学中渗透有序思考；在“解决问题的策略”系列教学中，是以例题学习为载体，通过解决问题的过程让学生切实体会策略的应用，感受策略在解决问题过程中所发生的作用，才能真正发展学生的策略意识。正如学生会解决“$\frac{1}{2}+\frac{1}{4}+\frac{1}{8}+\frac{1}{16}$”，但是不会解决“$16+8+4+2+1+\frac{1}{2}+\frac{1}{4}+\frac{1}{8}+\frac{1}{16}$”，我们就认为学生学会了例题，但是并没有学会转化的策略。

4.着眼结构，让学生在联系中学

“简单”的课，知识内容看起来孤立、单一，实际上是可以整合、拓展的。教师要把握知识结构，利用知识之间的联系进行整合、拓展，让学生的学习具有一定的综合性和挑战性。例如，教师在“2~5的分与合”教学中，安排最后所示的综合练习；在“整十数、整百数乘一位数的口算”教学中，联系“表内乘法”的算理与算法，并进一步类推到“整千数乘一位数的口算”中；在“三位数加、减三位数”教学中，联系“两位数加、减两位数”的算理与算法，并进一步迁移到“多位数的加、减法”中；在“用数对确定位置”教学中，让学生思考如果点的位置在其他三个象限怎么办，怎样确定空间中某个点的位置；等等。这就像小朋友在学习数数时，一旦发现29后面是30，39后面是40，49后面是50……那么数数活动就成为一个有联系的结构。

注重对例题的加工处理，不但体现着教师的经验和专业能力，而且在课堂上还有助于学生的自主学习和思维发展，只要长期坚持，不论是对教师的专业成长，还是对学生思维发展及课堂教学的有效性，都会起到事半功倍和良性循环的效果。

从发展数感的视角设计认数教学

认数教学是“数与代数”领域的重要教学内容，数是对数量的抽象，学生对数本身以及数与数相互关系的深刻理解，对数的运算的学习尤为重要。因此，认数教学的着眼点不应该囿于了解数的组成和记数方法，而应该注重发展数感。关于数感，托拜厄斯·丹齐克于1954年引入“数感”这一术语，之后，教育工作者不断地更新对数感的认识，并且愈发认识到数感对数学学习的重要性。格斯滕和查德指出：培养数感是学习数学的先决条件。（戴维·A.苏泽《人脑如何学数学》）《义务教育数学课程标准（2022年版）》认为数感主要是指对于数与数量、数量关系、运算结果的直观感悟。建立数感有助于学生理解现实生活中数的意义，理解或表述具体情境中的数量关系。数感是对数的“感悟”，“感”是外界刺激作用于主体而产生的，“悟”则指明是主体本身的思维活动。（王林等《小学数学课程标准研究与实践》）因此，贝尔奇认为把数感当作一种学习的副产品，而不是直接教学的特定目标。类似的，古尔甘尼斯也提出数感是通过学生的数学教育发展而来。（戴维·A.苏泽《人脑如何学数学》）在实际教学中，教师要在数的认识、数的运算、数量关系等有关内容的教学中注重发展学生的数感。

一、整数的认数教学

1.关注数学史在认数教学中的作用

计数是在人类文明发展进程中由于生活生产的需要而产生的。采集果实的数量、捕猎所得猎物的数量等，使人们逐渐产生数的概念。可以说，数的产生标志着人类抽象思维的开始。计数需要相应的计数工具才不容易出错，才有可能表示更大的数，人的双手、石子、绳结等都曾经是计数工具，《周易·系辞》中就有“上古结绳而治，后世圣人易之以书契”的记载。在认数教学中融入这些史实，既拓宽了学生的视野，也传播了数学文化，感受数学在生活生产中的巨大作用。虽然不少一年级孩子在入学前已经能认识10以内的数，个别学生甚至能认识百以内的数，但他们对数本身是缺少深刻认识的。

数是抽象的。在认数教学中，教师会请学生用“圆点”表示图中人或物体的数量，进而用数这样的抽象符号去表示数量，而1个圆点既可以表示1朵花，也可以表示1只蝴蝶，还可以表示1个杯子……虽然它们不一样，但是数量是一样的，都是1个，所以都可以用1个圆点去表示，进而都可以用数“1”去表示。因此，学生早在入学时的数学学习过程中就已经接触到数学的抽象性。

同样，数是有序的。在1之后，再增加1就得到了2，在2之后再增加1就得到了3……学生通过依次加1可以得到自然数，并且可以发现自然数是无限的。

圆点与数之间是通过数与形的转换促进了学生对数的认识。例如教师教学“10以内数的认识”之后，再介绍古希腊数学家研究数的小故事，可以丰富学生对数的认识。学生会发现1和2是可以合成3的，1、2、3合起来是6……如果教师也提供小圆片请学生摆一摆，学生会发现“8可以是2个4”“9可以是3个3”“7分开是3和4”，这些认识都是他们原先没有意识到的。在学习“分与合”之后，他们会发现分法中的有序性，还能初步感受加法的交换律，根据“7分开是3和4”，就能马上想到7也可以分成4和3。

教师在认数教学中融入数学史，通过故事的形式丰富学生对数的认识，使其了解数学史实，通过操作活动让学生经历对数的“再认识”，这些操作对发展学生的数感都是有益的。

2.关注学生对数的多元表征水平的发展

认数教学如果仅仅将教学的关注点落实在描述数的组成上，就会使学生对该内容的学习停留在浅层次的认识。对数的认识的学习是学生发展数感的基础，认数教学中需要关注发展学生的数感。对数的认识的教学，不能简单停留在关注数的读写与组成等基本知识层面，而需要从发展学生数感的视角进行教学设计。

下面，我们以苏教版《数学一年级下册》第三单元“认识100以内的数”第一课时的教学为例进行分析。教材内容是：通过摆小棒、借助小棒数数等活动，帮助学生初步感知两位数的组成；通过在几十九的基础上添1根小棒的活动，让学生了解满十进一的计数方法，知道100以内的数表示多少和其相应的顺序。这节课是后续学习两位数的读写、整十数加一位数及相应减法的口算、数的顺序及数的大小比较的基础。一些教师认为这节课的教学内容比较简单，班级很多学生已经能数到100，甚至超过100，所以感觉没有什么可教的。

【案例描述】

师：（课件呈现2捆小棒和3根小棒）同学们知道这是多少根小棒吗？说说是怎样知道的。

生：这里有23根小棒，1捆有10根，2捆就是20根，加上3根就是23根。

师：你能像老师这样摆出24根小棒吗？说说你是怎样摆的。

生：（摆出24根小棒）我摆了2捆就是20根，再摆4根就是24根。

教师利用课件演示，然后依次添上1根小棒，带领全班学生从24数到29。

师：29根小棒再添上1根是多少根呢？同桌互相说一说。

生：再添上1根是30根。可以把10根捆成1捆。

师：是啊！有10根小棒，我们就把它捆成1捆，就是1个10。

教师在课件中依次出示39根小棒、49根小棒、59根小棒，并提问：如果再添上1根，是多少根？学生依次回答后，教师在课件中呈现85根小棒，带领学生从85一个一个地数到99。

师：99再添上1根是多少根？

生：100根。

师：我们可以10根10根地数，从10数到100。所以10个10是100，反过来，100里有10个10。

教师带领学生完成教材中相应的课堂练习。

【案例分析】

教师的教学过程如同记流水账，将教材的编写内容按顺序进行了“教学”，这里看不到教师对例题的深度解读，也没有对教学内容进行加工和重组，以丰富学生的学习经历，在教学组织过程中也没有突出学习主体的作用。本节课是低年级的认数教学，教师可以从哪些方面发展学生的数感呢？可以从帮助学生理解数的组成、用不同的表征方式去表示同一个数、通过几十九添1探索数与数之间的关系、比较数的大小，以及在具体的生活场景中用数进行交流与表达等方面进行教学设计。

引入有关数字或数字表征的材料可以帮助学生增强数感。（戴维·A.苏泽《人脑如何学数学》）让学生用不同的材料表示数，寻找这些表示方法中的相同点，有利于丰富对数的表示方法和对数的意义的认识。教材中安排了小棒表示百以内的数，还可以用10个小正方形组成的直条指代“十”、小正方形指代“一”的学具去表示，也可以用数表（如下图所示）去表示。数感是高度个性化的产物，它不仅和学生已有的数字概念相联系，也和怎样形成这些概念相联系。（朱莉娅·安吉莱瑞《如何培养学生的数感》）用不同材料去表示数，重在让学生去发现内在的联系。

圈（10只）	单只（1只）

值得关注的是，学生虽然能够数数，也能借助小棒图说出数的组成，但在认识百以内的数时，并不能仅仅凭借计数单位“十”和“一”就将那么多的两位数清晰地表示出来。事实上，学生在了解十进制计数法、理解整数的意义的学习过程中是可以促进数感的发展的。正如美国学者富森等指出的，数词系统是儿童早期学习数知识的一个最重要的工具。（王林等《小学数学课程标准研究与实践》）所谓的“数词系统”，实质上就是“十进制计数法”。教师教学时，可以通过讲故事的方式，渗透数学史知识，通过故事让学生感受用计数单位计数的合理性。在通过用小棒图、方块图、数表等不同方式表示数时，教师要引导学生发现在数数时都用到了计数单位“十”和“一”。事实上，十进制计数法是如此得简洁，以至于我们在教学中容易忽视一件事，即所有的两位数都可以由几个十和几个一简洁清晰地表示出来。

数感并不局限于对单个数的感悟，还体现于对多个数之间联系或者规律的一种敏感。（王林等《小学数学课程标准研究与实践》）“几十九添上1是几十”既是数与数关系的体现，同时也是一种规律。教师可以通过设计有层次的问题帮助学生在操作活动中观察、想象、归纳，学生经过反思从而发展数感。第一个层次，教师先通过操作，让学生思考29根小棒添上1根是多少根，怎样能一眼看出数是多少。重点在于理解满10根小棒可以捆成1捆，就是1个10。第二个层次，思考39根小棒添上1根是多少根。学生可以借用29添1的经验，理解39添1是40。第三个层次，请学生自己想一个两位数，即几十九，想一想这个数添上1是多少，同桌两人互相考一考对方，并说出是怎样想的。教师通过以上三个层次的活动，帮助学生理解满十进一的道理。

教师可以充分利用数轴，帮助学生发展数感。有了数轴，数便有形可依。数轴向右的无限延伸，能让学生直观体会数的有向性、无限性；数轴作为数尺的变形，有利于学生充分感受数系的严格顺序；借助数序，有利于学生感悟数的大小关系。因此，在实际教学中，教师应充分发挥数轴的优势，促进学生理解数的意义，发展数感。结合教学过程，在学生开展数数活动时，教师可以利用数轴图动态地呈现数数过程，以可视化的方式让学生感受数的顺序、大小和数数过程。

【案例改进】

（1）通过旧知引入新知

师：（出示课件图片）图片上有一群羊（见下图），一共有多少只呢？你能数一数并让人一眼看出来吗？

生：（上台）我们可以数10只，然后圈起来，就是1个10，再看外面有3只，就是13只羊。

师：（操作课件）为什么数10只圈一圈呢？

生：因为十和几合起来是十几。

师：（出示课件图片）如果又增加一些羊（见下图），你还能一眼看出来有多少只吗？有什么好办法？

生：（上台）数出10只圈起来。

师：（操作课件）现在能一眼看出来了吗？

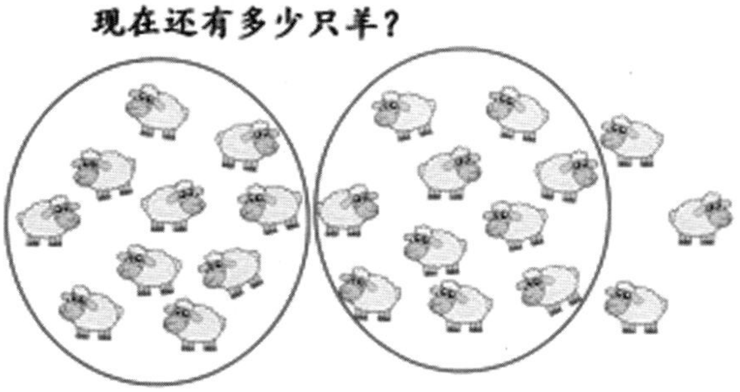

师：刚才大家在两次数羊的过程中都用到了什么方法呢？

生：数出10只圈起来。

师：为什么数出10只圈起来？

生：圈起来以后，1个圈就是1个10，再看外面有几只就是几十几。

（2）用不同方法表示数

师：我们还没有学过23，你能用学具表示出这个数吗？老师给大家准备了3种学具，分别是小棒、方格条和数表，请你选择不同的材料试一试，并和同伴交流你的方法。

学生交流后，在展台上展示方法，并说明是怎样表示23的。

师：（随着学生的展示）原来表示23的方法有很多种，请同学们仔细观察，这些方法有哪些相同的地方？

怎样用学具表示二十三能让人一眼看出来呢？

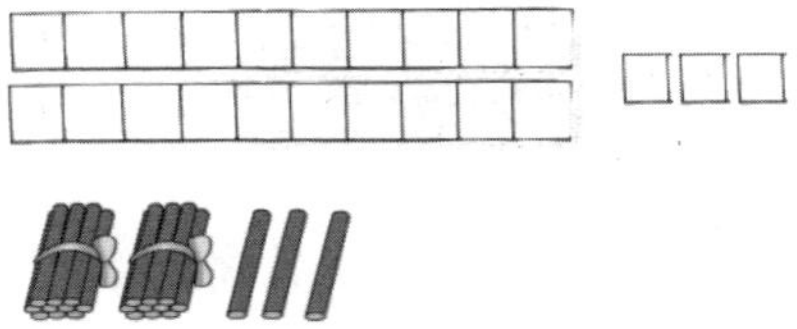

圈（10只）	单只
2	3

生：都用到了计数单位“十”和“一”，23是由2个“十”和3个“一”组成的。

师：所以只要用计数单位“十”和“一”，就能清楚地表示23。其实，计数单位“十”和“一”的产生还有故事呢！很久以前，人们在日常生活和生产劳动中就有计数的需要。比如要数一数一共有多少只羊，就用石子计数，数一只羊，就在地上放一块小石子。为了能一眼看出有多少石子，人们想出了“逢十进一”的好方法，即每当有了10个小石子，就换成1个大石子，表示1个10。所以，大石子表示？小石子表示？（见下组图）

生：大石子就是计数单位“十”，小石子就是计数单位“一”。

师：现在一眼就能看出有25只羊。所以，用好计数单位“十”和“一”，就能很方便地表示数。同学们想一想，刚刚我们在摆学具的时候，是不是也用到了“十”和“一”？这节课就是学习用“十”和“一”这两个计数单位一起来认数。

（3）自主选择表示的数

师：大家会用不同方法表示23了，请同学们用学具摆一摆35，你能用多种方法表示出来吗？想到几种就用几种，看谁的方法多。

学生反馈，教师让学生说一说是怎么表示的。

师：请你比较这些方法，都用到了哪两个计数单位？

学生反馈。

师：看来我们只要确定几个“十”和几个“一”，就能很清楚地表示出几十几。（稍停）你还想表示几十几呢？摆出你想表示的数，让同桌说一说你摆的是多少。

学生在展台上展示，其他同学说出这是几十几，教师请学生说一说是怎么看出来的。

（4）几十九添上1是多少

师：（出示图片）老师也摆了一个数，来看看是多少呢？

生：是29。

师：那29添上1是多少啊？

生：是30。

师：怎样才能一眼看出是30呢？

生：把10根捆成1捆，就变成1个10了。

随课件演示，全班从31一直数到39。

师：39再添1根是多少？说给你的同桌听一听。

生：把10根再捆成1捆，一共就有4个10，就是40。

师：请大家考一考你的同桌，左边的同学说出几十九，右边的同学说出这个几十九添上1是多少，说完之后交换任务。

学生说出几十九，其他同学说出添上1后的数。教师说出几十九，点名某学生回答添上1后的数。

师：几十九添上1，都是几十这样的整十数。

（5）认识一百

师：我们再玩一个猜数游戏吧。（出示下图）图中左边的几捆被挡住了，右边有5根，你能猜一猜一共有多少根小棒吗？

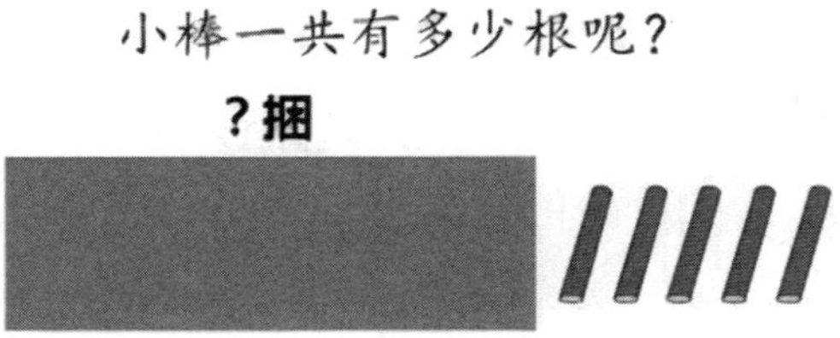

学生猜数时，教师用“大了”或“小了”提示学生接着猜数，直至猜中85。

师：（演示课件）从85开始，一个一个数到99。99添上1是多少？

生：100。

师：这是新的计数单位——百。如果10根10根数，你会吗？从10数到100，你发现“十”和“百”的关系是什么呢？

生：10个十是1个百，1个百里有10个十。

师：“百”是我们今天认识的新朋友，以后会帮助我们认识更大的数，小朋友们千万不要忘记哦！

（6）提供数轴经验

师：（出示下图）谁来数一数香蕉有多少根？是怎么数的？

随着学生的回答，教师出示课件。

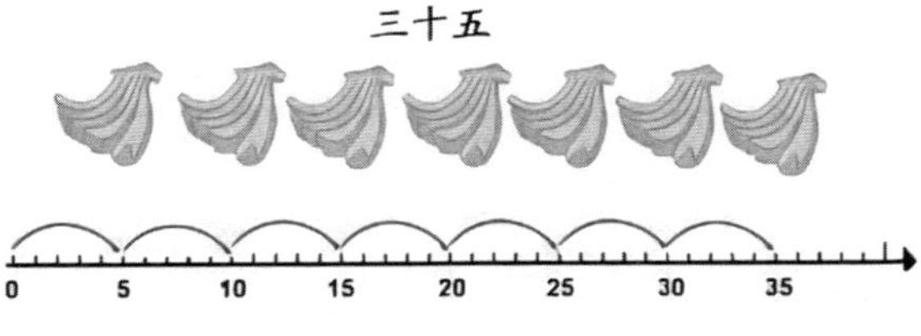

师：（出示下图）谁来数一数正方体的个数呢?

随着学生的回答，教师课件出示。

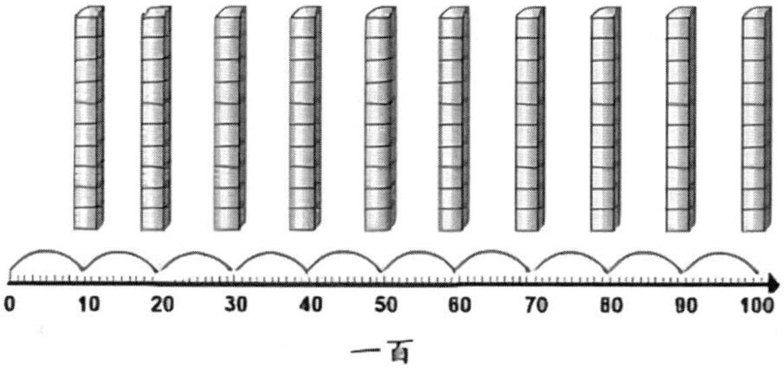

师：为什么香蕉5个5个地数，小正方体却10个10个地数?

生：香蕉一把是5根，但是小正方体每条有10个，是不一样的。

师：所以我们数数时，是可以根据摆放的特点数的。（出示下图）图中的羽毛球和糖果分别有多少个？谁来数一数。

生：羽毛球有25个，糖果有32块。

师：你是怎么数的呢?

生：我先看有几个10就是几十，再看有几个1，合起来就是几十几。

师：小朋友乐乐家的门牌号，是在0到100之间，你能猜猜看吗?（见下图）

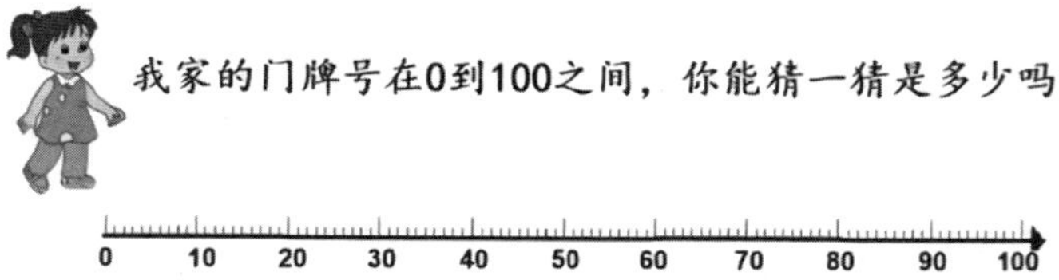

学生猜数时，教师在屏幕的数轴上标注出学生所猜的数，然后用“大了”或“小了”请学生调整，启发学生可以借助数轴，根据“大了”还是“小了”确定猜数的范围。

3.关注数本身与其他数的关系

认数教学既要关注数的组成，也要关注数与其他数之间的关系，了解并掌握这些关系，有利于建立数的结构。关注数与相邻数的关系，例如8的前一个数是多少？关注数与整十数的关系，例如32接近几十？关注数与其他数的大小关系，例如35和53相比，哪个数大？同样需要关注数本身内隐的与其他数的运算关系，例如24既可以看作是比25少1的数，还可以表示为“3×8”或“4×6”等。对相应关系的熟悉程度可以丰富对数本身的认识，也有利于在运算过程中更灵活地运用数的不同表示方式参与运算，例如计算“24×37”应该选择竖式计算，而计算“24×15”则应该用“$24\times5\times3$”的方法更为方便，这正是数感的具体体现。

4.关注运用类推的方法发展数感

对认识多位数的教学，可以从已经具有的认数学习的经验进行类推，这在前面“教学方法的选择（一）”中已经通过“认识整万数”的课例进行了说明。多位数的认识，不能停留在会读、写等基本要求，需要通过感受多位数的大小发展学生的数感，我们可以通过类推的方法开展教学。

例如“南京奥体中心大约有60000个座位”这个例题，这里的“60000”就可以请同学们根据自己班级的人数、学校的人数去类推，当他们发现如果全校1000人，那么需要60个这样的学校学生才能将其坐满，学生就会知道“60000”是个比较大的数，而不是对其只停留在单纯的读数和写数上。类似的素材都可以用这种方法进行教学，例如“10万张纸有多高”“天安门广场是世界上最大的城市广场，面积有400000平方米”等。

二、分数的认数教学

1.帮助学生了解两种不同的视角

随着人们对数学研究的发展和现实的需要，数系的扩充成为必然。分数的历史非常古老，由于进行测量和均分的需要，分数自然地产生了。在众多古代文献中都有关于分数的记载。早在公元前2100多年，古巴比伦人就使用了分母是60的分数。我国的《九章算术》第一章“方田”里就讲了分数的计算方法。史宁中教授在谈到“分数的数学含义”时指出，就整个中小学数学来说，分数主要有两个作用：一个是作为有理数出现的一种数，它能和其他的数一样参与运算，此时的分数表现的是一个结果；另一个是以比的形式出现的数，比指的是部分与整体或一部分与另一部分之间的关系。这反映了学生在学习分数过程中的两种视角：6个桃子平均分成3份，其中的1份有2个桃子，这是具体数量的视角；其中的1份又是6个桃子的$\frac{1}{3}$，这是两种量比较后所得关系的视角。两种视角看待的是同一个对象（2个桃子），由于视角的不同就会有不同的表示方式。

小学数学教材的分数学习通常分为两个阶段，第一阶段是“分数的初步认识”，第二阶段是“分数的意义”。在第一阶段的学习中，通常是以学习部分与整体或一部分与另一部分之间的关系为主的，帮助学生理解对同一对象表达的两种视角是必须关注的核心问题。分数的初步认识是从对一个物体或图形的平均分开始的，在这个过程中，两种视角被淡化了，因为一块饼的$\frac{1}{2}$就是$\frac{1}{2}$块，这时表示同一对象的数量与这一对象占整体的几分之几是同一个数。当学生学习一些物体组成的整体平均分成若干份，用分数表示整体的几分之一或几分之几时，两种视角会引发学生的认知障碍。例如8个桃平均分成4份，其中的1份就会有学生用$\frac{2}{4}$表示，因为在他们眼中，既看到平均分的4份，又关注到每份有2个。因此教学中不宜急于提问“每份是整体的几分之几”，可以先询问每份有几个，再将2个看作1份，去观察占整体的几分之几，并且和学生说明2个和$\frac{1}{4}$都表示平均分后的1份，只是表示的方法不同。

2.鼓励学生的“再创造”

尽管学生没有学过分数，但是却有着相关的生活经验，即能够将一个物体平均分的结果表示出来，这对于理解分数是有益的，虽然表示的方法并不一致，这是学生的“再创造”。在进行分数教学时，教师可以请学生发现不同方法中的相同，并结合数学史的故事帮助学生认识分数，以下面的教学片段进行说明。

（1）创设情境，感知等分

师：（出示情境图）两个小朋友在春游，说一说他们带了哪些食品？

生：4个苹果，2瓶水，1块蛋糕。

师：这些食品的个数都可以用我们学过的数来表示，你能帮助他们把苹果和水分一分吗？

生：苹果每人2个，水每人1瓶。

师：苹果、水每人分得的结果可以用我们学过的数2和1来表示，这些都是我们学习过的整数。为什么这样分？

生1：两人分得的一样多。

生2：这样就平均分了，无论分成多少份，每份一样多。

（2）自主探究，产生需要

师：如果要将这块蛋糕平均分给两人，该怎样分呢？同学们可以把手中的圆纸当成蛋糕，分一分。（学生动手操作。）

师：每人分得多少？

生：半个。

师：请你指出半个。（将半个用粉笔标上颜色，贴在黑板上）我们可以用画图的方法表示。

师：刚才我们用对折的方法得到半个，真的蛋糕能对折吗？你能说一说是怎样分的吗？

生：把蛋糕分成两份，一人一半。

师：（拿出准备好的没有平均分成两份的圆片）是这样分的吗？

生：把蛋糕平均分成两份，每人分半个蛋糕。（教师板书：平均分成两份，一份是它的一半。）

师：为什么要说成“平均分成两份”？

生：如果不是平均分成两份，每个人分得的就不是一半了。

师：还有其他的表示方法吗？

生：还可以用二分之一表示。

师：（作疑问状）二分之一？你能把你说的写出来吗？（学生在黑板上写$\frac{1}{2}$。）

师：你能解释所写的这个$\frac{1}{2}$表示什么意思吗？

生：2表示把1个蛋糕平均分成2份，1表示1份。

师：你们理解他对$\frac{1}{2}$的解释吗？（学生回答理解。）那么把一个蛋糕平均分成2份，其中的1份我们可以用3种方法表示，即用画图的方法、句子描述、这样的数来表示。

师：如果有4个同学平均分这个蛋糕，每个同学又分得多少呢？你能用你喜欢的方法表示吗？（学生分别用画图、句子描述和$\frac{1}{4}$表示。）

师：这几种表示方法，你喜欢哪一种呢？

生1：喜欢画图，因为比较清楚，一看就懂。

生2：喜欢用数来表示，简单、准确。

生3：喜欢用文字表示，容易看懂。

师：如果有10个同学平均分这个蛋糕呢？你准备用什么方法表示每个同学分得的蛋糕？再想一想，如果有100个同学呢？

生：那我们就用数来表示，如果是10个同学平均分1个蛋糕，1份就是$\frac{1}{10}$，如果平均分成100份，1份就是$\frac{1}{100}$。

师：为什么不用其他的方法呢？

生1：画图太麻烦了。

生2：用句子说是可以的，但是没有用数表示方便。

（3）了解史实，激发兴趣

师：我们可以用不同的方法表示一个蛋糕平均分后每份是多少。画图的方法看得清楚，但是平均分的份数多了就不方便；文字描述写起来比较麻烦，但是意思很清楚，并且可以对数做出解释；用数表示则比较方便。这些数都是分数，想知道分数是怎样产生的吗？

教师介绍分数的发展史（课件演示）。

片段①：在古代，人们分东西（果实、猎物）时经常出现结果不是整数的情况，于是渐渐产生了分数。我们刚才是将什么平均分不能得到整数结果的？（学生回答蛋糕。）

片段②：在我国，很早就有了分数，最初用算筹表示。如果把一个物体平均分成4份，每1份就表示成。同学们看一看下面的4根算筹表示什么？上面的1根呢？（学生回答4根表示平均分成4份，1根表示其中的1份。）

古埃及人曾用象形符号表示分数，把写在整数的上端，表明这是一个分数。如果把一个物体平均分成4份，每1份就表示成。

古巴比伦人用楔形文字表示分数，如果把一个物体平均分成60份，其中的20份就表示成≪。

后来印度人发明了数字，用和我国相似的方法表示分数。如果把一个物体平均分成4份，每1份就表示成$\frac{1}{4}$。

师：不同地区使用不同的表示方法，你觉得他们如果相互交流起来会怎样呢？（学生回答可能会相互不理解。）因此，为了交流更加方便，人们逐渐统一了分数的书写形式。

片段③：随着印度人发明了数字，再往后，阿拉伯人发明了分数线“—”，就把分数表示成现在这样了。例如就写成$\frac{1}{4}$。

师：把一个蛋糕平均分成4份，每1份就表示成$\frac{1}{4}$，这就是我们现在所通用的分数，“—”叫作分数线。分数线下面的数叫作分母，分数线上面的数叫作分子。

师：看到分母是4，你想到什么？

生：想到平均分成4份。

师：如果分母是5呢？

生：想到平均分成5份。

师：如果平均分成8份，分母应该是几？

生：分母是8。

师：分子1表示这样的1份。如果有这样的3份，分子是多少？

生：分子是3。

（4）认识分数，理解分数

师：了解了分数的发展，下面我们就继续认识分数。像刚才，我们将一个蛋糕平均分成2份，1份是它的一半，如果用分数表示呢？

生：一半可以用分数$\frac{1}{2}$表示。

师：（在蛋糕图中板书$\frac{1}{2}$，并介绍分数的写法）分数中2和1分别表示什么？

生：分母2表示把蛋糕平均分成2份，1表示其中的1份。

师：你能上来指出哪一份是它的二分之一吗？有几个二分之一？

师：那么把蛋糕平均分成4份，每份是它的几分之几？请同学板书四分之一的写法和读法。

师：这两个分数为什么分子都是1？为什么分母不同？

生：第一个是把蛋糕平均分成2份，第二个是把蛋糕平均分成4份，所以分母不同。因为都是取其中的一份，所以分子都是1。

师：你还想得到哪些几分之一的分数？分组利用材料表示出几分之一的分数。（学生动手操作。）

师：（收集一些学生的材料）看这是几分之一？怎样看出来的？

生1：这是$\frac{1}{4}$，因为他把这张纸平均分成4份，涂颜色的是1份。

生2：这是$\frac{1}{8}$，因为他把圆纸片平均分成8份，涂颜色的是1份。

师：要想看出是几分之一，关键看什么？

生：看平均分成了几份，每份就是几分之一。

师：（出示两种不同材料表示的$\frac{1}{2}$）为什么都能用$\frac{1}{2}$表示？

生：因为都是把图形平均分成2份，所以其中的1份就可以用$\frac{1}{2}$表示。

从上面的教学片段可以看到，当将1个蛋糕平均分成2份时，学生可以根据生活经验用“半个”表示，或用图形表示，或用语言描述平均分的过程，这正是学生对二分之一的原有理解，也是学生的创造，在这个过程中学生并没有产生用数表示的需求。怎样才能让学生自发地产生学习分数的欲望呢？教师首先通过将蛋糕平均分成4份、10份，使学生感受到用分数表示平均分结果的必要性，激发了进一步学习分数的兴趣；其次，教师通过对分数发展历史的简单介绍，让学生了解一些数学史实，正确认识数学知识的形成过程是漫长的、动态的过程；再次，让学生感到自己对分数的“创造”虽然并不标准，但也是符合数学发展特点的，有利于增强学习数学的兴趣和信心；最后让学生自己意识到分数的不同表示方法不利于交流，应该统一表示形式。

3.丰富学生对分数意义的认识

在第二阶段学习“分数的意义”时，需要从不同的角度丰富学生对分数意义的理解。一般来说，教材中对分数的定义是“把单位‘1’平均分成若干份，表示这样一份或几份的数”，反映了部分与整体的比率关系，教学时首先需要厘清“分的对象”“分的过程”和“分的结果”。分的对象即单位“1”，它可以是1个物体、1个图形、1个计量单位或是由一些物体组成的整体；分的过程即平均分成几份；分的结果即表示这样的一份或几份用怎样的数表示。教材又进一步通过“分数与除法的关系”教学，让学生理解分数可以表示运算的结果，也可以表示具体的数量。例如“$\frac{2}{3}$米”，既可以表示“把1米平均分成3份，是这样2份的结果”，也可以表示“把2米平均分成3份，是这样1份的结果”。最后，通过对“真分数与假分数”的教学帮助学生从测量的角度丰富分数的意义，体会可以通过分数单位的累加得到后续的分数，这与整数的计数道理是一致的。关于比的意义，可以在六年级的学习中再进行。

三、小数的认数教学

小数亦称“十进小数”，它是实数的一种特殊的表现形式。根据十进制的位值原则，可以把十进分数仿照整数的写法写成不带分母的形式，这就是小数。小学阶段关于小数的学习通常也分为两个阶段，第一阶段是“小数的初步认识”，第二阶段是“小数的意义和性质”。

1.“小数的初步认识”要与十进分数进行关联

小数的本质就是十进分数，为了便于应用，将十进分数写成了小数。与整数、分数一样，小数也可以通过小数计数单位的累加得到新的小数，与整数之间都是十进关系。这些都是可以在学习“小数的初步认识”时让学生感悟。

以苏教版《数学三年级下册》第八单元“小数的初步认识”第一课时为例，教材的例题编排是结合具体情境让学生初步认识小数。例如测量长度的结果不是整米数、物品的价格不是整元数，这都是生活中用到小数的较为常见的情况。教材中的例题和习题都以这方面的实际问题为素材，让学生感受到学习小数的现实意义。从激发学生学习动机的角度来看，我们必须要先解决这些问题：既然课桌宽4分米已经表示得非常清楚，为什么还要用分数来表示？既然能用分数表示，为什么还需要用小数？分数与小数的关系究竟是什么？根据学情调查，学生虽然在生活中对小数已有所了解，但是总体上看，了解的面偏窄，主要集中在用小数表示钱数，并且在理解上存在偏差：他们知道1.5元是1元5角，但是不会比较1.2米和1米5厘米的大小；请学生将“1元5分”以元作单位用小数表示时，相当多的学生表示为“1.5元”。所以，学生具有的是来自生活中以购物经历方式获取的“小数初步认识”，这种认识是朴素的“生活数学”，教师在教学时必须关注“生活数学”向“学科数学”的转变。从数学的角度思考，我们可以用哪种学生能理解的方式对小数的产生做出解释？怎样通过建立模型帮助学生理解小数的意义？例如向学生提问“你能否画图表示0.3？”“0.2米究竟有多长？”等，以免学生学到的只是外在形式上的知识。这个模型应当避免学生只是简单地借用生活经验，还需要渗透“十进制”，即为什么要选择十分之几的分数，要让学生明白等分10份的好处，即可以“满十进一”，这样就与整数的计数方法统一起来了。学习的重点在于帮助学生理解一位小数的本质：一位小数只是十分之几的分数的一种表现形式。经过尝试得到下面的案例。

（1）结合情境，了解用十进分数计数的实际需求

师：小动物们在开运动会，正在进行吹气箱比赛。小老虎把挡板吹到了3，它的成绩可以用3记录。（如下图所示）

师：为了看得更清楚，我们来观察吹气箱的正面。（见下图）

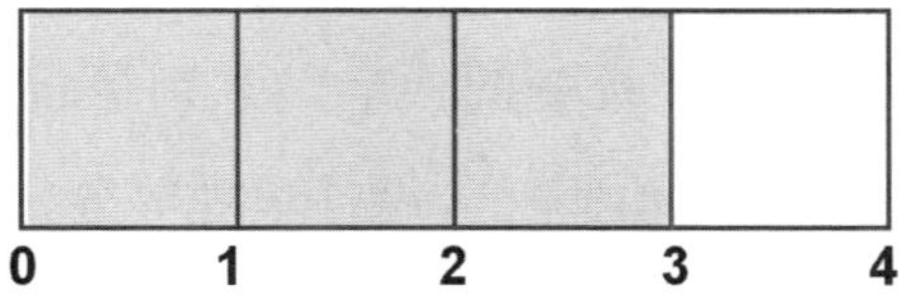

师：小狮子也来比赛，它的成绩用几记录呢？（见下图）

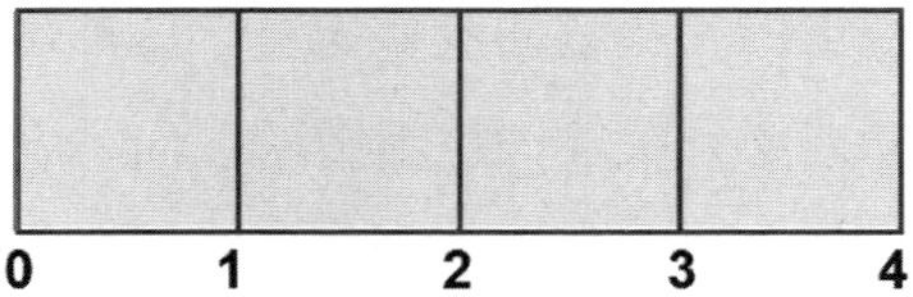

生：用4记录。

师：小狗也来吹气了，它的成绩呢？

生：用1记录。

师：像我们以前学过的表示物体个数的1、2、3……是自然数，0也是自然数，它们都是整数。小老鼠也参加了比赛，它的成绩还能用我们学过的整数记录吗？可以用我们学过的分数知识来解决。想一想，怎么办？（见下图）

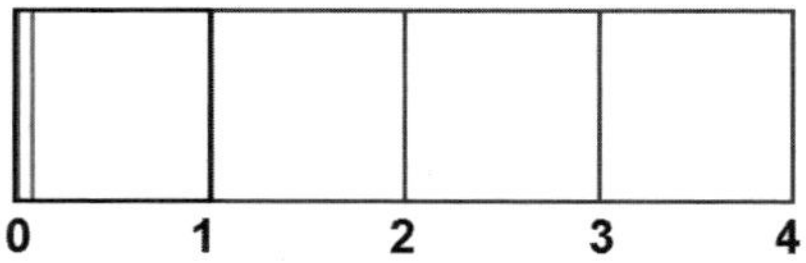

学生讨论。

生1：可以平均分成6份（同步用手比画）。

生2：我觉得平均分成8份刚刚好。

生3：我觉得应该平均分成10份。

师：你们刚才都估计了一下，有的同学还用手比画了，很有道理。如果小老鼠下一次吹到这呢？（指一个位置，稍做停顿给学生思考）同学们可以想象一下，如果根据小老鼠吹的不同位置，每次都要重新确定平均分的份数，方便吗？

生齐：不方便。

师：所以，为了有一个统一的标准，裁判员肯定有一个等分的固定分法，想知道平均分成几份吗？（课件呈现等分10份的方格图，见下图）为什么要平均分成10份，想知道吗？

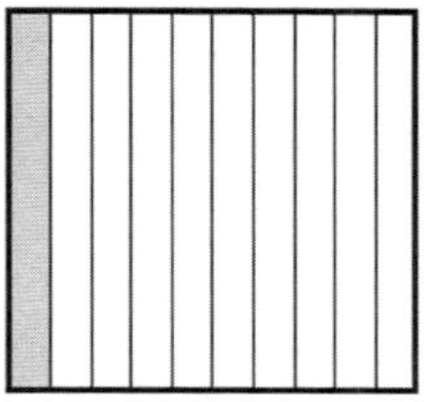

师：这个正方形图平均分成了10份，每份可以用分数十分之几表示？

师生齐：十分之一、十分之二、十分之三……十分之九、1（最后一格学生稍做犹豫，大部分人都说了1。）

师：你们有没有发现，10个十分之一正好就组成了几？

生齐：1。

师：所以人们在解决问题时就考虑等分成10份，正好也可以满十进一，这样就可以和整数满十进一的规则全部统一起来了。

（2）学习一位小数的意义

师：像十分之几这样经常要用到的分数，怎样才能在生活中用得更简单、更方便呢？数学家想出了办法。（出示课件）一个正方形平均分成10份，涂其中1份。

教师把$\frac{1}{10}$这个分数写成一个新的样子：0.1。

师：会读吗？

生读：零点一。

师：也就是把分数写成了什么？

生齐：小数。

师：0.1实际上就表示哪个分数？

生齐：$\frac{1}{10}$。

师：$\frac{1}{10}$就可以写成？

生齐：0.1。

师：所以小数实际上就是数学家为了让十分之几的分数在生活中用起来更方便，就把十分之几的分数写成了小数。（出示课件）一个正方形平均分成10份，涂其中2份。

师：十分之二你会用小数表示吗？

生：0.2。

教师出示表示十分之七的图。

师：请问现在是几分之几？（停顿2秒，学生纷纷举起了手。）

生：用分数是$\frac{7}{10}$，用小数是0.7。

师：如果想在图中表示0.9，请问要涂几格？

生：涂9格。

师：为什么？

生：涂9格就是$\frac{9}{10}$。

师：是啊，那么0.9的意思代表了哪个数？

生齐：$\frac{9}{10}$。

师：那当然要涂10份中的几份？

生齐：9份。

师：同学们，平时我们经常会用到整数来记录，但是有的时候无法用整数表示，这时我们可以用什么数表示呢？

生齐：分数。

师：为了和整数的规则统一起来，我们一般都是把它平均分成几份？

生齐：10份。

师：这样我们就可以得到分母是10的分数，也就是十分之几的分数，为了更方便地使用这样的分数，我们可以把它怎么处理呢？

生齐：写成小数。

师：所以要想小数的意思，咱们就可以想什么呢？

生齐：分数。

师：小兔子也来吹了。怎样记录小兔子的成绩呢？

生：要把第二个格子平均分成10份。

师：（出示课件，见下图）小兔子的成绩比1还多十分之一，用小数怎么表示？

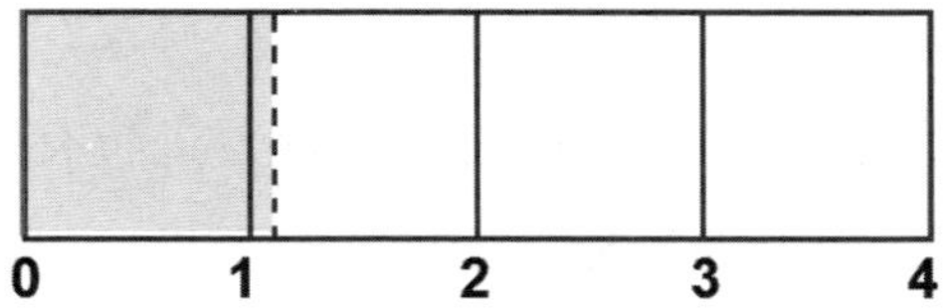

生：用小数表示是1.1。

师：同学们，这两个1的意思一样吗？

生齐：不一样。

师：谁来指着上图说一下两个1分别指的是哪儿？表示多少？

教师请一个学生上台来指。

生：左边的1就是1个1，右边的1是1个0.1。

师：假如是2.1，这个图应该怎么表示？

生：再画一个正方形，把它涂满。

师：如果是2.1，这里要有几个涂色的大正方形？（学生答2个。）这边应该有几小格？

生：1小格。

师：现在左边大正方形涂满，右边如果涂了2小格，用小数表示是多少？

生：1.2。

师：如果右边涂满3个小格，表示多少？

生齐：1.3。

教师接着往下涂，学生回答1.4、1.5、1.6、1.7、1.8、1.9、2。

师：我们发现又满十进一啦！看着这个图想一想，1.1比1多多少？

生：多0.1。

（3）在案例教学中发展学生的数感

发展数感要求学生能够在真实情境中理解数的意义，能用数表示物体的个数，初步感受数学表达的简洁与精确。教师教学中应当尽可能地将数学知识的来龙去脉向学生交代清楚，也就是要让学生理解为什么学，学了有什么用。

那么，如何才能让学生体会知识产生的必要性？这正是数学课创设情境的目的所在。好的情境必须能与学习内容进行有效结合，并且能在学生后续的学习活动中促进对数学的理解。如果仅起到敲门砖的作用，与例题之间没有关联，则该情境就不具备良好的应用价值。案例中通过吹气箱比赛的情境设计，逐步让学生体会到知识发展的脉络：整数—十分之几的分数—小数。在解决问题的过程中理解小数的意义，凸显学习小数的价值。

在课堂中，小数产生的过程与学生创造的过程是紧密关联的。当出现小老鼠的成绩如何记录这一问题时，学生通过自由思考等分的份数来解决问题。正如克鲁捷茨基表述的：就学生自己的主观方面来说，无疑是对某种新东西的发现、发明和独创的成就，在某种意义上说，这种活动正是数学创造能力的一部分。当学生意识到份数应该以一个统一的标准存在时，就能理解等分10份的合理性。这也正表明学生的数学学习是一个社会建构的过程，即任何个人的创造只有为数学共同体所接受才能真正成为数学的组成部分。所以，尽管学生接受了等分10份的事实，但这是以个体创造为基础的接受，更是一种群体的协调，这种协调正体现了在学生交流中，数学对象经由学习个体向学习共同体的转移。

数学课要有“数学味”。上述案例教学的重点在于沟通十分之几的分数与一位小数的关系，而不是简单的小数读、写法，要让学生明白，要知道一个一位小数的意思，就应通过十分之几的分数去理解。在案例中，这两者之间的联系又通过数形结合的方式得以展开，教师有效地运用了双重编码理论建立图形模型。一旦建立了一位小数与十分之几的分数的联系，教材中的例题也就自然成了小数在生活中实际应用的例子了。

2.认识“两位小数与三位小数”

有了认识一位小数的知识基础与学习经验，教师教学认识“两位小数与三位小数”时，宜将教学重心放在两位小数的认识上，这样可以类推到认识三位小数的学习过程当中。而两位小数的认识又是以一位小数的认识为基础的，教学时可以通过对一位小数的复习引入学习。例如教师可以提问“你能用图表示0.3吗？0.3这个小数表示什么意思？”等问题，得到学生反馈后可以再请学生自己想一个一位小数，并用图对其进行解释，引导学生归纳发现一位小数表示十分之几。

两位小数的认识可以在0.3这个小数的基础上增加一些阴影面积，请学生自主讨论应该用哪个小数表示？为什么这么想？三位小数的认识可以请学生借助已有的学习经验自主探究，教师需要提供相应的图例进一步明晰小数的意义。

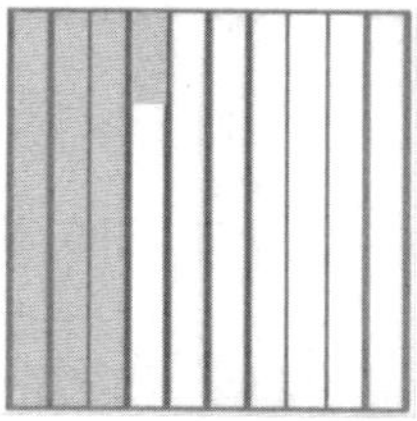

计算教学的常用方法

小学数学的课程内容是由“数与代数”“图形与几何”“统计与概率”“综合与实践”四个学习领域组成。其中，“数与代数”领域所占的比重较大，该领域的主题又分为“数与运算”和“数量关系”，掌握计算教学的常用方法就成为对小学数学教师的教学基本要求。

一、教师如何理解计算教学

《义务教育数学课程标准（2011年版）》中与计算教学相关的核心概念有数感和运算能力。数感主要是指关于数与数量、数量关系、运算结果估计等方面的感悟。建立数感有助于学生理解现实生活中数的意义，理解或表述具体情境中的数量关系。运算能力主要是指能够根据法则和运算律正确地进行运算的能力。培养运算能力有助于学生理解运算的算理，寻求合理简洁的运算途径解决问题。从上述描述可以看出，计算教学不单纯指向学生的计算技能。在《义务教育数学课程标准（2022年版）》中，对运算能力有了进一步的要求：能够明晰运算的对象和意义，理解算法与算理之间的关系；能够理解运算的问题，选择合理简洁的运算策略解决问题；能够通过运算促进数学推理能力的发展。

教师希望学生在学习计算的过程中通过情境发现问题，理解其中的数量关系，理解运算的算理，并且能够用合理的运算方法解决问题。由此，必须摆脱以单纯重复的计算技能训练为主的教学窠臼，要营造一个好的环境，在实际的情境中引出数学问题，全班同学思考解决问题所需要考虑的必要条件，再由教师提供或同学在生活中收集信息，学生通过自主探究与合作交流对问题进行解决，期间有表述、有提议、有争论、有验证，各种思想自由地表达，教师负责组织与引导，特别要关注学生从模糊到清晰、从不自觉到自觉的反思回顾。在解决该问题后，又由此引出相关的新问题，教师根据同学的学习基础确定下面的学习内容，学生课后继续收集、了解解决这个新问题所需的信息，并且在生活中寻求真实的信息以供课堂解决。如此不断进行下去，教师要做的是提供好的学习素材和学习环境，促进学生进行数学思考与交流，并及时总结归纳，在理解的基础上形成对问题解决的认识。课堂成为学生现实生活的延伸，是真正研究现实问题的学习场所，在这里学习的结果都能在实际生活中得到有效的应用。

所以，儿童的计算学习过程是根据现实情境发现问题并提出问题，提出关于解决问题的猜测进而自主探究尝试解决，通过交流与讨论，对结果进行验证与修正，最终形成算法并推广应用。这是一个学生实现再创造与数学化的过程，其中包含了丰富的数学实践，是培养学生掌握数学学习方法的良好途径。从这个角度认识计算教学，可以使我们的教学过程更加接近计算教学的真谛。

由此，我们可以理解课程改革以来，计算教学的一般教学方法所蕴含的教学意义，如下表所示：

教学过程	教学意义
创设情境	发现问题
启发学生思考如何解决问题	提出关于解决问题的猜测
算法多样化	自主探究、尝试解决
交流与讨论	理解算理
检验	验证与修正
适度优化	形成算法
解决问题	推广应用

任何改革都必须高度重视理念的更新，同样，教学方法的改革是需要以教学理念的变革为前提的，其中对数学教育功能的认识、教师的教学观与学生观是核心。但是我们又不能期待教学理念的变化会带来教学行为的正效应，毕竟将好的想法变成现实和想一个好想法是两回事。

有次区级赛课的课题是“分数除以整数”，教学重点是理解分数除以整数的计算法则并能正确计算，例题是“把$\frac{4}{5}$米平均分成2份，每份是多少米？”我们和参赛教师提出的要求是“教学要放”，“放”反映了对学生主体作用的一种追求，也是落实学生主体作用的具体方法。听了参赛教师的试教后我们感觉其“放得还不够”，却又不直接告知其如何才能“放”，毕竟磨课的过程就是教师自悟成长的过程。于是“怎样放”成为困扰教师的一大难题。在苦思冥想得不到答案的时候，参赛教师灵机一动：既然要放，何不去问问学生呢？真是山重水复疑无路，柳暗花明又一村！学生刚看到算式“$\frac{4}{5} \div 2$”就一口报出得数，所用的方法多为“$\frac{4 \div 2}{5}$”，还有人想到“$0.8 \div 2$”；接着再出“$\frac{4}{5} \div 3$”，学生又用

“$\frac{12}{15}\div 3$”顺利解决，还有人用“$0.8\div 3$”，得数用循环小数表示。找到了学生的一般算法，也发现学生还很难想到利用分数乘整数的倒数解决问题，又不能生硬地将这种方法教给学生，同时还要关注学生主体作用的发挥，让学生有探究学习的空间，于是将教学设计定位在以旧引新、自主探究、算法多元、体验比较、优化算法。重点考虑如何引导学生在学习过程中进行积极的认知参与和情感参与，从而培养学生利用旧知探求新知的方法和精神。在教学设计时，坚持从学生的已有基础出发，提供富有挑战性的，有利于学生进行观察、实验、猜测、推理、归纳的学习内容，以动手实践、自主探索与合作交流为主要的学习方式，教师的教学侧重点是组织和引导。力求学生能运用化归思想自主推导分数除以整数的计算方法，进一步体会化归思想在数学学习中的重要作用，并且有良好的情感体验。参赛教师的这一课例获得了成功，也为其日后的教学留下了非常重要的一项专业技能——学情调查方法。参赛教师事后突然发现，他所采用的学情调查不正与奥苏伯尔的观点吻合吗？原来在论文中出现多次的话——如果我不得不将所有的教育心理学原理还原为一句话的话，我将会说，影响学习的最重要因素是学生已经知道了什么——这么有用！

二、计算教学需要关注的问题

通过上述分析可以理解计算教学在促进儿童学习能力发展中所起的作用，下面进一步分析在计算教学过程中需要关注的一些问题。

1.如何理解计算教学中的情境创设

小学数学知识的呈现要避免过于抽象，要关注数学学习内容与学生的现实生活的联系，否则学生难以真正理解计算的现实意义，因为根据情境提出实际问题是理解运算意义的重要基础。这是计算教学中需要注意的，教学时应通过解决实际问题进一步培养学生的数感，增进学生对运算意义的理解，避免将运算与应用割裂开来。创设情境，由解决问题引入计算教学，可以帮助学生经历从具体到抽象的过程，理解计算的现实意义，学生根据情境提出实际问题是理解运算意义的重要基础。例如苏教版小学《数学二年级上册》有关乘法认识的教学，就需要引导学生观察情境图（见下图）提出问题：小兔子在哪里？哪位小朋友上台来指一指？小兔有几个2只？

通过相同加数的连加来学习乘法，有助于学生理解乘法运算的意义，并且在今后的类似情境中进行迁移而得以应用。现在老师们都在创设情境，却又出现了情境运用不当的情况。比如情境中的非数学因素过多，反而干扰了学生的学习活动。在创设情境时，关键要考虑情境是否能与数学内容紧密结合，能够凸显“数学味”，促进学生的数学学习。在这方面，教材为我们提供了较好的素材，以苏教版《数学三年级下册》“两位数乘整十数”为例。（见下图）

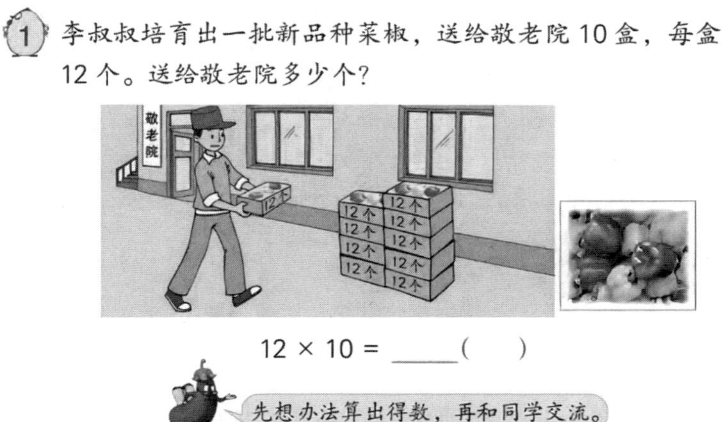

要解决“10箱一共有多少个彩椒”这个问题，必然引出“12 × 10”这一亟待解决的计算问题。“12 × 10”这个算式的结果究竟是多少，情境图充分关注到学生已有的生活经验和知识基础，学生通过对情境图不同角度的理解，可以想：①竖着看，用“12 × 5 × 2”；②横着看，用“12 × 2 × 5”；③已放好9箱，正在搬最后1箱，用“12 × 9+12”；④借助已有的学习经验，用“12 × 1”，再在积的末尾添1个0；⑤在每箱中先取10个，然后再取2个，即“10 × 10+2 × 10”。这样，教师就可以组织学生讨论“12 × 10”的结果究竟是多少，怎样算比较简便，以及为什么可以这样算。可以发现，情境不仅应该展示生活内容，而且应该是数学学习内容的载体；好的情境能激起学生学习的兴趣，凝聚学生的注意力；情境要能激活学生已有的知识基础和生活经验，促进学生进行探究活动，帮助学生顺利地进行同化；情境要能凸显数学学习的线索，能在学生探索知识的发生、发展的过程中发挥作用。

教师在创设情境的过程中，要注意从具体材料、具体动作入手，而不是从抽象语言入手进行教学。从平时的听课情况看，这是很多一线教师存在的认识误区，即“挂情境图=创设情境”。以苏教版《数学一年级上册》“连减”问题为例。（见下图）

教科书为教学提供了情境图。有的教师认为，学生和教师一样，也能很容易地把图画表象和抽象语言符号与现实客体联系起来，能依靠

图画表象和抽象语言符号对客体的关系进行认识，这是不符合实际情况的，许多教学失败的真正原因也就在此。有学生看图所想到的是“摘下3根，还有5根没有摘，一共有多少根”或者是“已经摘下3根，再摘1根后还剩4根，原来一共有多少根”，学生这样的理解方式与“连减”这一教学内容出现较大偏差的原因恰恰在于教师对情境图的不恰当使用。事实上，正如前面已经指出的，只有在学生对学习对象有了丰富的具体经验以后，学生才能对学习对象进行主动地、充分地理解，进而达到对知识及其关系的相应水平的认识。因此教师应把教科书中的静态图先还原为初始状态，即在丝瓜藤上有8根丝瓜，再呈现其变化过程，小朋友先摘下3根，又摘下1根，再提问能提出什么问题。所以对问题题意的理解过程是需要通过讲故事的方式进行的，需要有问题的现实背景才行。教学中教师通过具体的操作过程引导学生观察，也就是需要做到“静态图动态用”，从而让学生感知和理解图意并获得丰富的具体经验。

2.对计算教学中算法多样化的思考

算法多样化是学生进行自主探索、经历算法探索过程的成果呈现。探索是学生主体性发展的过程，意味着学生认识能力、情感体验、控制能力的提高。如果说情境起着激发学生的学习兴趣和探求问题的欲望，探索则体现了人独立思考的过程，具有浓重的个性学习色彩。算法多样化是学生个性差异发展的重要渠道。算法多样化是学生学习方式改善的必然结果。学生的学习不能再是单纯地依赖模仿与记忆，而要他们从自己的现实出发，主动地进行观察、实验、猜测、验证、推理、交流等有效的学习活动，由此得出有关数学结论。这种活动带有不同的个体体验，所以就会出现多种不同的算法。在这过程中，他们与教材及教师相互作用，形成数学知识和能力，发展情感态度，提升思维品质。

怎样才能实现有效的算法多样化呢？首先，学习素材应该是学生在自己的生活中熟悉的，能激发他们解决问题的愿望。苏教版教科书在学习素材的呈现上做出了精心安排，教师要将教材中的学习材料用生动、有趣的方式呈现给学生。其次，给学生探索的机会。教师要做的，是鼓励学生树立信心，在学生遇到困难时，教师可以用“你是不是可以通过操作学具得到问题的解答”类似这样的语言引导学生思考寻求解决问题的方法，而不是放任学生不管，从这一角度看，算法多样化也体现着社会化活动的成分。再次，要考虑估算在学生探究时的作用，将两者有机地结合起来，充分利用估算确定结果的大致范围，同时也为探究算法进行适当的前期准备。最后，要关注学生思维的发展，使学生不仅能探索出结果，更要关注算法的探索。教师要合理地组织探索过程，根据不同的学习内容安排相应的探索操作活动，通过行为操作、表象操作、符号操作实现从具体到抽象的心智活动，达到对算理的理解。

教师要组织学生进行广泛的交流。交流时引导学生探讨“怎样算”和“为什么这样算”，理解算法中的道理；要引导学生关注他人的算法，把学生间的交流与师生间的交流融合起来，丰富解决问题的视角，理解不同算法的道理，为算法比较做好准备。在算法多样化的交流过程中，教师需要组织学生关注不同算法中的联系，让学生学会通过比较，在异中求同，因为算法多样化并不是为了多样化而展现不同的方法，而是在个体探究的基础上，通过“求联”与“求同”，帮助学生深刻理解算理，以利于算法优化。因此关于算法多样化的交流与讨论，是算理理解的一个重要过程。

很多教师反映他们知道要让学生探究，要体现算法多样化，但是往往课堂过于开放，结果很难完成预定的教学任务。由此我们有必要考虑：在引导学生进行算法多样化的过程中，教师怎样才能做到收放自如呢？这需要教师对学生的学情具有比较充分的了解，只有知己知彼，方能从容应对。可以说，优秀教师对课堂教学的出色把控能力一方面来自对学情的精准把握和应对预设，一方面来自长期教学过程中教学经验的积累。以苏教版《数学五年级上册》“小数除以整数”为例，考察学生究竟会怎样探究，教师就可以通过课前的学情调查来了解。

问题情境：小明用11.4元买了3盒同样的酸奶，问每盒酸奶多少元。

学生提出的解题方法有：

①11.4元=114角，114 ÷ 3=38（角），38角=3.8元。

②将11.4乘以10得114，用114除以3得38，再用38除以10得3.8。

③用竖式计算会出现两种不同的情况，如下图所示：

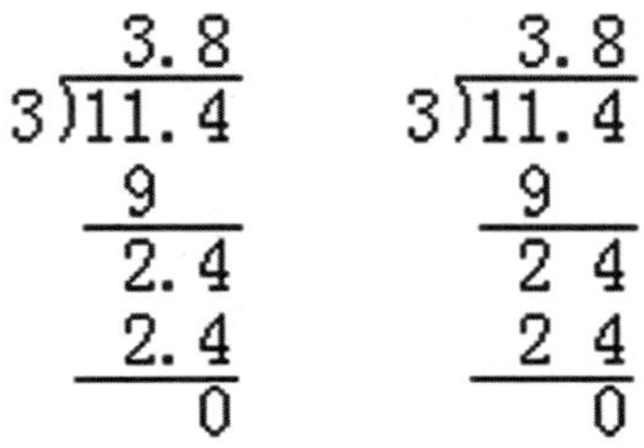

通过学情调查，不难发现学生计算出3.8并不困难，不过大部分学生都会选择用竖式计算，而在竖式计算中选择第一种竖式计算的又占多数。教师就可以将教学的重点放在引导学生讨论怎样进行竖式笔算和如何确定商的小数点的位置及其道理上面。教学片段如下：

师：比较这两个算式，哪里不同？

生：一个竖式中有小数点，一个竖式中没有小数点。

师：请问2.4表示多少？

生：11除以3余下的，应该是2.4元。

师：2.4除以3，你心中想成多少除以3？

生：24除以3。

师：24表示24个什么？

生：24角。

师：这样考虑可以吗？（学生答可以。）

师：请没有在竖式中点小数点的同学上来说一说，这个24表示什么？

生：就是24角。

师：计算到这一步，都需要用24角继续除以3，这两个竖式中的24都表示24角，哪一种比较科学一些呢？

生：第一种。

师：结果都是3.8，这里为什么要加小数点？

生：结果38是38角，因为要用元做单位，所以要加小数点。

教师带领学生进行验算，并继续引导学生思考：并不是所有的小数除法都与元、角、分有关，那么，小数的计数单位能否帮助我们理解竖式计算的道理呢？

当然，实际教学时也可能出现学情调查中未出现的情况，这就需要教师要有较高的数学素养和对学生的信任。需要注意的是，并非所有的计算教学内容都适合让学生进行探究学习，在让学生进行探索的教学情境中，不能包含太多的要求学生修正自己的认知结构以后才能获得的知识，否则学生或者意识不到问题的存在，或者被问题搞得不知所措。就像苏教版《数学二年级下册》的“隔位退位减”法，根据我们的学情调查，学生的解决方案有7种之多。解答正确的学生也有，但是总体来看数量较少。从学生的口述思路可以看出，不同的学生在解决该题时都自觉地调动了已有的知识基础和相应的解题经验进行了自我建构，尽管有的答案不正确，但是在他们看来都是合理的，这就说明该题的难度与学生现有的发展水平不匹配。在这种情况下，再盲目地要求学生进行探究学习来发现“隔位退位减”法的计算方法就显得不合适了。只有当教学情境中的问题的新奇性、差异性与学生现有发展水平相适应时，才能出现主动学习。

3.教师要培养学生进行检验的意识和习惯

很多学生习惯了解题，但是不习惯对解题结果进行验证。教师们大都遇到过学生交上来的作业本中出现“种了45.6棵树”这类荒诞的错误，而学生们往往对此类错误无动于衷。这与我们教学过程中对验算不恰当的教学法密切相关。通常，我们都是在学生已经掌握算法，能正确计算之后才要求学生对相应的式子进行验算，事实上，此时的验算已经成为一种摆设，学生往往不能正确地认识验算的作用，仅将其当作教师要求的一个过程而已，所以常常会出现当计算结果与验算结果不一致时，学生并未想到要对计算结果作出调整。我们认为验算应当在学生探究时发挥最有效的作用，因为此时虽然探究出了结果，但是结果是否正确尚不得知，只有通过验算才能知道探究结果是否正确。这正是高水平解题者与低水平解题者的一种重要区别，是学生元认知水平高低的一种具体体现。

验算的方法既可以利用运算间的关系，如利用差加减数等于被减数对减法进行验算，也可以考虑用计算器进行验算，如初学小数运算时，计算器的应用就可以成为验算的有效路径。在某些情况下，恰当的估算也是一种常用的验算方法。

4.加强对不同算法的体验，引导学生进行算法优化

学生自主探索找到的算法是学生的创造，是他们的学习成果，其中既包含着数学知识，还包含了宝贵的学习精神和态度。对学生算法的尊重，是教师引导学生进行算法优化时必须遵守的行为准则。要精心设计引导优化算法的教学过程，让各种算法在碰撞、争论、比较中显现各自的特点。优化算法的主体是学生，对好的算法，只有当个体有了充分的体验后，才会自觉自愿地去应用。体验的前提是理解各种算法的算理，对算理的理解是算法优化的重要基础。

算法优化的方式可以是体验不同算法，进行自主选择，进而优化算法；也可以在同类问题的纵深发展过程中优化算法。下面以苏教版《数学六年级上册》“分数除以整数”的教学片段为例进行说明。

教师引导学生思考“$\frac{1}{5}\div 3$”如何计算——

师：你能将“$\frac{1}{5}\div 3$”转化成已经掌握的分数除法吗？小组讨论并将讨论结果记录下来。

小组汇报。

生1：$\frac{1}{5}\div 3=\frac{3}{15}\div 3=\frac{1}{15}$

生2：$\frac{1}{5}\div 3=(\frac{1}{5}\times 5)\div(3\times 5)=1\div 15=\frac{1}{15}$

生3：$\frac{1}{5}\div 3=(\frac{1}{5}\times\frac{1}{3})\div(3\times\frac{1}{3})=\frac{1}{5}\times\frac{1}{3}\div 1=\frac{1}{15}$

生4：我是用画图的方法得到结果的，先画出长方形的$\frac{1}{5}$，再平均分成3份，就是长方形的$\frac{1}{15}$。

师：你们能归纳一下小组讨论出来的分数除以整数的计算方法吗？

生1：先将分子和分母同时扩大相同的倍数，使除数能整除分子，再用前面的方法计算。

生2：利用商不变的性质，将分数除以整数转化成1除以一个数，再计算。

生3：利用商不变的性质，将分数除以整数转化成一个分数除以1，再计算。

生4：画图的方法容易懂，就是有的时候比较麻烦。

师：观察第三种方法——

$\frac{1}{5}\div 3=(\frac{1}{5}\times\frac{1}{3})\div(3\times\frac{1}{3})=\frac{1}{5}\times\frac{1}{3}\div 1=\frac{1}{15}$

这个计算过程还可以更简洁些，你们能看出来吗？

生：计算过程中的除以1可以省略，因为任何数除以1结果还是任何数。

师：（板书）$\frac{1}{5}\div 3=(\frac{1}{5}\times\frac{1}{3})\div(3\times\frac{1}{3})=\frac{1}{5}\times\frac{1}{3}=\frac{1}{15}$

师：观察“$\frac{1}{5}\div 3=\frac{1}{5}\times\frac{1}{3}$”，你们能说一说发现了什么吗？

生1：我发现分数除以整数，等于分数乘以整数的倒数。

生2：我觉得他讲得太烦琐了，我有一个好记的方法，只要四个字就够了，即“化除为乘”。

生3：我还有补充，我觉得这里的除数必须不等于0，所以应该说分数除以整数（0除外），等于分数乘以整数的倒数。

师：刚才小组讨论时，每组用一种方法计算了“$\frac{1}{5}\div 3$”，现在你们能用其他的方法计算一下吗？你们认为哪种方法最好？为什么？

生1：我喜欢用分数乘以整数的倒数这种方法，计算起来比较方便。

生2：如果分子正好是除数的倍数，我喜欢用分子除以整数的商作为分子、分母不变的方法。

师：请大家用自己喜欢的方法计算“$\frac{11}{15}\div 13$”。

等学生做完后再次组织交流，学生发现用分数乘以除数的倒数比较好算。

师：如果请你选择一种方法作为分数除以整数的计算法则向其他班级的同学介绍，你觉得介绍哪一种方法好？为什么？

生：我觉得分数乘以整数的倒数这种方法好，不仅计算简便，而且适用于所有的分数除以一个不是0的整数的题目。

师：你的意思就是说这种方法在计算分数除以整数时具有普遍性，是吗？对其他的计算方法，你有什么观点要说吗？

生：当分子能被整数整除时，可以直接用分子除以整数的商作为分子、分母不变的方法计算。（王凌《关于数学教育若干重要问题的探讨》）

在进行算法优化的过程中要避免教师主导功能过强，宜采用简单化的方式要求学生运用某种方法进行计算。算法优化的主体是学生，正如生活中常说的“鞋子合不合脚，只有脚知道”，因此教师不应越俎代庖。在给多届骨干教师培训的经历中，笔者曾对500多位骨干教师进行过访谈：如果你去一个陌生的地方，在没有导航的情况下，你自己通过问路终于到达目的地，后来别人告诉你还有条近路，那么，你第二次去这个地方，你会走自己问路得到的路线，还是走别人告诉你的近路？几乎所有人的回答都是走自己问出的路。这从一个侧面反映了为什么教师组织学生就一个错误进行反复订正，结果这个错误还是会在学生的解题过程中反复出现。解决的方法是什么？带着你去走一次近路，点明过程中的重要参照物（例如这儿是一个邮局），并且请你自己体会两次所走路线的不同。因此教师需要组织学生对多样化算法进行交流、尝试与比较，交流是为了理解不同的方法，尝试是积累用不同方法解决问题的体验与感悟，比较则是让学生自主选择方法达成优化的目的。切勿简单地强令学生选择某种方法，例如有的教师明确要求学生在口算加法时必须从个位加起，利用笔算的方法进行口算。事实上心理学家有过研究发现，口算加法从低位加起，或从高位加起，无论从方法的优越程度还是口算的速度方面，均没有明显差异。在这种情况下，教师就应当允许学生使用自己喜欢的方法进行口算。教师也应避免对算法优化采用一种绝对化的态度，忽视算法的辩证性，以及算法中的教育功能，导致学生丧失选择的能力。

5.练习巩固，掌握算法，初步形成技能

张孝达先生在《理解知识，训练技能，发展能力，培养态度》中指出："初中数学尤其是代数中的技术性知识占有重要的地位，比如有理数运算法则，整式四则运算法则、解方程步骤、各种图形、画图、证题基本方法等，这些知识必须转化变成技能，否则这些知识既不能巩固，也不能应用；也只有在这些知识转变成技能后，其他的知识如有理数的性质、运算定律，方程同解原理和图形性质等才变得有用；也只有在前面知识转变成技能后，才能比较容易理解新知识，比如推导一元二次方程的解的公式，就要有整式运算包括因式分解、分式和根式运算等一系列基本技能，其中任何一个技能不过关，就会使推导产生困难。数学技能的重要性，越是在基础部分越是显著。所以，初中数学教学一定要重视基本技能的训练。"这个道理对小学阶段的计算教学同样适用，如对乘法口诀的学习就是一个典型的例子，如果技能不过关，那么后续学习就会困难重重。

计算技能的发展阶段是：①步步有据、运算准确；②准确迅速地运算；③善于观察分析、筛选方法、灵活运算。

在计算教学的新授课中，教师应避免过于追求计算的速度，而应关注学生在计算过程中对算理的理解，即引导学生思考：这样算的道理是什么？这样的计算题，它的计算方法是什么？在计算的练习课与复习课中，教师应关注学生的计算技能的培养和计算素质的提高。教师尤其要关注提高学生灵活计算的水平，笔者曾经请部分六年级同学计算"0.625×0.625"，有许多同学仍然选择用小数乘法解决问题，反映出学生在算法选择上过于机械。

在计算练习的过程中，教师要避免练习形式单调的问题，尽可能地让计算的技能训练富有趣味，这关键还是在于调动学生的积极性，可以考虑从改变呈现形式、设计数学游戏、关注学科整合等方面入手。在考虑趣味时，教师关注的中心仍然应该是其中的"数学味"。在学生感受趣味、体验快乐的过程中，促进学生思考，在思考中品味数学的内在魅力，这应该成为数学教师的教学追求。例如对于乘法口诀的复习，教师就可以通过"数字火车"的游戏组织教学，先出示第一节火车车厢上的数字，再出示第二节火车车厢上的数。（见下图）

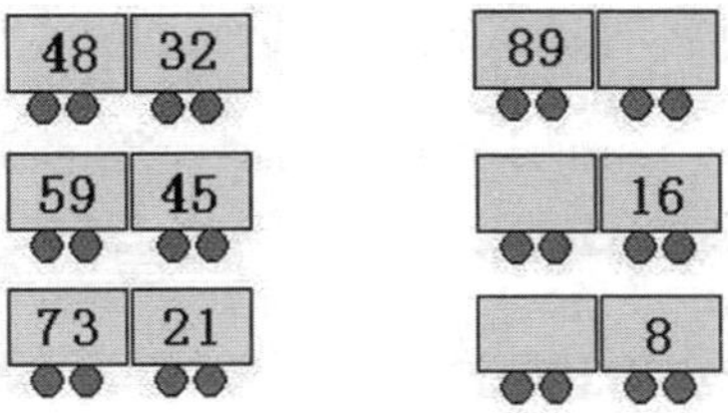

学生经过观察，很快发现第一节车厢上的两个数相乘得到第二节车厢上的数，应用的方法就是乘法口诀。接下来，教师就可以安排以下设计：

①给出前一节车厢上的数，想后一节车厢上的数；

②给出后一节车厢上的数，想前一节车厢上的数，如果后一节车厢上是16，那么前一节车厢上可以是44、28、82；

③给出第一节车厢上的数，排出后面所有车厢上的数，如果第一节车厢上是89，那么后面依次是72、14、4；

④给出最后一节车厢上的数，想象完整的火车车厢可能是怎样的，这时答案就是不唯一的了，需要学生能有序地进行思考。

6.正视学生计算过程中的错误

我们在教学实践中经常会发现一些学生在计算上存在失误，把这些做错的题目收集起来，分析其原因：有的学生是没有养成良好的学习习惯，有的是口算不过关，有的是没有掌握计算法则，有的没有牢固掌握运算顺序及运算定律，等等。所以不能认为计算错误都是由学生粗心造成的，教师必须分析产生错误的原因，以利于指导计算教学。

（1）视觉负迁移造成的错误

一些学生计算时注意力不集中，急于求成，造成观察不仔细、视觉表象模糊，导致了对数字、运算符号等的感知错误，如把10.78抄成0.78，把“3+3”看成“3×3”等，从而造成错误。

（2）强信息干扰造成的错误

强信息会在大脑中留下深刻印象，当遇到与强信息相似的外来信息时，原有的强信息痕迹便被激活，干扰正常的思维活动。如“25×4=100”是一个强信息，很多同学在计算“24×5”时受到干扰而出现错误；再如“4.3×5.4+4.3×3.6”这类题在提取公有因数后，其余两数相加一般是10或100，这是一个强信息，受其干扰，有的同学把这道题算成“4.3×5.4+4.3×3.6=4.3×（5.4+3.6）=4.3×10=43”。

（3）基础知识、基本技能方面的缺陷所引起的失误

对于小学数学中的概念、性质、公式、法则、定律等基础知识，学生只有在真正理解、牢固掌握的前提下，才能正确、灵活地加以应用，提高计算能力。有的同学对乘法分配律不能正确理解和灵活运用，于是就把“53×23+47×23”误算成“（53+47）×23×23”或“（53+47）×（23+23）”；有的同学则因为口算不过关、计算方法不明确，这些基本

的技能没有形成，也是计算失误的重要原因。

有些计算失分是受到知识缺陷的影响而造成的。例如计算整数加、减分数的计算，由于教材中完全没有涉及，教师也没有补充，很多学生只会将整数化为假分数进行计算，如“$13-\frac{11}{12}=\frac{156}{12}-\frac{1}{12}=\frac{155}{12}$”，很容易算错。从这个角度看，在小学阶段，完全不教带分数的相关计算是不可取的。教师可以适当地开展关于带分数加、减法的教学，对于计算过程中的道理，学生也很容易与小数加、减法的道理进行关联。

针对这些错误原因，教师在教学中应采取行之有效的方法进行纠正。首先，加强针对性练习的对比学习，排除强信息产生的干扰，如“24×5”和“25×4”、“$100\div25\times4$”和“$100\div(25\times4)$”。其次，加强口算练习，初步形成熟练的口算技能和技巧。对一些易错题应进行反复口算，如“$1-0.01$”“24×5”、0.2^2等；对一些技巧性口算，如“$5\times8\div5\times8$”“$7.2+3.8-7.2+3.8$”“$48\times34\div34$”“$51\times37\times0$”等，也要不时地进行训练。再次，牢固掌握基础知识，并能正确、灵活地运用。为使学生牢固掌握基础知识，必须帮助学生形成正确、完整、清晰的概念，如小数加法的数位对齐和小数乘法的末位对齐有什么联系、为什么整数减法中借一当十等。只有概念清晰，计算正确才有保证。在理解的基础上灵活地运用基础知识，如思考“$485\div25\div4$”“$3.8\times62+138\times3.8$”怎样算比较简便，从而培养学生的计算能力。最后，帮助学生端正学习态度，严肃认真地对待计算。要经常对学生进行教育，使他们意识到计算是一项十分细致的工作，来不得半点马虎，必须端正态度，一丝不苟地对待数学学习。同时，要有意识地培养学生养成良好的学习习惯，教会他们认真审题，对题目进行全面的观察，准确了解每一个数据和运算符号。例如刚开始教学四则混合运算时，我们会要求学生每一次计算必须在题中划出先算的一步，然后再计算，如下所示：

$(23+\underline{48\div3})\div13$

$=(\underline{23+16})\div13$

$=39\div13$

$=3$

针对学生草稿不整洁、杂乱、字迹潦草等情况，我们规定个别差错率较高的同学把草稿写在作业本上。每页练习纸左边做习题，右边打草稿，格式如下：

$45\times12-175$	45	540
$=540-175$	$\underline{\times12}$	$\underline{-175}$
$=365$	90	365
	$\underline{45}$	
	540	

这样有利于学生克服观察不细致的弊病，防止学生急于求成、忙中出错，改正不认真、散漫所造成的感知错误。

三、对学习过程的启示

如果教师采用恰当的教学方法，数学学习必然会使学生经历一个自主建构的过程。这其中包含了丰富的数学实践，计算教学的理想境界并不囿于关注知识与技能，也并不止步于关注引导学生探究、体现个性发展下的共性学习，而是在此基础上促进学生在自主学习能力上的进一步发展。回顾计算教学的一般过程，我们经历的是发现问题、拟定计划、实施计划、检验修正、推广应用，而这与学生今后在生活、工作中解决问题的过程具有高度的相似性。无论从事何种行业，都可以为解决不同的问题提供一个思维的模式。所以在教学中，我们可以将这种充满“数学味”的解决问题的方式在学生面前展现得更明确些。

教师在教学中不仅要帮助学生解决问题，求得结果，了解到这节课学习了什么、有哪些收获，更重要的是让学生了解我们是用什么方法来解决问题的，即经历了哪些过程才学到这些知识。教师如果能经常性地组织学生对解决问题的过程与策略进行反思，必然能够促进学生自身学习能力的发展。

重视培养学生的估算能力

数学教学要发展学生对数学学习的情感，除了在情境化和趣味性上下功夫之外，让学生体会数学的学科价值是更深层和更稳定的路径，让学生体会数学与生活的联系，在解决问题的过程中感受数学的作用，在此期间常常需要用到精算与估算。估算是解决实际问题常用且有效的策略与方法，学生在利用估算解决问题时，需要在具体情境中利用已有的知识和经验去把握数的大小关系，并且选择恰当的运算方法去解决问题。所以，教师不能简单地将估算作为精算的补充，也不能简单地将估算视作一种程序性算法。根据董奇、张红川的研究，精算能力与估算能力是个体计算能力的两种基本形式，利用估算能力，个体可以节约认知步骤、提高问题解决的效率、估计结果的合理性与正确性，从而形成恰当的认知决策，因此在日常生活中使用较为频繁，具有很强的实用性。（董奇、张红川《估算能力与精算能力：脑与认知科学的研究成果及其对数学教育的启示》）

一、估算教学的现状描述与分析

教师目前的教学现状是怎样的呢？是否对估算在解决问题的过程中有足够的重视？是否掌握将估算与教学内容整合的方法并提升教学能力？我们可以从教师的教学片段去观察教学现状。F老师是一名认真负责的年轻教师，重视学生“双基”的训练。下面是她执教苏教版《数学四年级下册》乘法单元“三位数乘两位数”的片段——

师：请同学们完成第2页第5题（内容见下），得数直接写在书上。

21 × 4	60 × 9	43 × 2	12 × 40
21 × 40	600 × 8	20 × 34	70 × 20
210 × 4	60 × 50	3 × 230	3 × 900

学生完成后核对结果。

教师出示“144 × 5”和“44 × 15”，指出这是过去学过的乘法，请同学们做在练习本上。做完后，教师根据学生“44 × 15”的竖式提问：220是怎么来的？竖式中的44表示多少？660是怎么得来的？

教师继续出示例题：月星小区有15幢楼，平均每幢楼住144户，那么月星小区一共住了多少户？请学生说出题中的信息并求得结果。

师：今天我们学习三位数乘两位数。“144 × 15”怎样计算呢？自己在练习本上试一试。

学生独立进行练习，教师请某学生上台板演。

师：你说一说是怎样算的？

生：先用“144 × 5=720”，再用144乘以十位的1得1440，然后相加。

师：720是怎样算出来的？1440是怎样算出来的？2160呢？

生：144乘以5得到720，144乘以十位的1得到1440，然后把720和1440相加得2160。

师：同桌互相说一说是怎样算的，想一想计算时要注意什么。

接下来，教师要求学生完成相应的计算练习，练习多数是以技能训练为主。

从以上教学片段中可知，教师还没有将估算水平的发展与学生解决问题能力的发展结合起来，因此，在教学中如果有关于估算的教学例题，教师才会安排相应的教学活动，教师是孤立地将估算教学内容作为数学知识点进行教学的。《义务教育数学课程标准（2011年版）》指出：在生活情境中感受大数的意义，并能进行估算。所以教师要重视联系生活实际，在探究和解决问题中合理估算，并选择合适的算法去发展学生的能力。

估算也关系到学生元认知能力的发展。元认知能力是指在解决问题的过程中的自我监控与调整能力，如对解题过程合理性的判断、对结果的自觉检验、对完整解题过程的回顾等。学生的计算往往只聚焦于获得计算结果，不考虑是否正确。这是因为在长期的学习生活中，我们的教学方式带给学生的观念是学生需要完成教师布置的任务，但是结果正确与否，教师会做出判断。因此，教师必须关注和培养学生自我描述获取结果的过程并能对结果的合理性作出解释的能力。只有如此，学生才会关注思路是否合理，而不是将数学简单地处理成题目中数据的混合运算。改变这样的现状，首先是需要进一步发挥学生的主体性，让学生意识到自己是学习的主人；其次是培养其责任意识，需要对自己的行为负责，包括解题结果；最后是需要关注并培养学生的自我监控能力，在这方面，估算毫无疑义是一种重要的方法。

估算有其特性。单纯的估算并无太大的意义，除了起到训练估算的技巧、形成估算技能之外，并不能让学生感受到估算的作用。因此，估算的学习必须把握的基本原则是将估算与解决问题紧密地联系起来，与生活实际联系起来，让学生感受估算的应用价值。正如单墫教授所说，在游泳中学习游泳，我们要达成的是在解决问题中合理地运用估算。墨菲发现学生能通过系统的教学获得估算技能，经历过估算技能教学和实践的学生比没有接受这种教育的学生估算能力更强。（陈丽兰《小学四~六年级儿童估算策略选择的干预研究》）我们可以先安排一定的估算技能训练，但是必须及时地将其与问题解决结合起来。就估算水平的发展来看，随着学生能力的发展，也会有不同的估算方法。学生最常用的估算方法是凑整，即将接近整十、整百等的数看作整十、整百等这样的数去进行运算。在学习小数后，也可以运用凑整的方法将一个小数看作整数，如“192 ÷ 3.2”，就可以将3.2看成3进行试商，这就利用了凑整方法。随着估算能力的发展，学生在估算时会用到确定结果范围和补偿的方法，如苏教版小学《数学三年级下册》第33页例题：我家有42头奶牛，一头奶牛一天大约可挤奶29千克，照这样算，家里的奶牛一天大约可挤奶多少千克？教材给出的估算方法中就蕴含了相应的估算策略：①估计得数比800多；②估计得数比1500少；③估计得数在1200左右。（王凌《估算要求的变化及教材编写分析》）更进一步，还有转换的估算方法，如将“38+42+43+39+37+44”转换成“40×6”去估算结果。以上这些估算方法是需要教师有层次、有步骤地组织学生学习的。需要关注的是，教师在组织学生学习估算时，尤其是当学生掌握了不同的估算方法后，要引导学生对估算的结果进行分析和调整，其目的一方面是引导学生回顾估算的过程与方法，积累估算经验；另一方面是对结果的合理性进行解释，并且通过对不同估算方法的比较，调整估算方法，使之更加合理。

二、在数学教学中融入估算

1.估算可以用于引入数学问题

教师可以对例题进行加工，将题目中确定的信息加工为不确定信息，这样增加了问题的开放性和层次性，从而更好地吸引学生参与到问题的讨论之中。下面以苏教版小学《数学二年级下册》“两位数加两位数的口算”为例进行说明。

师：同学们在超市买过东西吗？我们生活中买很多东西时都是准确地算出结果吗？比如一种商品价格是29元，你会怎么看？

生：把29看成30。

教师出示课件，玩具汽车和火车的价格见下图。

2□元　　3□元

师：两种玩具各买1个，可能付多少元？

生：有可能是五十几元。

师：有可能是60多元吗？为什么？

生：有可能，如果个位相加进位就是60多。

师：能举个例子吗？

生：比如“28+39”就是60多。

师：那什么时候是60多呢？

生：当个位相加出现进位时，结果就是60多。

师：结果有可能是70多吗？

生：不可能，因为十位2加3等于5，个位就算是9加9，最多只能向十位进1，也才是68。

师：那什么时候是50多呢？

生：个位相加不进位的时候。

师：看来两位数加两位数的口算可以分成个位进位和不进位两种情况。像二十几加三十几的和就可能是50多，也可能是60多。顾客买东西可以估算，但是谁是不能估算的？（学生答营业员。）所以生活中的口算会根据数量的多少或者是不同的职业特点，有可能是估算，也可能是精确计算。如果要精算出结果，必须知道商品的价钱。你能说说两种商品可能的价格吗？

生：汽车的价钱可以是20元到29元，火车价钱可以是30元到39元。

师：能说一个和是五十几的例子吗？（学生答“21+31”。）和是六十几的？（学生答“25+36”。）再想一个难些的。（学生答“29+39”。）

接下来，教师用学生提供的算式作为例题继续开展教学。

2.自主探究时可以利用估算确定结果范围

计算教学中常常会请学生自主探究，要使探究活动有意义，必须让学生形成对探究结果自觉进行检验与解释的习惯。学生在判断计算结果正误的过程中，不仅要运用估算方法，而且要感受到估算对笔算的监控作用。正如郑毓信教授所言：“我们未必一定等到专门讲‘估算’时才去进行估算，而应将这一活动渗透于平时的学习活动之中。”（王林等《小学数学课程标准研究与实践》）在实际教学中我们可以灵活处理，既可以先估算再笔算，也可以先笔算再估算，通常以先估算再笔算为多，应用估算检验笔算，有助于学生形成检验的习惯。下面，以苏教版小学《数学五年级上册》“小数乘小数”为例进行说明。

师：（出示情境图）小明家搬进新房了，这是新房的平面图，从图中你能知道哪些信息？又能提出哪些数学问题呢？在小组中互相说一说。

学生讨论后反馈。（略）

师：“3.6×2.8”的积大约是多少呢？谁能将自己的想法说一说？

生1：可以把“3.6×2.8”想成“4×3”，所以结果大约是12，不过应该比12小，因为4比3.6大，3也比2.8大。

生2：如果把2.8当成3，3.6也当成3，结果是9，感觉结果应该比9大。

生3：把2.8看成3是可以的，但是把3.6看成3，相差有些远了，如果想成“3.5×3”，结果应该和10接近。

师：同学们说的有道理，通过我们的估算，我们可以确认的是结果应该比12小，还有的同学估算结果比9大或者是与10接近。那么结果究竟是多少呢？我们可以自己去试算，然后再和估算的结果比较。

3.估算中可以蕴含计算方法

估算也可以为新知的计算方法提供必要的思路指引，通过估算可以帮助学生更好地探究新知的结果。下面，以苏教版《数学五年级上册》“小数除以整数”为例进行说明。

教师出示情境图，图中的信息是“买4盒牛奶一共6.8元”。

师：图中有哪些数学信息？你能提出什么数学问题呢？

生：4盒牛奶一共6.8元，可以求1盒牛奶多少元。

师：如果我有2元钱，也想买一盒牛奶，够不够呢？

生：够。

师：你是怎么想的？

生：因为6.8除以4结果是1元多。

师：怎么算出1元多一些的？

生：它是6元多，如果只用6元除以4，商是1元多一点。

师：答对了。只要用几除以4就可以估算出商大约是多少？

生齐：6。

师：只要用6除以4，我们就可以估算出每盒牛奶大约是1元多。到底是1元多多少呢？还需要精确计算“6.8 ÷ 4”的商是多少。

在上述教学片段中，估算首先可以帮助学生初步感受先用小数的整数部分除以整数的计算次序；其次能大致估计商的近似值，有利于学生理解商的小数点与被除数的小数点对齐的道理；最后，利用估算还可以引出“计算准确值”的话题，进而引出后面的教学过程。

4.联系实际开展估算，发展数据处理能力

现代社会充满着大量的数据，合理地处理数据是对数据进行分析的前提。数据的处理过程往往会用到数据的分段整理、估计与估算，该过程有利于学生体会数据分析的价值，发展数据处理能力。苏教版小学《数学三年级下册》乘法单元的例题（见下图）就将数据获取与分析、选择算法（估算）以解决实际问题整合起来，帮助学生更深刻地体验估算的作用与价值。

2 王大伯把去年收获的蒜头装在同样大的袋子里，一共装了60袋。为了估算总产量，他从中任意抽出5袋称一称，结果如下表：

第一袋	第二袋	第三袋	第四袋	第五袋
28千克	31千克	31千克	29千克	33千克

你会估算王大伯去年大约一共收获蒜头多少千克吗？

教师引导学生发现这5袋蒜头都差不多重，有些比30千克轻，有些比30千克重，但是都比较接近30千克，所以可以将这些数看成是30，那么王大伯去年大约一共收获的蒜头重量就可以用“30×60”来进行计算了。这是以生活中的实际问题为背景的例题，并且所用的估算方法可以顺利地迁移到类似场景中去解决相关问题。

5.练习设计关注估算与解决问题的融合

将估算与日常教学相结合，常用的方式就是在练习设计中合理地安排估算，发展学生的估算能力。下面，以苏教版小学《数学三年级上册》第一单元“两、三位数乘一位数”中“整百数乘一位数的口算”教学为例进行说明。

在完成教材中的练习后，教师出示自编习题。

师：王叔叔加工检测零件，1小时加工检测203个，每天工作8个小时，大约检测多少个零件？这个题目中哪个词引起了你的关注？

生：“大约”。

师：“大约”这个词你们懂吗？

生：就是指这个数大约是多少，比如203大约就是200多。

师：这个“大约”与咱们生活当中常说的“差不多”“接近”“左

右”意思是一样的。咱们来想一个问题，如果要考虑王叔叔1天大约加工检测多少个零件，需要计算出准确加工的零件数吗？

生：不需要。

师：那这里的203咱们就能想成多少呢？

生：200。

师：那么，要想得出王叔叔大约加工检测多少个零件，只要想几乘几？

生：8×200=1600。

师：解决这个问题给我们带来的启发是什么？（停顿）我们前面做的题目中的数值正好都是多少？

生：整百数。

师：但是生活中会有那么多正好是整百数的情况出现吗？

生：不会。

师：商场里面卖衣服打折最容易出现这种情况，衣服打折后价格是199元或299元等，这时要估算需要花多少钱，你会用299去乘吗？

生：没必要，只要把299想成300即可。

师：我们下面就先估一估。第一题“48×5”，大约得多少？

生：大约是250，把48想成50，但是积比250要小。

师：“397×3”估算积大约是多少？

生：1200。把397想成400，积比1200小。

师：“510×7”会估算吗？

生：把510想成500，积大约是3500，正确的积要比3500要大。

师：好，下面就用估算来解决问题。（出示题）小朋友秋游，门票每张8元，小朋友一共去了290人，老师带了2500元，钱够吗？

生：够。因为290接近300，8×300=2400，2400小于2500，且实际的钱还不到2400，所以绝对够。

师：（出示下图）公园的环湖小路大约长多少米？

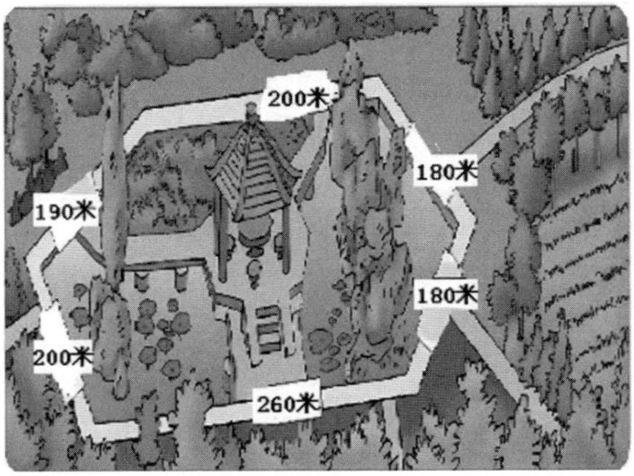

学生讨论。

生1：1300。把180和190都想成200，260想成300。

生2：算出5个200就是1000，后面不用再估计，直接是1260。

生3：还可以估算是1200。因为180和190都比200少，想成200就多算了，260比200多60，可以补给多算的部分，所以估1200也是可以的。

师：下课后同学们继续算一算，再商量一下，看看哪种估算的方法得到的结果最接近答案。

厘清认识，发展运算能力

“理论和计算是数学的两条腿，每种数学理论都有它的计算问题，每个计算问题当然也离不开计算的对象。随着数学对象及其计算的发展，数学领域也不断地扩张。”（胡作玄《数学是什么》）运算能力一直作为小学数学的核心课程内容，运算能力不仅是“数与代数”的核心内容，也与其他领域中的数学问题紧密联系，是解决问题的基本方式。可以说，运算能力是小学数学最基础的关键能力。没有运算能力，数学学习就无从谈起。

那么，数学教学中如何发展学生的运算能力？让我们先从一道题谈起。（见下表）

	甲班	乙班	丙班
全班人数	50	49	49
得优人数	8	7	8

（　　）班优分率最高。

如果让数学教师解决这个问题，普遍的做法是先观察数据，不难发现3个班的班级人数接近，得优的人数也接近，显然可以直接进行比较。

方法1：因为$8 \div 49 > 8 \div 50 > 7 \div 49$，所以丙班优分率最高。

方法2：因为$8 \div 49 > 8 \div 50$，$8 \div 49 > 7 \div 49$，所以丙班优分率最高。

学生的解题情况是否和教师的一致？我们选择了六年级的一个班进行了测试。全班36人中有34人都分别计算出3个班的优分率，再比较大小。仅2人采用方法2来比较大小。访谈学生发现，他们是一看到“优分率”，就想到要计算优分率。这不禁引发我们思考：教学是在训练学生的程序性运算技能，还是在发展他们的运算能力？

在《义务教育数学课程标准（2022年版）》中，运算能力主要是指根据法则和运算律正确地进行运算的能力：能够明晰运算的对象和意义，理解算法与算理之间的关系；能够理解运算的问题，选择合理简洁的运算策略解决问题；能够通过运算促进数学推理能力的发展。运算能力有助于形成规范化思考问题的品质，养成一丝不苟、严谨求实的科学态度。

事实上，根据运算律正确运算不能简单地理解为按简便计算的要求进行运算，而是能够自觉地根据数据特征选择方法进行运算，这反映出的是关于运算方法选择的策略水平。因此，能根据法则进行正确的计算，仅可以视作具有相应的运算技能，而运算能力则与影响完成运算活动效率的个性心理特征有关。

美国加州国立大学吴仲和博士对491名六年级学生进行了计算能力调查，测试工具是涉及整数、小数、分数四则运算的7道一步计算的试题，吴博士要求学生计算这些题，并在理解的基础上建立自己的模型图来解释算理，再用所给试题创设一个现实生活的情景。调查的结果显示，学生的计算正确率明显高于他们对数学概念理解程度和在实际生活中的应用程度。因此，计算教学必须要会计算、会解释、会运用。现阶段大部分小学生的运算水平囿于运用计算法则进行正确计算，还没有达到利用数学模型解释算理，以及根据数据特点和解决问题的需要灵活地选择运算方法的层次。

一、运算教学的问题分析

学生运算水平的发展与教师教学存在密切关系。反思目前的运算教学，主要有以下几个方面的问题。

第一，教师主要关注获得计算程序，忽视对运算模型的建构。很多教学过程看似重视对算理的理解，但却往往只停留在表面——或者缺少学生的主动建构，或者以教师灌输式的引导为主。下面，以苏教版《数学三年级下册》第一单元“两位数乘两位数的笔算”为例讨论分析。（见下图）

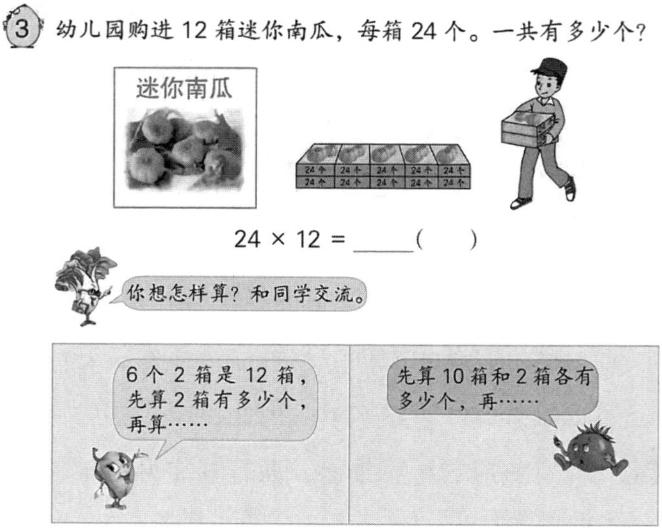

教师通常会根据教材提供的教学线索引导学生用学过的数学知识探究“24×12”的计算结果，可以将12分解成“2×6”，这种方法称为

"拆积"；也可以将12分解成"10+2"，这种方法称为"拆和"。两种计算方法都可以用点子图表示。（见下图）

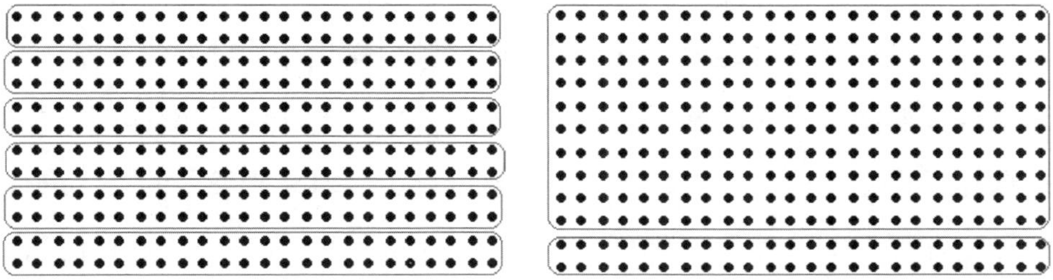

在探究计算结果之后，教师就会教学两位数乘两位数的竖式计算方法。这样的教学活动割裂了探究活动与竖式计算规则之间的联系，学生不能深层次地理解竖式计算方法的合理性。如果就学生的探究活动继续下去，是不是还可以引导学生进一步思考：12还可以怎样拆？学生不难发现还可以拆成"3×4""9+3"等多种形式，此时学生未必在算法优化的过程中选择"24×2+24×10"的计算方法。教师可以继续让学生探究：如果计算"23×17"该怎样算？通过比较，学生感悟到虽然拆的方法是多样的，但是将17拆成"10+7"再计算是最方便的，从而真正明白两位数乘两位数的笔算算理和竖式计算方法的普适性。

第二，将运算能力与计算技能混为一谈，忽视发展计算策略。在学生获得计算法则之后，教师通常是通过纯技能的训练提高学生计算的熟练程度，而对发展学生的运算能力重视不足。计算技能是运算能力的重要组成部分，计算技能的发展也是循序渐进的，教师需要了解计算技能发展的不同阶段要求。从学生学习的角度看，计算技能的发展大致可以划分为3个不同的层次：在学习新知识时，能做到步步有据，可以准确描述每步计算的意义；掌握计算法则后能通过练习，达到正确、熟练地根据法则进行计算的程度；在日常练习中，通过对不同运算试题求解过程的感悟发展数感，在与同伴交流和教师指导下丰富计算方法，最终达到能根据数据特点灵活地选择合适的计算方法进行计算的程度。

仍以上述“两位数乘两位数的笔算”为例，在学习新知识时，学生需要理解竖式计算的算理，能合理地解释每步计算的意义，并能用相应的模型进行解释；掌握两位数乘两位数的计算法则后，通过练习应该达到正确、熟练计算的要求；通过对不同试题多样化计算过程的交流，达到根据数据特点灵活选择方法进行计算的水平。若计算“26×47”，可以选择竖式计算；计算“24×15”，就可以用“24×5×3”的方法进行计算；计算“24×99”，就可以用“24×100－24”的方法进行计算；等等。只有当学生摆脱单一的竖式计算方法，能灵活地选择算法进行计算并能给出合理解释时，才形成真正意义上的运算能力。（见下图教学环节①）要达到这样的要求，教师必须在日常教学过程中时刻关注发展学生的运算能力，适时地组织学生开展对同一试题不同计算方法进行讨论，让学生浸润在算法多样化与优化的过程之中，不断地通过对解题活动的反思最终发展运算能力。（见下图教学环节②）

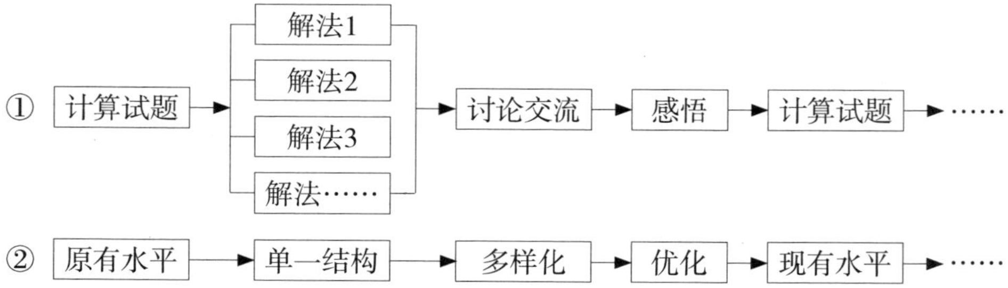

第三，人为割裂口算、估算、笔算三者之间的关系。教师只是将口算作为计算的基本技能训练，忽视口算试题内隐的与估算的联系，不利于发展学生的数感。教师在解决问题的过程中忽视引导学生根据情境选择口算、估算或者笔算的方法解决问题。教师普遍对于估算的作用认识不到位，将估算视为计算教学的“点缀”。认知发展心理学的有关研究表明，在儿童计算能力的发展过程中，估算能力的发展要相对早于精算能力，表现为以估算能力为主逐渐向以精算能力为主过渡的发展模式。估算作为运算能力的重要组成部分，不仅表现在对计算结果的监测上，也表现在对具体问题的求解过程中。《美国学校数学教育的原则和标准》指出，特定问题和情境以及涉及的数据，都会影响学生的选择。学生应该先衡量问题情境，再决定给出估计即可，还是需要给出精准的答案。

尽管教材在例题教学中精心安排了估算练习，但在实际教学中，一旦归纳出相应的计算法则进入练习阶段，就难以再看到估算的身影了。

二、运算能力的基本构成

发展运算能力是小学数学教学的重要目标。运算能力由口算、笔算和估算等方面的能力构成。教师需要厘清口算、估算、笔算的教学要求，深刻理解并把握不同计算方式是教学的关键。

1.口算能力

《义务教育数学课程标准（2022年版）》要求：能熟练口算20以内数的加减法和表内乘除法，能口算简单的百以内的加减法。日常教学中，对于得数是百以内的一位数乘除两位数的口算也需要进行练习。口算的熟练程度是关键，要让学生快速准确地进行口算并能有效地应用。口算能力的形成需要重视以下几个方面的问题。

第一，口算方法的个性化与多样化。引导学生用个性化的方法进行口算，在交流中丰富多样化的口算路径，发展思维的灵活性，进一步发展学生的数感。朱莉娅·安吉莱瑞发现“教会学生如何找出数字之间的联系成为数学教学的当务之急”（朱莉娅·安吉莱瑞《如何培养学生的数感》）。例如48，不仅是“40+8”，也是“50－2”和24的2倍；又如“$8\times\frac{1}{4}$，”不仅是8个$\frac{1}{4}$，也是“$8\div4$”。对于“29+29”的计算，学生原来只囿于自己的口算方法，通过交流后能认识到不同的口算方法，从而丰富对口算的认识，解法思路有多种：①20+29=49，49+9=58；②20+20=40，9+9=18，40+18=58；③30+29=59，59－1=58；④30+30=60，60－2=58；⑤25+25=50，4+4=8，50+8=58。在后续的口算中，学生可能仍然选用自己熟悉的方法，也可能会对不同方法进行比较和优选。因此，教师应该积极地鼓励学生用不同的方法进行口算。

第二，开展必要的口算方法指导。其一，通过题组训练，对易混的口算进行比较。例如“24×5”和“25×4”、“16×5”和“15×6”。其二，联系概念，理解算式意义。例如0.5^2和“0.5×2”。其三，对强信息干扰式题的指导。例如“2×3÷2×3”“75+25×2”。

第三，关注并强化口算试题的内在联系。避免孤立地进行纯技能口算，需要将有联系的试题联结起来，发现不同口算试题之间的关联，从而提高能力，发展数感。（见下图所示关系网）

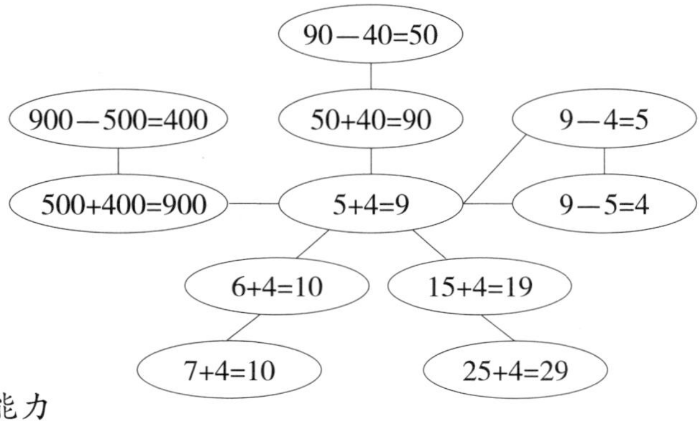

2.估算能力

儿童计算能力的发展，是估算能力在精确化、程序化的演进中，逐步过渡为精算能力，并进一步促进原有估算能力发展的过程。董奇教授在《估算能力与精算能力：脑与认知科学的研究成果及其对数学教育的启示》中指出：估算能力与精算能力是个体计算能力的两种基本形式，……估算能力则指个体在利用一些估算策略的基础上，通过观察、比较、判断、推理等认知过程，获得一种概略化结果的能力。

教师必须了解常用的估算策略，并且在教学中逐渐地发展学生估算能力的策略。常用的估算策略有：①将接近整十、整百的数进行凑整（四舍五入），如将“98+46”看作“100+46”或“100+50”进行计算；②利用数据特征进行估算，如计算“127×8”时可以借助“125×8=1000”进行估算；③往大估或者往小估，即将算式中的某数放大或缩小，估算计算结果，如“49人去公园，门票每张8元，400元够吗”；④结合往大估和往小估以确定计算结果的范围，如“35×29”的结果比“30×20”大、比“40×30”小；⑤对计算结果进行补偿，如计算“48+50+49+53+52”可以将其看作“50×5”估算，并且有些数比50小，有些比50大，可以将比50多出的部分补偿给比50少的部分；⑥可以选取部分数值进行估算，例如估算下图中环湖小路一共多少米，就有多种估算方法（可以将数凑整估算为“200×5+300”；可以利用补偿策略将其估算为“200×6”；也可以选取部分数估算，将5条小路长度看作200，再加260米，估算其长度为1260米）。

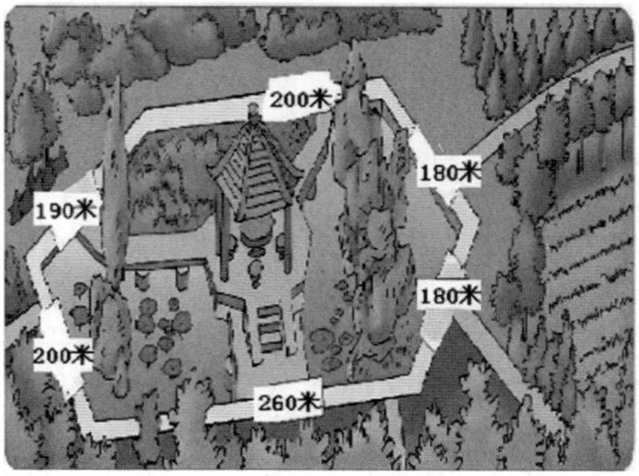

教师教学时还可以适度开展估算的技能训练。例如：“51×7”的结果接近多少？实际结果和估算结果比，偏大还是偏小？

结合问题情境，开展有意义的估算活动。聂艳军老师认为，完整的估算活动，应该是一个融入现实情境、激发学生的估算需求，继而根据数据进行便捷性运算并最终根据运算结果加以判断作出结论的过程。估算活动一般要经历三个阶段：第一阶段，理解题意，情境驱动估算意识；第二阶段，选择所需信息，用合适的策略进行粗略计算；第三阶段，根据运算结果和情境目标指向进行推理判断，得出结论。（聂艳军《估算的内涵及其教学表现》）教学的关键是让学生结合情境理解所求问题的要求：如果解决问题不需要准确结果，那么合理的估算就够了；如果问题需要精确结果，那么估算结果只能监测结果的合理性而不能作为问题的求解；如果解决问题既可以通过精算解决，也可以通过估算解决，就需要学生根据学习经验自主选择解题方法。例如：甲、乙两城之间的公路长360千米，小王自己驾车从甲城去乙城，出发前他去加油站加满了一箱油，当行了200千米时他看了一下油表，发现油箱里的油还剩下$\frac{2}{5}$，如果中途不加油，他能驾车到达乙城吗？同时，教师可以在具体情境中适度提高对估算精度的要求。例如：每张电影票45元，买39张电影票大约准备多少元？三年级阶段可以用“50×40”进行估算，五年级阶段则可以用“45×40”进行估算。

良好的口算技能是估算的前提保障，教师可以结合笔算教学适时开展估算，以便检验笔算结果正确与否。

3.笔算能力

理解算理、掌握算法是形成笔算能力的两翼。理解算理、掌握算法意味着不仅要知道该怎么计算，而且还要明白为什么要这样计算，即要在理解算理的基础上掌握算法。因此，笔算的熟练程度与算理和算法两者是否达成平衡有关。脱离算理，仅依赖机械记忆、强化练习获得的计算方法往往会出现结构性的错误；反之，理解算理，但没有形成计算技能，又会影响问题的解决。（王林等《小学数学课程标准研究与实践》）不过，尽管算理与算法的重要性在教师中已经达成共识，但在实际教学中还存在对算理重视不足、片面强调算法的现象，毕竟学生只要掌握算法就能进行计算。因此，教学中如何实施，以帮助学生达成对算理的理解，对教师来说是十分需要的。

（1）通过操作活动理解算理的方法

通过操作活动理解算理是在中、低年级开展计算教学过程中较为常用的方法。下面，我们结合教学案例分析来介绍通过操作活动帮助学生理解算理的教学方法——

郑老师是工作3年的新教师，以下是她教学苏教版《数学一年级下册》第六单元“两位数加一位数（进位）”的教学片段。

师：（出示下图）要计算“24+6”是多少，我们可以摆小棒来计算。请小朋友先摆出24根小棒，再摆出6根小棒。（稍做停顿，等待学生摆小棒）摆好了吗？看一看一共是多少？

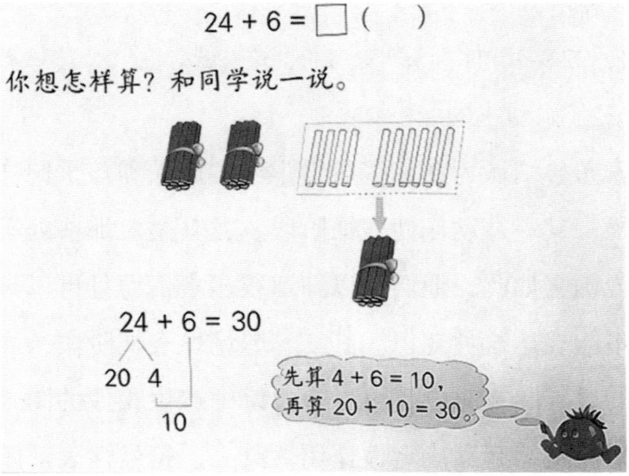

生：一共是30根小棒。

师：你是怎么算的呢？

生：4根小棒和6根小棒加起来是10根，10加20等于30。

师：（出示下图）我们可以先将4根和6根合起来，就是10根，也就是1个10，再和20相加就是30。谁再说一说“24+6”先算什么，再算什么？

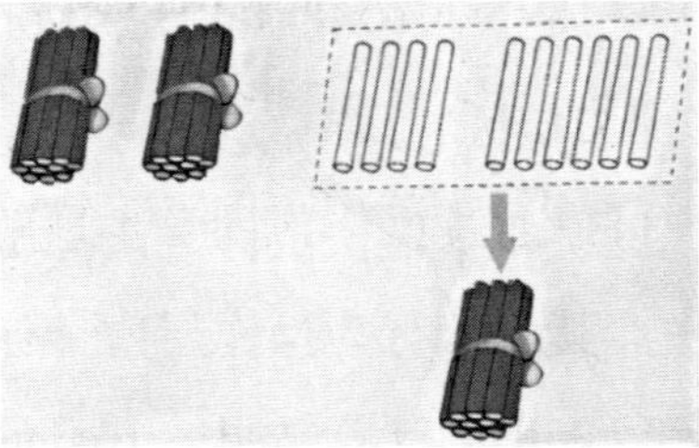

生：先把4根小棒和6根小棒合起来是10根，再算10加20等于30。

师：是的，我们可以先算“4+6=10”，再算“20+10=30”。（如下图所示）

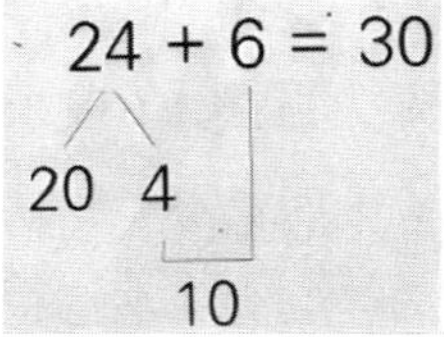

师：那么“24+9”你会算吗？自己试一试。

…………

心理学家布鲁纳认为在某些数学学习中成人和孩子同样都要经历三个主要的阶段。其一，动作性表征阶段，尤其是对那些处于感知运动阶段的儿童来说确实如此，他们可以知道很多事情而且可以做许多相应的活动，但却不能表达这种知识。其二，映像性表征阶段，当儿童能够形成具体物体的思维图式时，就可以在思维中产生相像的图式，在这个阶段，视觉和知觉组织起到决定性作用。其三，符号性表征阶段，儿童可以在思维中对抽象的符号进行操作。（J. L. Martin《教与学的新方法·数学》）在计算教学中（尤其是在低年级阶段），我们常常观察到这样的现象：仅凭算式学生难以独立完成抽象的符号计算，在教师的提示下虽然可以借助学具操作获取计算结果，但是仅仅停留在具体操作层面，还不能根据操作活动获取相应的计算方法。也就是说，学生还难以实现从具体操作向符号操作的转换。这样的学习状态与布鲁纳所描述的三个阶段具有相通之处，那么，是否可以借鉴理论得到一种帮助学生理解算理、抽象算法的一般教学方法呢？

经过实践我们发现可以通过操作帮助学生理解算理、抽象算法。操作分为三个不同的层次。其一，行为操作层次，通常是指学生通过操作学具（如摆小棒、圆片等）得到计算结果，其目的是通过行为操作，以直观的方法获得计算经验和计算结果。当学生进入中年级之后，因为已经有了相应的操作经验，根据图像进行操作活动（例如将4捆小棒平均分成两份，学生就可以看图想象操作，而不必摆小棒操作），这也可以看成是行为操作。其二，表象操作层次，是指学生在脑中将行为操作的过程像放电影似的进行回放，其目的是通过表象操作，压缩无关信息，提炼计算过程，感受计算方法，逐步从具体走向抽象。其三，符号操作层次，是指借鉴行为操作和表象操作对抽象的算式进行演算，其目的是通过符号操作，归纳计算方法，理解算理的形成。以上三个层次当中，行为操作是基础，是学生获取直接经验的重要渠道。表象操作是沟通行为操作与符号操作的桥梁，是特别重要的一个环节，此时视觉和知觉组织起决定性作用。从信息论的角度看，知识的获得与信息的获得及加工有关。知觉是对于外部事物的整体性反映，这包括了对感觉信息的加工，是一个依赖于已有知识和经验对感觉信息作出解释从而使之产生组织和意义的过程。（郑毓信《数学教育哲学》）如果说前两个操作层次的主要功能是理解算理，那么符号操作的主要作用则是抽象算法。符号操作层次需要教师引导学生回顾前两个层次的操作活动，在“明理”的基础上将具体操作反映在算式中，以符号操作的方式进行表征，并且用数学语言进行描述，抽象出计算方法。在这里，从实物到算式是“形式化”的过程，从算式运算返回到实物解释是“寻找意义”的过程。“数学化”就是在具体、半具体、半抽象、抽象之间的铺排，是穿行于实物与算式之间的形式化过渡。（顾泠沅《教学改革的行动与诠释》）

在郑老师的教学片段中，尽管有操作，但是数量不足。因为感性材料或感性经验是影响概念学习的重要因素，感性材料和感性经验的数量太少，学生对概念的感知不充分，对掌握概念所必需的经验不能建立起来。（曹才翰，章建跃《数学教育心理学》）没有表象操作，学生缺少对于直接经验的心理加工过程，直接跳跃到符号操作层面，学习效果可想而知。在和郑老师交流之后，郑老师重新进行了教学设计，实际教学也取得了很好的效果。下面是调整后的教学片段。

师：“24+6”是多少呢？请同学们用小棒摆一摆、算一算，边摆边说是怎么算的。（学生操作。）同学们算好了吗？

生：等于30。

师：谁上台来摆一摆、说一说。

某学生上台用教具摆出下图。

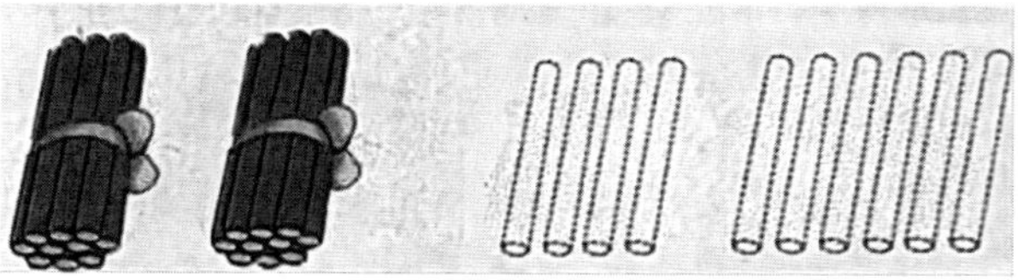

生：先算“4+6=10”，再算“20+10=30”。

师：像他这样算的同学请举手。（观看反馈情况）同桌互相说一说先算什么，再算什么。

师：哪位同学可以上台在图中将先算的部分圈起来？

某学生上台操作，将4根与6根圈起来。

师：（边说边在图中贴上一捆小棒）先算“4+6=10”，再算“20+10=30”。同学们自己看图，一边圈一边完整地说一说。

师：24的十位上是2，现在的得数是30，十位的2怎么变成了3呢？

生：因为“4+6=10”，所以“20+10=30”。

师：下面我们不摆小棒了，大家通过看图想一想先算什么，看看能不能算出来。（见下图）

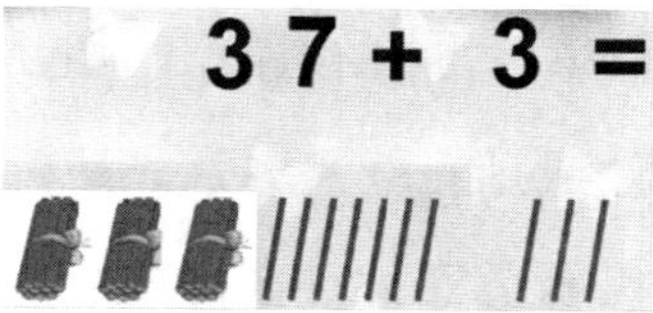

生：先算“7+3=10”，再算“30+10=40”。

教师根据学生的口答同步演示课件。（见下图）

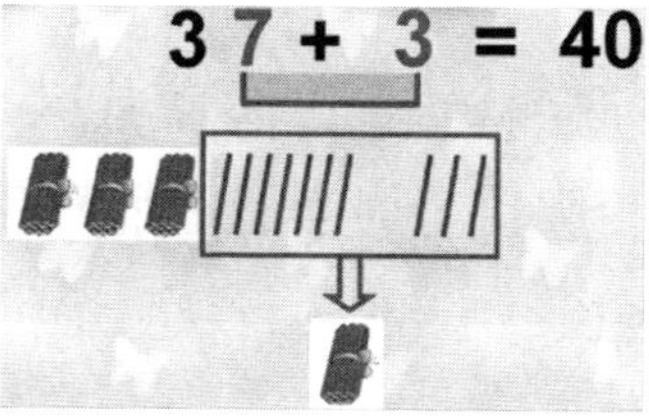

师：（出示下图）请同桌互说一说是怎样算的。

生：先算“2+8=10”，再算“60+10=70”。

教师根据学生的口答同步演示课件。（见下图）

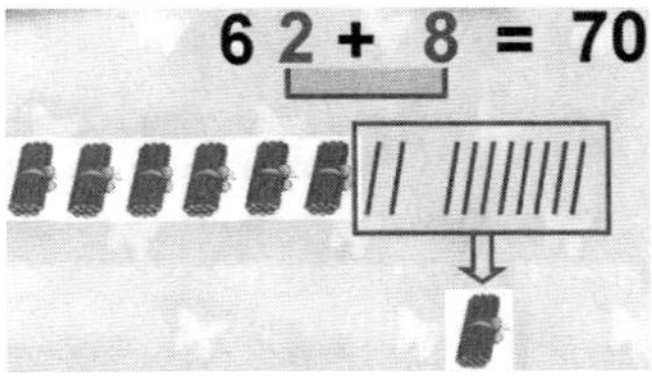

教师出示下图，请学生计算。

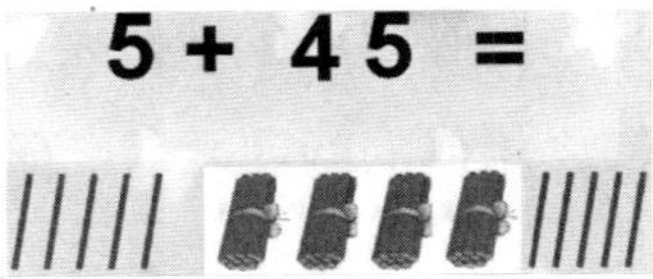

生：先算“5+5=10”，再算“10+40=50”。

教师直接出示算式“9+21”，请学生口答，学生顺利完成。教师将刚才计算的5道算式集中呈现出来，请学生想一想都是先算什么，再算什么。学生口答后，教师出示算式“24+9”，请学生自己解答。

可以发现，调整后的教学设计首先安排了学生的行为操作，通过摆小棒计算“24+6”的结果，在这一过程中，教师要引导学生思考怎样算来明确计算方法，所以核心问题是“先算什么，再算什么”，以此帮助学生厘清计算过程；再请学生上台圈出先算的部分，让思维过程直观化，并请学生自己在书上圈一圈、说一说内化计算过程；接下来，不摆小棒了，而是通过看图计算“37+3”“62+8”，进一步固化计算过程，以脑中的表象操作为主，这是从具体的行为操作向半具体的看图想象过渡；当计算“5+45”时，图中已经不再出现“5+5”的色框线，这是从半具体向半抽象过渡，最后过渡到“9+21”的符号操作阶段。上述教学思路，由于有了“24+6”的行为操作作为理解算理的基础，结合课件图直观地演示了思维过程，从而有了足够数量的计算来固化计算方法，学生经历了“内化—压缩”的思维过程，对于两位数加一位数的进位加法的计算方法最终有了清晰的认识。

在中、低年级的计算教学中（尤其在低年级），操作活动是一种帮助学生理解算理、形成算法的常用教学方法。本文中的教学案例是将5道同类的算式计算作为一个整体例题，引领学生经历了“行为操作—表象操作—符号操作”的全过程。在这个过程中，行为操作是为了帮助学生获取直接经验，因此通常只需要操作一次就可以了。表象操作是整个过程中非常重要的一个环节，从上面的案例可以看出，在经历了“24+6”的操作活动之后，首先是看图回忆“24+6”的计算过程，唤醒操作经验，后面的相关习题都是采用看图想象操作完成的，并不需要再次摆放小棒，在反复通过看图解决相似的问题之后，学生逐渐获取了两位数加一位数的计算方法。教师在教学中实施表象操作这个环节往往并不是只用一个例子，而是通过一组例子（通常在3个例子左右）帮助学生感受计算过程中的共性，教师需要在逐一呈现相关习题并请学生自行解决的过程中不断地提出核心问题，以帮助学生感悟计算方法。在上述案例中，核心问题就是“先算什么”，学生在不断解决问题的过程中思考“先算什么”，而“先算什么”就构成了两位数加一位数的计算方法的核心基础。为避免同一组例子在教学过程中简单地重复，教师需要注意变化：一是习题形式的变化，在上述案例中，从“24+6”到“5+45”，就是一种变化；二是教学组织形式的变化，可以将点名回答、同桌互说、上台演示等多种组织形式组合运用。当一组习题全部完成之后，教师需要将它们集中呈现，让学生再次回顾过程，进行比较，从而发现计算过程中的相同点。在这个基础上，发展到符号操作阶段就水到渠成了，学生可以通过感悟算法对算式进行演算，并用语言表述相应的计算方法。这个教学环节可以用下图表示：

行为操作 → 表象操作1 / 表象操作2 / 表象操作3 → 符号操作

当然，针对不同的教学内容，具体的操作方法也不是一成不变的，有时可以通过一个例题为主完成操作的三个阶段，有时也可以将同类的计算问题先强化行为操作，然后再选择其中的部分算式进行表象操作，最后选择一个算式进行符号操作，其他的算式可以作为同步练习的材料。所以说教有法而无定法，想要运用得当，还需要我们在日常的教学中多实践、多反思，达到运用之妙，存乎一心。

（2）通过旧知理解算理的方法

对于新知与旧知存在较强关联的计算教学内容，教师教学时要善于把握新旧知识之间的联系，因为从认知的角度看，数学学习过程是数学认知结构的不断建构（或组织与重新组织）过程。以苏教版《数学三年级上册》“两、三位数乘一位数的笔算”教学为例说明。（见下图）

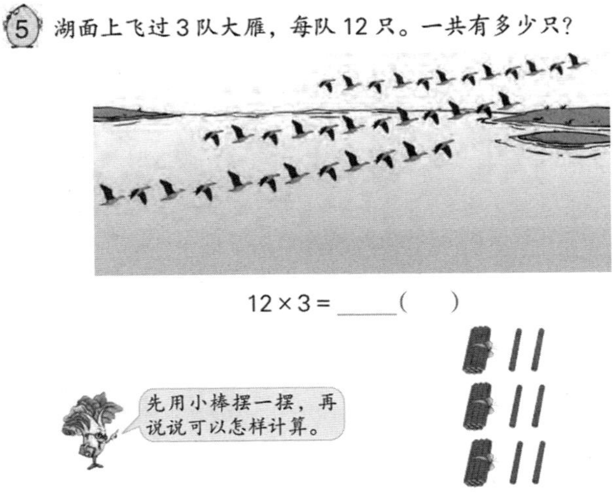

学生往往在笔算“12 × 3”时会引发争论：究竟是从个位乘起还是从十位乘起？以学生现有的知识水平和解题经验去讨论这一问题，两种观点自然是难分高下。教材编写中已考虑了“12+12+12”的连加算法，教师教学时不妨将3个12连加的竖式计算过程与“12 × 3”的竖式计算过程进行联系，让学生体会“12×3”的竖式计算就是解决3个12连加的竖式计算，因此两者的计算方法应该也是有联系的。在计算3个12连加的过程中，从个位算起，也就是先算3个2连加，再算十位3个1连加，那么这个计算过程在乘法竖式中又是怎样的呢？通过讨论不难从连加竖式的计算方法推导出两位数乘一位数的计算法则。

（3）通过建立模型理解算理的方法

教师要引导学生学会合理地解释自己的探究过程，并尝试用不同的方法说理，比较常用的教学方法是通过几何直观的方式去建构数学模型。教师在教学中不能囿于学生探究出相应的结论或计算结果，而应进一步发展学生“讲理”的意识与能力。学生对“理”的建构过程正是将新的概念与已有的知识和经验建立联系的过程，缺少讲“理”的数学教学，新知与原有的认知结构很难建立有效的连接，新知也很难在解决综合问题时被有效地调用，而且会影响学生的学习信念。下面以苏教版《数学三年级下册》“混合运算”为例说明。（见下图）

（1）小军买3本笔记本和1个书包，一共用去多少元？

要求一共用去多少元，先要算3本笔记本多少元。

5 × 3 = 15(元)

15 + 20 = 35(元)

5 × 3 + 20

= ____ + ____

= ____(　　)

把两道算式合在一起列成综合算式，你会算吗？

答：一共用去____元。

为什么要按照先乘除后加减的运算顺序进行计算？这就既要考虑调用学生的生活经验，同时也需要从数学的角度帮助学生理解先算乘法的合理性。将算式先还原成最初的状态，写成加法连加的形式是“20+5+5+5”，或者是“5+5+5+20”，从算式简洁的角度联系乘法的意义理解，可以将3个5连加写成“3×5”，“3×5”表示的就是3个5连加的部分，那么在“20+3×5”或者“3×5+20”中，“3×5”都是一个整体，如果先算加法就与算式的意义相悖，因此无论算式怎样写，都要先算乘法，再算加法。（如下图所示）

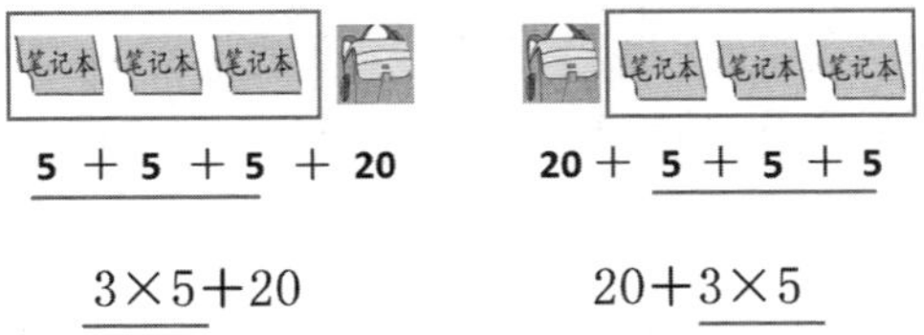

类似的，在计算“0.3×0.2”“30×20”时，我们也可以用相应的模型解释计算的道理。0.3表示十分之三，0.2表示十分之二，相乘时先算“3×2”，所得的6表示的是6个百分之一。30表示3个10，20表示2个10，相乘时先算“3×2”，所得的6表示6个100。（如下图所示）

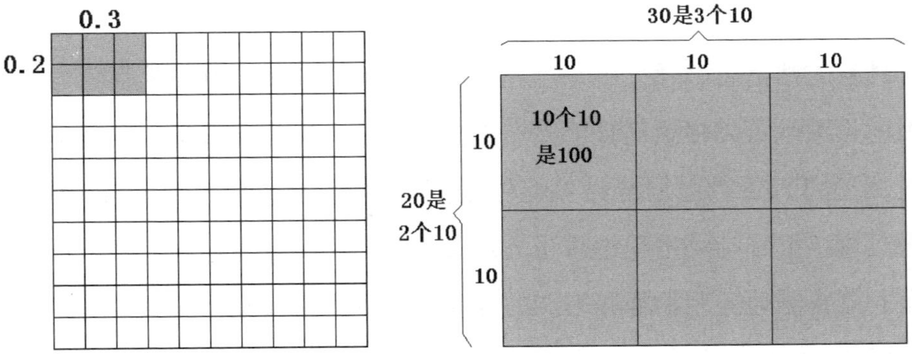

（4）通过推理理解算理的方法

这种方法是小学高年级计算教学常用的理解算理的教学方法。学生已经有了相应的数学知识，也有较为丰富的数学活动经验，在探究新的计算方法时，可以通过简单的推理活动进行推导。例如针对“分数除以整数”的教学，除了教材提供的推导方法，也可以根据分数与除法的关系以及除法的性质进行推理：$\frac{3}{7}\div 5=3\div 7\div 5=3\div(7\times 5)=\frac{3}{35}$。

4.关注形成运算技能

成功的数学教学所必需的要素之一是以培养学生的基本技能及其应用为目的的训练，强调必须使学生获得一定的口算、笔算及估算的技能，提倡心算、笔算和计算器的灵活应用。（曹才翰，章建跃《数学教育心理学》）能够熟练地进行计算，在一定程度上意味着明智地选择和适时利用计算工具，教师应当提供机会，帮助学生选择心算、笔算、估算或运用计算器计算。我们在学生计算正确率的技能训练方面卓有成效，不过也存在计算技能训练的单一化倾向。在学习新知识时，教师都提倡并且能在教学中落实算法多样化，一旦经过算法优化后，则只关注按照法则进行程序性计算，对计算的熟练程度要求高，但是对于计算的灵活性关注不够，从而造成学生运算路径单一，思维僵化。以“24×15”为例，在学生探究时会出现“24×8×5”“24×5×3”“24×10+24×5”等多种方法，一旦教学竖式计算方法之后，学生就只会用竖式计算而不会想到其他的计算方法。因此，教师可以根据笔算能力的不同表现水平考虑在教学中发展学生的运算能力，层级可划分为：能根据计算法则正确进行计算；能理解算理，可以解释计算过程中每步的意义；能识别或自主建构计算过程的模型；能自觉地运用估算等不同的方法对结果进行检验；能理解同一试题的多种不同计算方法；能根据运算数据的特点灵活选择方法进行计算。

三、发展运算能力的教学建议

运算能力不是口算、估算和笔算能力的简单组合，而是主要基于解决实际问题的过程灵活选择合理的方式。不积跬步，无以至千里。教师在教学中应全面认识运算能力的内涵，整体把握，多管齐下，发展学生的运算能力。

1.加强口算训练，提高口算水平

口算是笔算的基础。一、二年级要能根据课程标准的要求正确、熟练地口算20以内进位加法和退位减法，以及表内乘、除法。三、四年级要能正确、熟练地口算100以内的两位数加、减两位数和两位数乘一位数，以及相应的除法。五、六年级要能正确、熟练地口算相应的小数和分数运算。

2.增强技能训练的趣味性

教师设计计算练习要避免练习形式单调的问题。可以考虑从改变呈现形式、设计数学游戏、关注学科整合等方面入手，尽可能地让计算的技能训练富有趣味，在学生感受趣味、体验快乐的过程中，促进学生思考，在思考中品味数学的内在魅力，这应该是数学教师的教学追求。例如苏教版《数学六年级上册》“整数除以分数”的教学，教师在课结束前安排一个数学游戏，请每个同学想一个整数（最好想一个偶数），想好后用这个偶数除以$\frac{2}{3}$，除得的商不要说出来，再用商除以$\frac{3}{4}$，这时只要告诉教师最后的商是多少，教师就能猜出你想的那个数是多少。同学们进行实际操作后，发现教师真的能猜出他们所想的那个数，这是为什么呢？游戏环节的设计既进行了整数除以分数的技能练习，又唤起学生的求知欲。

3.理解运算的本质

教师还需要重视运算概念、公式、法则的教学，帮助学生理解运算的本质。有些学生运算能力差，究其原因是没有牢固掌握相关的运算知识。以苏教版《数学四年级下册》第六单元“乘法分配律”的教学为例，当学生列出“24×（6+4）”和“24×6+24×4”两道算式后，教师提问：如何说明两个算式相等？学生除了通过计算说明两道算式结果相同的方法之外，还可以通过建立如下图所示的相应的数学模型进行解释。

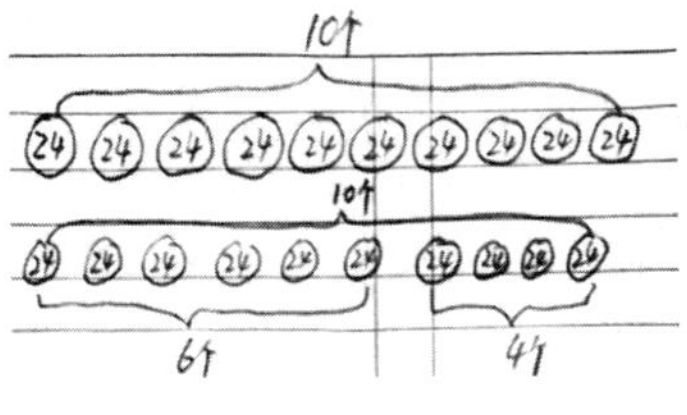

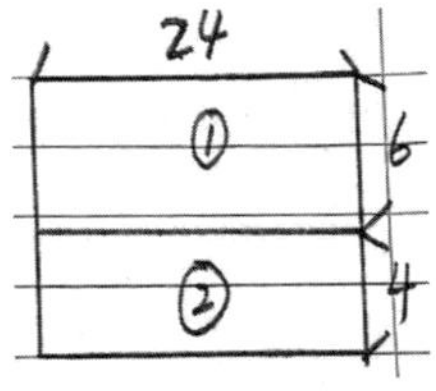

教师进一步出示点子图加以说明。（见下图）

教师继续呈现下一个问题。（见下图）

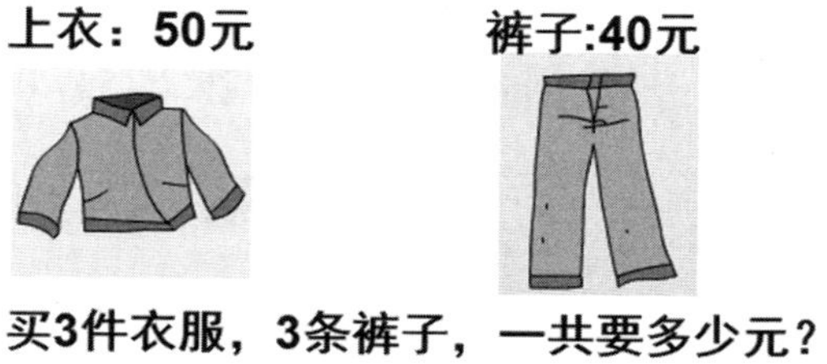

学生可以进一步用不同的模型结构进行解释。（见下图）

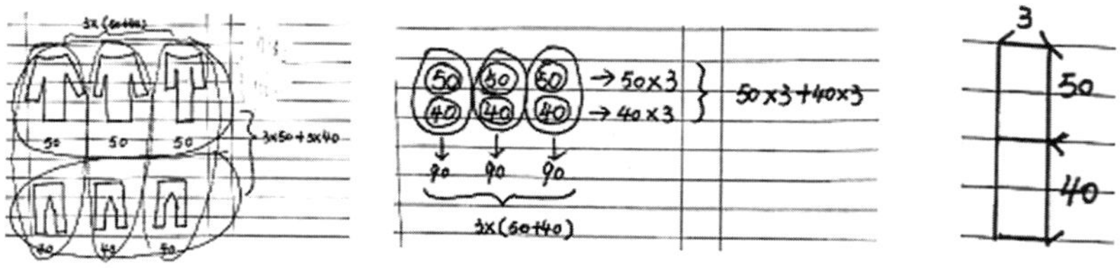

只有如此，学生才能摆脱简单的模仿，真正理解乘法分配律内在的意义。

4.结合解决问题的过程，不断呈现多样化算法

在解决问题的过程中，教师不仅要关注学生利用数量关系正确列式求解，也必须关注其求解过程中运算的灵活性。例如：修一条路，如果每天修24米，需要18天完成，如果每天修36米，多少天可以修完？在学生列出“24 × 18 ÷ 36”之后，教师需要及时地引导学生思考怎样计算更合理。

5.有意识地进行估算练习

教师在教学时既可以结合学生的笔算学习，合理监测笔算结果，也可以结合具体情境，体会估算在生活中的应用。例如：爸爸买一台微波炉要用568元，买一个剃须刀要用225元，营业员应收多少元？爸爸应准备多少元？

6.发展选择算法的策略意识

教师在教学时还应该提供开放、多元的问题，让学生在多样的计算方法中发展选择算法的策略意识。教师需要重点关注并发展学生选择算法的策略意识，在解决问题的过程中避免单一思维结构的解题路径。例如：两个登山小队上午8：00同时出发，上午11：00樱花小队前进1500米到达山顶，上午11：30海棠小队前进1700米到达山顶，如果大家都没有休息，哪个小队的登山速度快？这道题除了计算每个小队的速度之外，还可以有其他的解法：樱花小队平均每小时前进500米，则半小时前进250米，可以知道樱花小队3.5小时前进1750米，由此判断樱花小队的登山速度快。除此之外，当然还有其他的方法解决这个问题，这里的重点在于判断哪个小队的登山速度快，而不在于计算两个小队的速度。

简析统计教学失误成因

统计教学是学生根据主题活动的要求，经历提出问题、收集整理数据、数据的表达、数据的分析、解决问题等活动，了解统计的基础知识，感悟数据的收集、整理、分析的过程，逐步形成数据意识，发展数据观念。

在听课过程中，笔者发现部分一线教师的统计教学中存在以下问题。

一、缺少问题意识，机械地教学知识

教学中，教师通过创设情境，引发学生提出问题，在问题驱动下产

生统计需要，这是统计活动的发端。如果没有统计需要，统计活动便失去了意义。对教学例题的加工，教师的首要任务便是怎样让学生通过情境产生问题意识。教师教学中存在的问题往往是缺少问题意识，只是简单地呈现例题，或者是浅层次地加工例题，继而指令性地要求学生完成统计活动。下面通过两个案例进行分析。

第一个是L老师执教的“复式条形统计图”的课程片段。

师：（出示美国2020年3月5日至3月9日新冠肺炎疫情每日新增情况条形统计图）看着这幅统计图，你能说出图中有什么吗？

生：图中有日期，还有标题和数据。

师：（出示中国2020年3月5日至3月9日新冠肺炎疫情每日新增情况条形统计图）那在这幅图中你看到哪些信息？

生：有制图日期、标题。

以上教师的问题既不能让学生知道“我正在做什么”，更不清楚“我为什么要做这些”。

第二个是Z老师执教二年级“按不同标准分类”的课程片段。

Z老师出示了情境图，图中有不同形状、不同颜色的纽扣和收纳盒。

师：这些纽扣你想怎么分？为什么这样分？

生：按圆形和正方形来分。

师：这是什么不同？

生：形状不同。

师：还可以按什么来分？

生：还可以按颜色来分，也可以按纽扣的洞眼来分。

师：这是三种不同的分类标准，有标准才能分类。

教师出示小组活动要求：分一分，选择一种标准，把纽扣分一分；画一画，把分类结果画下来；说一说，是怎么分的，又是怎样画的。

Z教师的教学设计忽视了统计的需求。生活中很少有人会主动数一数1分钟内校门口经过多少车辆，或者数一数家里有多少个碗……如果没有任务驱动，我们为什么要去分类？为什么要去计数？所以不恰当的统计活动容易被异化为计数、比多比少的计算活动，学生不知道活动的意义是什么，只是在完成教师布置的活动，最终会影响学生统计观念的形成。

笔者和Z老师交流了意见，建议从一个现实的场景入手。调整后的教学片段见下。

师：（出示情境图，图中是杂乱混装的纽扣）裁缝张师傅买了一些纽扣，小朋友桌上学具盒里的纽扣和张师傅买的纽扣是同样的。现在，你们就是张师傅了，你们愿意回答老师的几个问题吗？

师：请问张师傅，紫色纽扣买了多少粒？

学生数出结果后汇报。

师：请问张师傅，圆形纽扣买了多少粒？

继续请学生数出结果后汇报。

师：像这样的问题你还能提出哪些？如果每次回答这样的问题都要数一遍，是不是感到不方便？你能想到什么好办法回答这些问题吗？

这样的设计让学生将自己代入到一个场景，他们会发现每当要回答一个问题，都需要将纽扣数一数，而类似的问题太多了，那么用分类解决的方法就呼之欲出了。小组中可以根据不同的统计问题而选择不同的分类标准，在与其他组交流的过程中，还会继续讨论二次分类的问题。所以，但凡统计活动都是在现实问题的驱动下开展的，离开问题，统计活动便会失去意义，教师必须意识到统计教学中情境创设的重要性，创设的情境最好是现实的、学生便于理解的、有挑战性的、能激发统计活动需求的。

二、缺少经历过程，存在“只烧中段”的问题

学生需要完整地参与统计活动，这是发展学生统计观念的重要路径。学生需要知道活动是为什么开展的、怎样进行的、获得的结果会有怎样的作用。从这个角度讲，源于问题的统计才会产生作用，问题是统

计活动的开端。

问题之后，学生面临的便是数据的收集和数据的整理。教材中往往提供了现成的情境图或相关统计活动的数据，学生要做的是在情境图中数一数得到的数据，或是将教材提供的数据进行整理。这样当然是可行的，也是高效的，但是必须正视一点，如果数据都是这样获取的，学生是否真正地经历过数据的收集？数据能否是由学生亲自经历所获取的，哪怕是其自己上网查阅相关信息所获得的？如要比较两个小组中哪个小组的跳绳水平高，是否可以与体育课结合，真实地获取跳绳成绩的数据？又如高年级要开展班级中是男生的套圈水平高还是女生的套圈水平高的比一比活动，是否可以就该话题请全班同学讨论怎样解决这个问题，并就此开展项目学习：可以让全班同学都套圈，再分别计算男、女生套圈总成绩，这种情况在男、女生人数相等时是可以的，如果男、女生人数不相等怎么办？如果要从男、女生中选人，怎样选才科学？可以看出，这里值得研究的内容非常丰富。尽管涉及统计抽样的复杂情况，学生可以通过上网查找资料了解相关知识进行解决。这也可以帮助学生更深刻地理解统计活动中数据的重要性，学生在自发的学习过程中逐渐丰富自己的统计知识，而不再囿于现成的数据计算，这才是教师应该提供给学生的统计活动。

同样，也必须重视对统计结果的分析与应用，否则统计活动在经历了一系列复杂计算之后，呈现出相应的统计表或统计图就结束了，学生也难以体会统计活动的作用。《义务教育数学课程标准（2022年版）》中提供的例46“确定五年级学生跳绳达标线”就是一个很好的例子：为了促进学校体育活动的开展，五年级学生决定开展跳绳活动，准备确定五年级学生跳绳达标线，请你设计一个确定达标线的方法。针对这道例题，学生既需要开始现实的数据收集、整理，同时也需要基于数据进行分析，以确定合理的达标线。

三、教学浮于表面，不关注教育伦理

统计教学中需要特别关注教育伦理。教师往往为了达成教学目标，会虚拟一个现实情境，引发学生对问题的讨论与思考，进而开展相应的统计活动。而这个虚拟的现实情境处理不当是会有违教育伦理的。因此，情境设计要注意以下几点。第一，不能“骗”孩子。某教师创设的情境是校长在下学期想为全校换一种校服，需要学生在四种颜色中选择一种作为校服颜色，通过一节课的统计活动，学生确定了喜欢的颜色，但是之后校服却一直没有更换，学生最终发现数学课上讨论的问题只存在于数学课中，并不是现实的问题，而只是“数学题”。第二，不能“伤”孩子。某教师在教学“数据的收集与整理”时，创设的情境是“有数据表明8月出生的孩子成绩较差”，这本是有数据支撑的一个事实。英国财政学会克莱尔·克劳福德说过，孩子们面临着一种惩罚，仅仅只是因为他们不幸地出生在学年末。不过，这并不表明所有8月出生的孩子成绩都比较差，而这一情境的创设，毫无疑问会对班级中8月出生的孩子们更多的学习压力和不良的心理暗示。第三，不能诱导孩子。如告诉同学们广告都不可靠，都是骗人的；又如在设计可能性时把自己扮成老板设计活动忽悠顾客等不恰当的情境设计，会让学生过早地接触社会阴暗面，甚至学会用不当的方法去谋利。

四、内容过于专业，与学生现实情况脱离

统计教学的内容素材要鲜活。题材是现实的，最好来源于学生的学习、生活，是他们熟悉的。教师可以在学生的游戏、运动、阅读、健康、睡眠等熟悉的方面中挖掘学习素材。尽量避免过于专业的素材，例如“机床”，即便六年级学生对于“机床”仍是不熟悉的。某教师在教学折线统计图时，呈现了“某机床厂2021年每月机床产量统计图”，图中1月至10月的机床产量逐步上升，11月份机床产量下降，12月份产量是全年最低的。在询问学生哪个月的产量最高、哪个月的产量最低之后，教师提问“你还能发现什么”，有学生回答“我发现12月份结婚的人最

少”，教师对此感到非常奇怪，她向学生表达了质疑，学生回答说“因为12月份天太冷了，所以结婚的人少，因此床就卖不出去了”，原来学生把机床当作了睡觉的床！的确，正常的家庭很多年都不会换床，只有结婚的新人布置婚房时才会买床，学生想得有道理，只是误将“机床”当作“婚床”了。事实上，遇到过于专业的素材，教师也会出现失误。某教师为帮助学生理解“水塘平均水深1.1米”，呈现了一幅水塘的局部剖面图，并标注出几处水面与塘底的距离进行说明，而这些数据只与该剖面的平均水深有关而与水塘的平均水深无关。

五、缺乏专业知识，教学中出现失误

统计与概率是小学数学学习的重要领域之一，其专业性非常强，根据《义务教育数学课程标准（2022年版）》的要求，在小学阶段学生只学习“数据分类”“数据的收集、整理与表达”和“随机现象发生的可能性”三个主题，学生只需要了解统计与概率的基础知识，感悟数据分析的过程，形成数据意识。在调查中，我们发现一些教师由于自身的学科专业知识不足，会产生教学失误。例如：王老师教学1班和2班的数学，张老师教学3班和4班的数学，在某次测试中，1班均分高于3班均分，2班均分高于4班均分，那么，哪位老师所教两个班的数学均分高？很多教师都会采用算术平均数去思考，从而认为王老师所教两个班的数学均分高，但是却忽略了班级人数这一影响因素，对这个问题的思考是需要用加权平均数解决的。下面，我们将这一问题进行加工，又牵涉关于平均数的近似特性问题。

期末考试后，王老师所教班级的考试情况见下表（均分取一位小数）：

班级	人数	均分
六（1）	38	90.6
六（2）	42	88.5

张老师所教班级的考试情况见下表：

班级	人数	均分
六（3）	45	90.5
六（4）	33	88.3

哪位老师所教班级的总均分高呢？很多教师认为张老师所教班级的总均分高，解法如下：

王老师所教班级的平均分是：

（90.6×38+88.5×42）÷（38+42）

=（3442.8+3717）÷80

=7159.8÷80

=89.4975（分）

张老师所教班级的平均分是：

（90.5×45+88.3×33）÷（45+33）

=（4072.5+2913.9）÷78

=6986.4÷78

≈89.569（分）

上述解答中忽略了平均数在实际应用中的近似特性。在实际生活中人们计算平均数时由于往往不能得到整数的结果，所以一般是根据需要取近似值。从上面的计算可以看出，六（1）班、六（4）班的平均分肯定是一个要求保留一位小数的近似值，六（2）班、六（3）班的平均分也有可能是一个近似值。当六（1）班的总分为3441～3444.5分的时候，其班级均分的近似值是90.6；当六（4）班的总分为2912.5～2915.5分的时候，其班级均分的近似值是88.3。将六（2）班、六（3）班的平均分也作为近似值理解的话，则六（2）班的总分是3715～3719分，六（3）班的总分是4070.5～4074.5分。当以此数据进行计算时，就无法确定两位老师中谁所教班级的均分较高了。

类似的，关于百分数的教学，教师要引导学生知道百分数是两个数量倍数关系的表达，既可以表达确定数据，也可以表达随机数据。在百分率的教学设计中，教师可以设计情境请学生讨论，例如：如果小明投篮1次，正好投中，在此事件中，小明的投篮命中率为100%，能否认为小明的投篮命中率已经超过了职业篮球运动员？为什么？再如，教师可以带领学生开展种子发芽试验以计算发芽率，但是必须要知道种子发芽率是有行业标准的，在种子的取样，土壤的标准、湿度、温度等方面都有严格的规定，学生通过开展种子发芽实践活动所获得的发芽率只是一种随机数据的表达。

数学实践活动的实施要素

开展数学实践活动，是发展学生应用意识的重要途径。正如要在游泳中学会游泳那样，数学知识的学习既要关注知识产生的背景、数学概念的理解，还要关注数学知识的应用。在知识的应用过程中提高学生发现问题、提出问题、分析问题和解决问题的能力，让学生体验知识从何处来、到何处去的全过程。在这个过程中，学生发现数学知识既有课堂中的学习原型，还在生活中有着具体的应用。所以从教师的角度来说，教师需要意识到数学教学不应囿于让学生学会一些数学知识和掌握一些数学技能，而要在此基础上帮助学生学会用数学的眼光观察事物，从数学的角度发现并提出问题，用数学的方法分析和解决问题，真正体会数学学习的意义和价值，最终学会“数学地”思考。因此，教师需要关注并结合相应的学习内容，设计具有探索性和实践性的活动内容，鼓励学生结合学习的数学知识开展相应的数学活动，这样的活动可以帮助学生理解数学知识。另外，如果开展的是小组活动，就能将个体的学习置于相应的小组环境中，毕竟学生的学习不能仅考虑个体学习，只有将个体学习置于相应的社会化的文化环境当中，才能获得更全面的发展。

一、案例描述

W老师执教苏教版《数学三年级下册》“年、月、日”之后，设计了让学生制作年历的实践活动，她认为这一活动与学生的现实生活相关，能很好地体现数学与生活的联系，并且这是个适合小组活动的好素材，毕竟由一个人完成年历是一个大任务，但是由小组合作完成就比较合适，因此这一活动也有利于发展学生的合作学习能力。那么，好的想法是否会变为现实？数学实践活动需要关注哪些要素，才能达成设计者的初衷？这是本案例重点关注的问题。下面是W老师执教“制作年历”的教学片段。

教师首先创设了一个情境：老师的宝宝明年4月11日就满3周岁了，她想知道那天是周几，有什么办法可以采用。

学生告诉老师可以查明年的年历。

教师告诉学生只有今年的年历，想请同学们制作明年的年历，并询问学生是否见过年历。

学生告诉老师，他们见过挂历、台历和手机、电脑中的电子历。

教师在课件中出示了今年的12张月历，询问学生这些月历有什么相同点。

师生小结得出年历是由12张月历组成的，每张月历上都有星期和该月的天数。

教师询问学生如果请大家分小组完成明年的年历，需要制作哪些内容。

学生讨论之后，提出要分别制作12张月历，重大节日和周六周日可以用不同的颜色表示，还有学生提出可以将家人的生日也用不同的记号标注出来。要想知道2023年的1月1日是周几，可以查2022年12月31日是周几进行推算。还有学生提出2023年是平年，所以2月份是28天。

教师肯定了学生的意见，接着请小组讨论具体如何完成，包括每个成员的分工以及如何检查。

学生进行反馈。因为每组4人，所以每个人负责制作3张月历。学生认为每个人都要检查月历的第一天，因为第一天错了，那么整张月历就肯定错了。还要检查每个月的天数是否正确。

接下来教师告诉学生2022年12月31日是周六，请学生开始制作2023年的年历。每组中负责制作1至3月月历的同学开始制作1月的月历，其他3位同学开始时都不动，因为不知道他们各自负责的月历中开头的那天是周几。过了几分钟后，他们围在第一位同学四周，不断地催促快一点。又过了一会儿，负责制作下半年月历的同学意识到他们还需要等很久，因为按目前的流程，制作7月份月历的同学要等前两位同学都完成才能开始制作，而最后一位同学则需要等前三位都完成才行。这时他们开始在座位上无所事事了。作为听课者，笔者去几个小组和组员聊了聊，问他们为什么不开始制作月历，有的同学义愤填膺地表示前面的人太慢了，有的无可奈何地表示自己是最后一个，急也没有用。W老师也在巡视，她看到每组的进度都不快，小声地催促学生“抓紧时间”“快一点”。从学生开始制作起，持续了24分钟左右。临近下课，仍有很多小组没有完成。

离下课还有1分钟时，老师请完成的一个小组在投影上展示他们制作的年历。第一位学生说自己是按一月大、二月平、三月大来写的；第二位同学介绍说自己完成了四、五、六3个月，五月是大月；第三位同学说自己想画装饰画，但是不会画；第四位同学说自己小组的大月都是用蓝色的卡纸，二月份是绿色的卡纸，小月用的是红色卡纸，这样就能区分不同的月份了。

二、以案例为载体分析数学实践活动的实施要素

认识年、月、日等时间单位以及这些单位之间的关系是本单元的主要教学内容，W老师设计的数学实践活动，有利于学生将这些数学概念结构化，帮助学生充分利用生活经验加深对年、月、日的认识和体验。

应该说，老师从创设的情境出发，为学生制作年历提供了生活背景，安排的小组讨论，也为制作年历的数学实践活动提供了必要的素材，为学生进一步的探索活动提供了支持，学生对于年历制作中需要关注的数学知识有了较为全面的了解，包括对平年、闰年的判断，每个月的天数，每个月的第一天是周几，重大的节日（包括家人的生日）等，内容十分丰富。

不过，W老师觉得教学效果与教学预设相距甚远。在课后交流中，她表示前面的讨论很顺利，但是到了制作年历的环节，学生的实际速度与她预设的速度差距非常大，而且当她巡视发现这一现象后，也没有好的对策，因此只有等学生逐个完成自己的任务，所以整个课堂显得松散，节奏不够紧凑。在整个年历的制作过程中，每个时间段只有一位学生在活动，其他三位同学都没有任务，同学之间的交往也因为任务协调出现障碍而显得不和谐。对此，W老师表示难以理解，完成一月份的月历，只需要写31个数，给学生留1分钟应该是够的，按这样的速度推算，15分钟左右应该就能完成年历的制作，这样离下课还有10分钟左右的时间，正好用于反馈、展示，为什么学生的速度那么慢呢？

出现这样的现象，从教者必须意识到学生在课堂中学习了年、月、日的相关知识，但是距离熟练地应用这些知识还有距离。知道是一回事，熟练应用是另一回事，就像初学驾驶的人尽管知道应该怎样开车，但是实际操作却又是另一回事。对于知识，学习者需要在理解的基础上内化，进一步发展到客体化，最终达成应用的自动化。从情境认知的角度看，好的学习效果是在特定的情境中获得的，脱离情境的认知，只能由一些思想观念来表征，获得的知识就是“惰性知识”，要防止知识的惰化，就必须保持知识的鲜活，也就是要置于情境之中，这正是数学实践活动的意义所在。弗赖登塔尔也提出学一个活动的最好方法是做。通过亲历实践活动获得知识，在做的过程中，不断地体验、发现和重构。

数学实践活动的综合性强，学生在实践过程中会遇到诸多困难，需要教师在其间发挥作用。W老师在学生活动前的教学组织是有效的，学生通过讨论发现制作年历需要关注的要点，但是其对于学生的实践活动过程缺少方法上的引导，对于学生可能面临的困难估计不足，缺少对整个活动的监控与调节。其实，在设计之初是可以预见制作年历时学生可能会出现衔接失调的问题，而这一问题恰恰是可以组织学生进一步讨论的，即怎样快速地知道每个月的第一天是周几？这个问题在学生学习年、月、日的知识时，几乎触及不到，但是在实践活动中就会真实遇见，对于这一问题的讨论与解决，毫无疑问会促进学生根据已有信息进行推算的能力的提升，加深对相关知识的理解与体验，这正是数学操作活动对数学学习的重要价值。在实践活动过程中，当学生遇到困难时，教师如果可以顺势而为组织学生讨论该问题，进而得到解决问题的方法并付诸实施，就能体现史宁中教授指出的：你不管怎么教都行，你要能够引发孩子思考，能引发孩子做事情，这涉及两个基本能力，一个是会想事情，一个是会做事情。

综观本节课，W老师设计的“制作年历”已经有活动主题和活动内容，还需要增加的是活动思考。如果只是完成相应的年历制作，缺少对活动过程中数学问题的思考，实践活动本身的价值就会被大打折扣。数学实践活动既要关注学生的“做”，同时必须关注做中的“思”，思无做则无体，做无思则无魂。数学教育的根本目的是教会学生思考。教师需要通过创设情境，提供合适的素材，为学生创造实践的机会，使得学生在实践活动中感知所学的数学知识是具体而又鲜活的。教师还需要关注实践过程中的数学思考，以利于学生进一步思考、讨论，达成对数学规律的“再创造”或是“再发现”。这种通过自身活动所获得的知识与体验，远比从课本上获取或是由别人告知要深刻得多，这种在实践过程中对所遇困难的讨论，问题是真实且鲜活的，对学生而言更能引发其对问题解决的动机，更容易激发其学习动力。问题的最终解决对学生而言，也更容易体验到学习所带来的挑战与解决问题所带来的愉悦感，体验到数学是一种鲜活的活动。

所以，活动主题、活动素材、活动设计、活动思考构成了数学实践活动的基本要素，教师只有在教学预设时，综合设计活动要素，才能达成课程标准提出的“从学生的生活经验和已有知识出发，创设生动有趣的情境，引导学生开展观察、操作、猜想、推理、交流等活动，使学生通过数学活动，掌握基本的数学知识和技能，初步学会从数学的角度去观察事物、思考问题，激发对数学的兴趣，以及学会数学的愿望”。

三、案例改进

案例的改进主要是对其活动过程及活动思考进行了调整。

1.情境引入

师：老师的宝宝明年4月11日就满3周岁了，想知道那一天是周几，你们有什么办法帮助老师？

生：我们可以查明年的年历。

师：老师想请同学们制作明年的年历，你们愿意吗？你们见过年历吗？

学生答略。

师：（课件出示今年的12张月历）刚才同学说的年历，还有屏幕上今年的年历，为什么都做成了12张月历呢？

生：年历是由12张月历组成的。

师：所以制作年历就是要分别制作那一年的12张月历。每张月历上都有哪些内容？

生1：有星期几，还有这个月的日期。

生2：有节日的提示，日期下面还有初几。

师：日期下面的初几是农历日期。今天我们制作的年历主要关注星期、日期，如果有你知道的节日也可以标出来，自己或家人的生日同样也可以标出来。制作年历要写12张月历，你们有什么好办法？

生：我们可以小组分工，每个人写3张月历。

师：这是一个好主意，我们先完成明年1至4月的月历，小组内讨论一下分工，再想想要制作明年的年历，还需要知道什么？

学生小组讨论。

生1：我们小组每人完成1份月历，要在月历上写清楚是几月。

生2：节日、生日和周六、周日可以用不同的颜色表示，要知道2023年的1月1日是周几。

生3：2023年是平年，所以2月份是28天。

师：老师查了2022年12月31日是周六，那么2023年1月1日就应该是周几？

生：周日。

2.初次制作

学生按照小组分工，负责1月份月历的同学开始制作，其余3人观看，过了一会儿后，开始催促第一个同学加快速度。期间教师巡视。

师：请同学们暂停。老师发现每组只有1位同学在写，其余3个同学都没有开始制作，这是为什么呢？

生：我是负责2月份的，我不知道2月1日是星期几，要等他写完1月份的才能知道。

生：我也是，我要写的是3月份的月历，但我现在没办法开始写。

师：是啊，大家都遇到了同样的困难。如果这样等下去，会浪费很多时间。老师觉得可以再商量一下怎样解决这个困难。请同学们在小组中讨论一下。

学生小组讨论。

生：我觉得写1月份月历的同学不要一天一天地写，可以先快速地去从1数到31，就知道31号是周几了，这样写2月份月历的同学就知道2月1日是周几了。第二位同学也要这样一直数到28号，就知道28号是周几了，这样写3月份月历的同学就好写了。然后第三位同学继续数到3月31日，就知道4月1日是周几了。

师：这是个好办法，这样就不用像刚才那样，都要等到一个同学写完才能让下一个同学开始制作月历。

生：我还有个好办法。如果一直数，数到后来万一忘记1号是星期几，那我们可以在月历表上先把1号是周几写在周几的下面，然后在1号的下面写8号，因为1个星期是7天，所以我们可以一直加7，最后剩几天就再数一数，就能知道这个月的最后一天是周几了。

师：这个办法更妙！可以快速地推算出这个月的最后一天是周几，这个办法要注意什么呢?

生：要记得这个月有多少天，不要数错了。

师：大家这样去试一试，负责写1月份月历的同学在推算时，其他同学可以在旁边观察，看他写得对不对。同样，其他同学在写月历时，同组的其他同学都可以看一下写得对不对。

学生开始制作月历直至完成。

师：怎样检查写得对不对呢?

生：我们可以交换检查，看每个月的天数对不对。

生：也可以和其他组对一对，看是不是一样。

教师请一组同学在投影下展示作品，全班核对。

师：在刚才的制作中，我们遇到了困难，经过讨论，大家知道了可以先通过推算，得到每个月的最后一天是周几，这样就能让每组的4位同学都知道自己负责的月历中1号是周几了，提高了制作月历的效率，还了解了检查的方法。接下来，组长分配一下任务，我们继续完成5至8月的月历。

3.再次制作

学生继续完成5至8月的月历，完成后要求组内检查。全班完成后，请一组同学展示作品。

师：他们制作的月历正确吗?

生：他们组完成的是对的，和我们组的一样。

师：刚才这组展示的时候，先展示5月的月历，然后依次展示另外3个月的月历。有什么办法能一下就知道他们制作的对不对呢？请同学们在小组中说说自己的想法。

生1：我们可以对一对8月31日是周几就可以了，因为只要8月31日是对的，就说明前面的都对。

生2：要看月历做得对不对，还可以把每个月的最后一天是周几对一下。

师：同学们想到了好方法，这样检查起来就更方便了。为什么只要看每个月的最后一天是周几就行了呢?

生：每个月的每一天都对应着周几，这是不会重复的。就像2023年7月10日是周一，那它就只能是周一，不可能是其他的周几了。所以只要看每个月的最后一天是周几，如果大家都一样，就说明这个月前面的天数和星期都对了。

师：同学们总结得可真好！通过制作年历，我们发现了之前学习的年、月、日知识中没有发现的规律。还剩下4个月的月历了，请大家继续完成。

在完成2023年的年历后，教师请同学们完成相应的装饰，并请学生总结反馈制作过程，最后教师做全课总结。

由上可以看出，改进后的教学更加关注活动过程的设计，预见了学生的困难，并将活动划分为不同的层次，有序推进。活动层次的划分，离不开对活动的思考，思考的内容既有来自学生的实践困难，也有在此之上的教师所做的提升。学生的实践、探索与思考是学生理解数学的重要条件，而所谓“懂得数学”其实就是“会做数学”。（郭庆松《做数学：思想渊源与课程实施》）教师要创造合适的环境，提供数学实践活动的机会，让学生感受课本知识与生活实践之间的联系，通过独立的数学思考进一步丰富对知识的理解，发展个人的应用意识和创新能力。

开展“动手做”和“数学小课题研究”

好的数学学习过程是有意义的，其重要表现在于学习者能够在学习过程中对所学知识加以应用，通过学数学、用数学的过程，感受知识的作用与力量。如果不对学习的知识加以应用，那知识也就只是死物而已。通过对知识的应用，促进对知识的理解，丰富应用知识的方法策略，认识学科价值，感受数学的魅力，进一步加强对数学学习的兴趣和信心。

一、课堂中的“解决问题”与真实场景中的“解决问题”

对知识的应用，仅靠完成教材中的习题还远远不够。能否期待通过努力将课堂中的数学问题与生活中的实际问题实现完全对接？这就如同要将电影拍摄的内容与实际生活完全一样，是没有必要的，也是不可能的。数学课堂中的问题取材于实际，但同时又是实际问题的浓缩与抽象，体现的是问题中隐含的数学模型，它使得多样化的现实问题在数学中呈现单纯的模式结构，正是这种模式特征，得以体现实际问题中规律性的量化模型，并在解决实际问题的过程中得以顺利应用。如何使单纯的模式应用到多变的实际问题中？这是我们面对的挑战！

课堂教学中经常会出现来自学生的提问：老师，这题要估算吗？这样的疑问表明我们联系实际的教学仍存在问题。

首先，在教学中我们人为地制定了某些“标准答案”，导致课堂中的答案与实际生活的答案不一致，这样的“双重标准”架设了课堂问题与实际问题之间的沟壑。例如“每千克梨的售价是2.8元，买1.38千克梨实际应付（　）元”，其计算结果是3.864，有教师规定答案为3.86元，要求精确到“分”；有教师规定答案为3.9元，要求用“四舍五入法”取近似值保留到“角”；而实际生活中往往使用“去尾法”取近似值，只要付3.8元就够了。即便是付费问题，在生活中也有不同的行规。因此要保持课堂问题与生活实际完全一致是没有必要的，关键要看学生在学习过程中是否达到了学习目标。就上述例子来说，如果学生已经能正确计算小数乘法的积，就已经达到了基本教学要求，他用怎样的方法取近似值只要有道理即可，如果需要统一也应当在承认学生想法的基础上加以引导，容易混淆的在考试时也应明确要求。

其次，通过创设情境加强与生活实际的联系，感受数学知识的现实意义，是应当提倡的，并且也有利于所学的内容在类似情境中运用。但是并非所有的数学知识都在儿童的现实生活中有对应的实例。在引进生活中的实际问题时要关注该问题是否具有“真实意义”，即被儿童所认可的“意义”，否则就会被学生认为是人为臆造的。例如“一张方凳的面是由边长0.32米的正方形木板做成的，凳面的面积是多少平方米”，在实际生活中，我们不仅不会选择“米”作为凳面边长的度量单位，而且不会做精确计算，往往是估算一下。再如对于“分数加、减法”的教学例题中也存在类似的问题。事实上如果一定要找出生活中的实例作为分数运算的例题是非常困难的，这时倒不妨直接从数学本身的发展引入，例如教学五年级分数加法时就可以开门见山地说：同学们，整数、小数的加法运算都学过了，分数加法怎样计算呢？计算的道理是什么？与整、小数加法运算的道理有什么联系呢？除了情境引入、由数学知识之间的联系引入之外，还可以通过操作活动引入课题。

习题中的“解决实际问题”是加工后的现实场景的数学表现，去除了无关信息，精选了数据，便于学生通过学习掌握数学知识。现实生活中的“解决问题”，需要考虑选择哪些信息，数据也需要学生自行获取，这是学生综合运用所学知识解决问题的过程，具有挑战性。

二、“动手做”与“数学小课题研究”的意义与价值

学生在课内学习数学知识，相当于知识的“进口”；通过习题的演练与思考，相当于知识的“内化”；应用知识解决实际问题，相当于知识的“出口”。目前主要的问题在于解决“出口”的问题，否则除了考试，似乎看不到学习的任何意义。解决学生数学知识的应用，在课内可

以通过“动手做”实施，在课外可以通过“数学小课题研究”开展。

苏教版小学数学教材2014年版新增了“动手做”活动，引导学生在动手做的过程中感受数学学习的多样性，体会发现和提出问题的乐趣，提高学生学习过程中认知参与的程度，培养实践意识和动手能力。“动手做”通过教师创设的数学问题情境，在这一情境下，运用一定的物质手段，学生通过操作、观察、猜想、实验、归纳等活动，在思维活动的参与下进行探索、研究。这种活动有利于学生调用知识经验，发现数学现象，验证所得结论，是一种在实际操作过程中的发现式与探究式的学习方式，其本身是学生认识数学事实、发现数学规律的方法和手段，也是渗透数学思想、积累数学活动经验的重要载体。需指出的是，这里的“动手做”不仅仅是对实物进行操作或实验，操作、实验过程中及操作后的思考也是一种“做”，即“思维的做”。例如学习了长方体的体积之后，可以开展“动手做”活动，请学生尝试在长8厘米、宽4厘米的长方形纸的四个角上剪去同样大小的正方形（边长是整厘米数），再折成无盖长方体，求长方体容积最大是多少，学生可以调用有序思考、一一列举、画图等策略求得结果，然后再请学生思考如果是长10厘米、宽8厘米的纸结果如何，其中是否存在规律。因此“动手做”强调手与脑的结合、做与思的结合，“做”是知识的应用，是手段；“思”是知识的深化，是目的。虽然已有部分深耕于一线的数学教师和教科研人员开始关注“动手做”的教学内容，并尝试开展课程操作方面的研究，但相关内容的教学并未得到有效落实，主要表现在：不少教师在认识和实践上存在着偏差，仍然以知识传授作为教学工作的重点，忽视学生在学习过程中的认知参与；在教学过程中重视学生外在的动手操作，而忽视内在的思维、想象；重视通过操作活动获取结论，忽视组织学生开展活动后的思考，没有将“做”与“思”有效结合；教材中“动手做”栏目的素材还可以更加丰富；等等。

“数学小课题研究”是指学生以个体或团队，围绕一个感兴趣的研究主题开展的小课题研究。学生需要确定主题，制定研究计划，开展研究活动，收集过程资料，分析研究过程并形成研究结论。在小学生中开展数学小课题研究，依照年段的不同，可以是体验式的研究、模仿式的研究，也可以是原创性的研究。体验式研究，重在体验，通过体验后的问题思考，促进对数学的理解。如学习一年级的“认数”之后，教材中安排了小调查研究，请学生看看身边有哪些数，并且想一想如果没有这些数会怎样。就像公交车上只显示起点与终点，方便人们出行吗？模仿式研究，可以模仿教材中的数学实验，但是又增加了研究的意味，重点在于怎样运用数学的方法去对过程进行表达，体会用数学的眼光观察现实世界。如认识毫米之后，教材中安排了种植大蒜的实验，作为小课题研究，是否可以增加些研究的意味呢？可以组织学生讨论“影响大蒜发芽的因素有哪些”，那么光照、土培还是水培就成为研究对象，学生可以分组开展，按照水培和土培分为两组，按照正常光照和不光照再分为两组进行实验。教师重点指导学生怎样开展规范的测量，例如测量时间的确定、测量数据的记录与表达、实验天数的确定等。最终，学生根据测量过程的数据表达，围绕课题研究主题开展讨论并形成研究结论。原创性的研究是由学生自发地从生活中发现问题、提出问题，自己制定研究计划，经历研究过程最终发现研究结论。例如，有学生发现每次跳绳时人们总是需要通过好几次试跳来调节绳子的长度，以取得好的跳绳成绩。那么，绳长与人的身高之间是否存在联系？是否有办法找到一个相对稳定的系数，让不同的人根据自己的身高就能大致找到跳绳的长度，这样就可以减少试跳的次数。某学生就确定了一个小课题方向是“跳绳长度是身高的多少倍时更容易取得好成绩”，通过实证研究发现研究结果。

“动手做”与“数学小课题研究”可以提高学生发现问题、提出问题的水平，积累数学活动经验，会用数学的眼光观察现实世界。在解决问题的过程中有效地调用数学知识，探究规律，发展批判性思维，会用数学的思维思考现实世界。在活动中用数学的方式描述事件的结论，形成数学的表达提高交流的能力，会用数学的语言表达现实世界。“动手做”和“数学小课题研究”既可以是学生独立完成，也可以是小组合作进行，无论哪种方式，都会经历在个体体验基础上的数学交流，在这一过程中发展学生的团队合作意识，从而促进学习共同体的形成。“动手做”与“数学小课题研究”与课堂内的数学题相比，缺少明确的解题方法和路径，没有办法简单地套用现有知识去解决，需要非算法化的复杂思维，具有开放性、不确定性，而问题本身又非常有趣和有意义。学生在对问题研究的过程中需要综合地调用知识和经验，从而产生积极的学习体验，发展数学学习情感。

三、“动手做”和“数学小课题研究”的素材开发

1.素材具有适切性

所有开发的素材，其中对问题求解所需的数学知识必须是源自教材且是学生已经学习过的，所有问题的求解必须是学生综合运用知识之后所能达成的，所有问题的求解必须是学生所能理解的。例如很多小学生知道的勾股定理就不在素材开发的范围之内，因为不要求学生利用初中的数学知识对问题求解或是对初中的数学知识开展研究。五年级学习了小数乘、除法之后，小课题“一张A4纸有多厚”就是围绕相关内容开发的，其中涉及测量、记录、计算、估计、数据表达、调查等，为了使求得的结果尽可能精确，需要进行不止一次的活动。通过活动，学生可以感受到在数学知识应用的过程中，不仅可以“以小见大”进行推算（例如1亿有多大），也可以“以大见小”观察入微（例如一张A4纸有多厚）。

2.问题具有开放性

问题求解的过程是开放的，解法是多元的，但是在开放中有“收敛”，聚焦数学知识本质。例如五年级“动手做”素材“画等边三角形”，请学生画边长4厘米的等边三角形。要画出这样的等边三角形，既

可以利用3根4厘米的小棒先拼搭成三角形，确定顶点之后画出三角形；也可以利用圆规来画；或者利用量角器、直尺来画。无论哪种画法，都指向三角形的特征。开放性还体现在答案也可以是开放的，例如五年级“动手做”素材“将一个三角形分成面积相等的三个部分，请画出你的想法”，其解答结果就是多样的。

3.素材具有思考性

思考性是素材开发最为核心的要素。素材要有利于学生在实际情境中发现和提出问题，有利于学生开展探究活动，问题解决的过程要能促进学生深入思考，发现素材中所含的数学规律。例如五年级“动手做”素材“结果为0的秘密”，请学生在缺少运算符号的算式“1 2 3 4=0”中填入“+”或“—”，使结果为“0”；继续在相似算式“1~8=0”中填入加号或减号；再在“1~5”中填入加号或减号使结果为“0”。通过以上素材，组织学生思考“结果为0的秘密”是什么？这是一个以和的奇偶性为知识应用的“动手做”素材，只有当算式中数字的和为偶数时，其结果才会为“0”。

四、“动手做”和“数学小课题研究”示例

“动手做”往往是一个具体的“小问题”，“数学小课题研究”往往是要经历方案制定、课题研究实施、课题总结等阶段的“大问题”；“动手做”以学生个体的数学活动为基础，“数学小课题研究”多以小组合作研究为主；“动手做”适合利用课时教学完成，“数学小课题研究”适合综合课内、课外的时空完成。操作性、探究性、非典型性、思考性是其共同特征。

“动手做”的素材开发多以教材中的数学知识点为基础，每个“动手做”的素材可以看作是“另类习题”，更关注结合“做”的过程开展数学思考。例如针对一年级的“认识加法”的教学，我们开发了“动手做”素材“数字天平”，提高学生对等号的认识。学生对于等号的认知是存在问题的，在对三年级学生所做的调查中，类似

“2+5=（ ）+1=（ ）”的差错率是非常高的，其根本原因在于学生并不理解等号作为关系符号的数学意义。在学生眼中，等号是具有方向性的，即等号左边是算式，等号右边是计算结果。怎样在学生开始学习运算时就认识到等号作为关系符号的数学意义，我们找到了“数字天平”（见下图）。

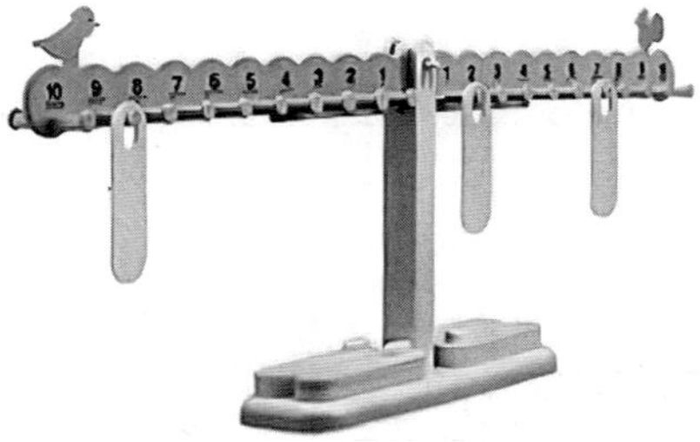

请学生在数字天平上进行操作，再将操作结果用等式的方式表示出来，可以发现只要天平两边所表示的数学算式结果相等，就可以用等号连接，等号的两边既可以是两个数，如“3=3”，也可以是数或算式，如“3=1+2”“1+4=2+3”“1+5=1+2+3”等。

在六年级学习长方体和正方体之后，有关于将长方体表面染色再分成若干个小正方体的习题，学生容易产生思维定式（注：根据我们的调查，教师同样存在思维定式），即3面涂色的小正方体有8个，分布在原来长方体的8个顶点处。因此，我们设计了“动手做”素材：将一个长方体表面涂色后，恰好切成若干个同样大小的小正方体，其中两面涂色的有3块、3面涂色的有8块、4面涂色的有4块，请学生试画出原来的长方体，需要留意的是，这是一个只有一层的“5 × 3 × 1”的长方体。

“数学小课题研究”可以结合教学内容开展，相关研究成果可以参阅笔者的《小学生数学小课题研究实验册》（南京大学出版社2018年9月版）。下面，我们以三年级的一个小课题研究为例进行说明。

买菜称重

【生活链接】

世界上最原始的秤是由古埃及人发明的。很久以前，古埃及人就使用一种悬挂式的双盘秤来称麦子。这种秤有两个秤盘，分别悬挂在秤梁的两端。在中国，秤的出现也很早。春秋中晚期，楚国已经制造了小型的衡器——木衡。

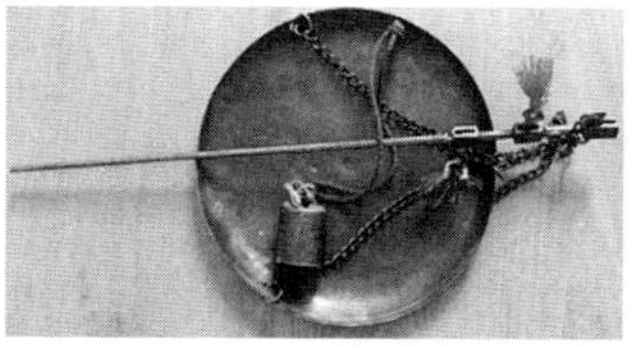

【研究记录】

1.找一找、画一画

生活中还有哪些秤呢？可以去找找，用文字、照片表示，或者动手画出来。

2.算一算、比一比

古时候，人们用一铢、二铢、三铢、六铢、十二铢、一两、二两、四两、八两、一斤等等计量重量。你知道平时我们在买菜时怎样表示重量吗？不妨让我们一起走进菜场看看吧。

知识在线

法国著名数学家、物理学家和机械设计师吉尔·佩尔索纳·德·洛百瓦尔于1670年将他发明的案秤报送巴黎科学院。这是一种等臂双盘案秤（又名磅秤）。秤盘装在秤梁两端，下面装有刚性导杆，可在秤座上相应的导孔内上下移动。当秤梁绕轴摆动时，在导杆作用下，秤盘可做上下移动，但其水平状态保持不变。直到现在，洛百瓦尔案秤仍然是世界上使用最为普遍的商业秤。

（1）我的记录：

菜的名称						
重量（用千克或克）						
重量（用两或斤）						

（2）想一想：根据上面的表格你觉得“两”与“克”、“斤”与“千克”之间有什么关系，把你的想法写下来。

（3）试一试：五两=（ ）克

一斤=（ ）克

二斤=（ ）千克

四斤半=（ ）克

【探究延伸】

其实生活中除了会用到“两”和“斤”，还会用到其他的重量单位，如称黄金时会用到“克”等。请同学们自己设计一个实践活动。

研究方法

1.猜一猜。□
2.做一做。□
3.量一量。□
4.记一记。□
5.算一算。□
6.比一比。□
7.想一想。□
8.查一查。□
9.说一说。□
10.问一问。□

“动手做”的教学课例可以参阅刘媛老师发表的《在“动手做”中提升学生的数学素养》（《生活教育》杂志2020年第12期）。下面是笔者执教的“结果为0的秘密”一课，臧楠楠老师撰写了教学实录及赏析，发表于《教育研究与评论（课堂观察）》（2020年第6期），题目为《“小游戏”有“大学问”——王凌老师<结果为0的秘密>一课教学赏析》，发表时有修改。

1.游戏引入，渗透分类思想

师：今天我们来玩一个数学游戏，游戏的名称叫作“结果为0的秘密”。

教师出示题目“1　2　3　4=0”，要求不改变数的顺序，在每两个数中间添上“+”号或者“—”号，使计算结果为0。

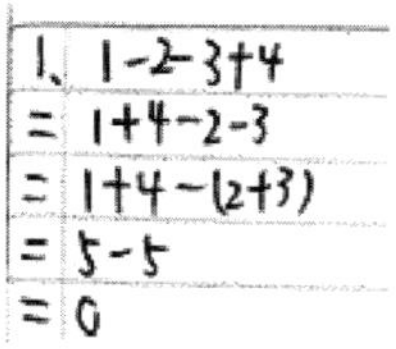

学生尝试后，教师询问做法。

生：1—2—3+4=0。（见右图）

师：这里的“1—2”不好算呀？

生1：先算“1+4=5”，再算“2+3=5”。（学生边说老师边板书。）这里的数就自然分成了两类，加的一类，减的一类。“1+4=5”与“2+3=5”，5和5相等，抵消为0。我用的其实就是“搭小桥”的方法。

生2：我用的是“求和”的方法，我先算“1+2+3+4=10”，再算“10÷2=5”，那就表示要加上5，也要减去5。

【赏析】例题选材精当，填写符号的方法唯一，数字数量少，便于学生探究；唯一的填法有助于将其进行合理分类，为后面一串数字分成相等的两部分埋下伏笔；适合学生用“搭小桥”等已有的学习经验去解决。

教师接着出示题目“1　2　3　4　5　6　7　8=0”，要求在每两个数之间填上“+”或“—”，使结果为0。

学生尝试后交流不同的解决方法。（见下组图）

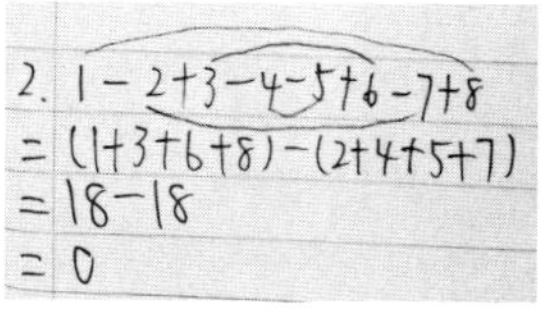

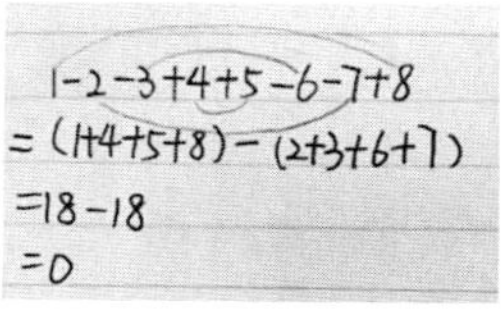

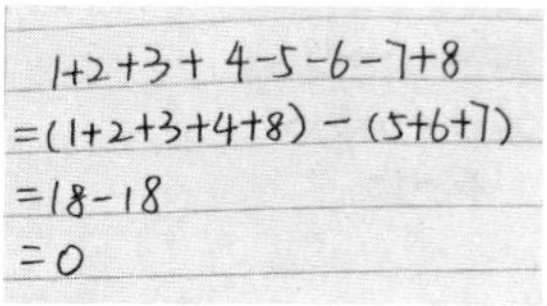

学生主要呈现的是“搭小桥”和“求和”这两种方法。

师：我们来看看对不对，要算两个括号吗？

生：算1个括号是18，另一个括号肯定也是18。

师：看来填符号的方法很多，不管用什么方法，都把这8个数自然地分成了两类，填加号的一类，填减号的一类。

【赏析】学生进一步熟悉分成相等的两部分的处理方法，不再进行无方向的尝试，在教师的指导下，部分学生能够先用“求和”法进行操作。每个学生在各自的最近发展区内得到了发展。

2.延伸探究，引发数学猜想

师：有了前面的经验，我们来填一填1~5。

教师发现有些同学选择“搭小桥”的方法，失败后就一直靠碰运气在尝试；有些同学用“求和”的方法很快就发现本题无解。

生：（见右图）我不用填就知道不行，因为“1+2+3+4+5=15”，而“15÷2=7.5”，不能分成相等的两个整数，所以不行。

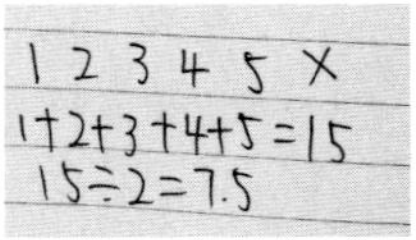

其他学生恍然大悟，纷纷拍手称赞。

师：看来要使结果等于0，必须能够分成相等的两个整数。我们得用“求和”的方法先判断行不行，如果不行，“搭小桥”就没有作用了。

【赏析】一个矛盾冲突的设计，巧妙地把学生对“算法”的关注聚焦到本节课的核心“分成相等的两部分”。

师：同学们，比一比这3个例子（见右图），你有什么发现？

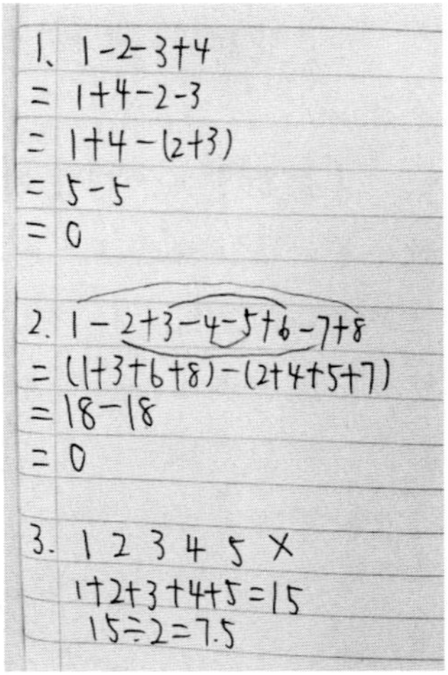

生1：我发现它们都是从1开始的连续自然数。

生2：我发现只要是双数结尾的就行，比如“1~4”和“1~8”结果就可以为0；单数结尾的就不行，比如“1~5”就不行。

很多学生表示赞同。

师：这是一个有趣的猜想，要看猜想是否成立，我们还需要进行验证，你打算怎样验证呢？

学生表示可以通过举例进行验证。之后汇报交流。

生1：我不同意他的发现，“1～2”也是双数结尾，它就不行；“1～3”是单数结尾，但它是行的，1+2－3=0；“1～6”也是双数结尾，它们的和是21，也不行。

其他学生纷纷点头表示赞同。

生2：我发现不管是哪道题，我们都应该用“求和”先判断结果是否为0，不然做的就没有意义了。

师：孩子们都好厉害，敢于去猜想，更懂得通过举例的方法去验证猜想。结果能不能为0，与结尾是单数和双数无关，那到底看什么呢？

生：应该判断和的奇偶性。如果和是偶数，就可以分成相等的两部分，抵消为0；如果和为奇数，就不能分成相等的两部分。

学生说完，教师引导学生回头检验黑板上的例子。并追问：那么“1～7”行不行呢？

学生尝试后呈现如下3种不同的填法：

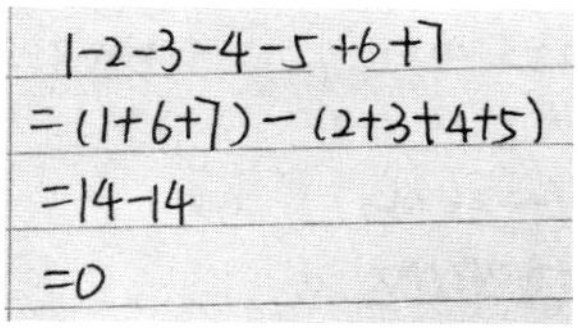

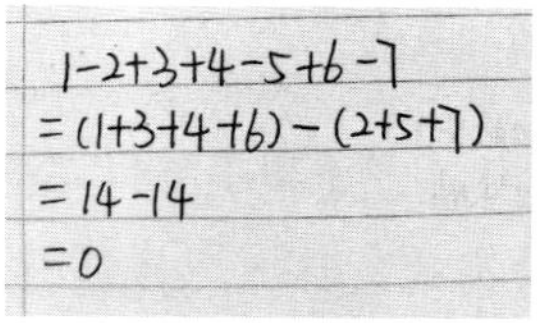

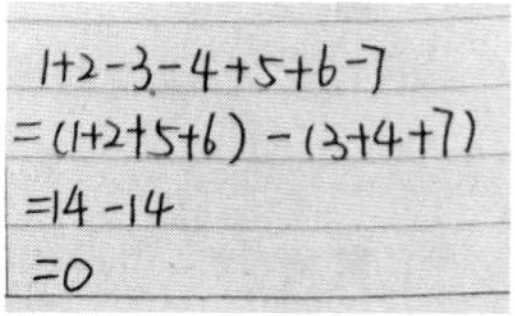

师：谁来说一说填符号的方法是什么？

生：找和的一半是14，然后把要加的数凑出14，其他的数前面填减号就行了。

【赏析】回顾以往的公开课，学生提出的猜想都是对的，这可能也是小学生往往缺乏验证意识的一个原因。真实的猜想一定是可对可错的，王凌老师的这组素材，既有利于学生观察比较，提出猜想，同时通过验证猜想，进一步体会到验证的重要性，这就可以很好地帮助学生养成科学精神，将批判精神和求真精神融入数学学习。另外，在丰富的素材中进一步弱化对算法的关注，聚焦知识核心——“分成相等的两部分”。

3.反复应用，丰富解题路径

师：“1～7”和“1～8”都做过了，那“1～9”行不行呢？

生：肯定不行，“1~8”行说明“和”是偶数，再加1个9，“和”就是奇数了，所以不行。

教师追问“1~10”行不行。

生：不行，“1~9”的和是奇数，再加1个10，和还是奇数。

教师追问“1~11”行不行。

生：行，因为“1~10”的和是奇数，再加1个11，奇数加奇数的和是偶数。

师：那你们填填看。

学生汇报多种填法。

生1：老师，我有发现！它们总是两个行两个不行这样交替进行。（见右图）

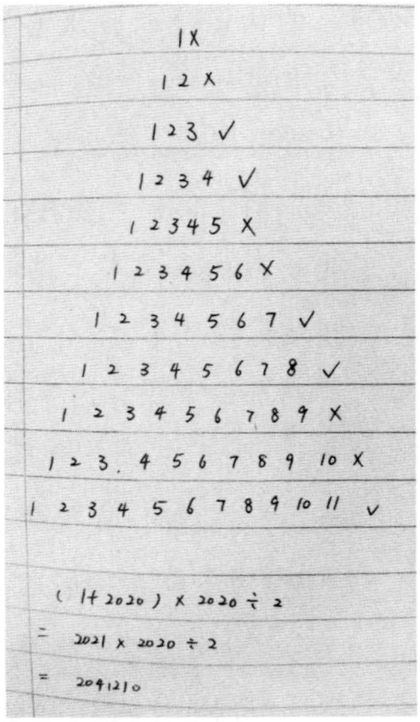

生2：我觉得他讲得有道理，我可以解释，你看不行的情况肯定是和为奇数，如果后面再来的1个数是奇数，奇数+奇数=偶数，就行；接着再来1个数那就是偶数，偶数+偶数=偶数，比如“1~6”的和是21为奇数，那么它后面再来1个7就一定可以，再来1个8也一定可以。

生3：其实这种两个行两个不行的规律，还是由于和的奇偶性导致的，因为奇数个奇数的和还是奇数，偶数个奇数的和才是偶数。

师：同学们真厉害，原来和的奇偶性的知识在解决这个数学游戏中有这么大的作用，我们只要综合运用和的奇偶性的知识，就能很快地判断结果是否为0了。今年是2020年，“1~2020”行不行？

生1：我是用“求和”公式算的，结果是偶数，可以为0。

生2：我觉得不需要完全算出来，2021是奇数，但是2020是偶数，在乘法算式中，偶数乘奇数结果还是偶数，所以“1~2020”的和一定是偶数。（见右图）

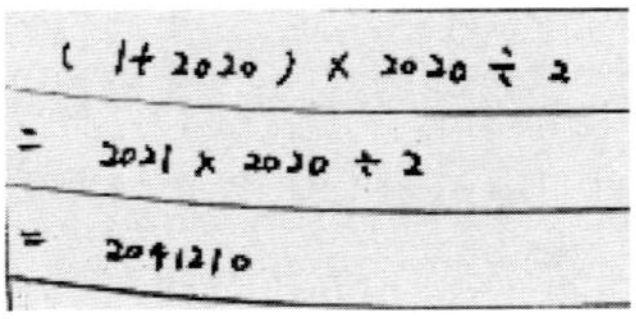

师：又用到了积的奇偶性判断。那么去年“1~2019”行不行？

生1：行，“1～2020”行，说明和是偶数，“1～2019”只少了1个2020，偶数减偶数还是偶数，所以“1～2019”的和一定也是偶数。

生2：我们可以看“1～2019”里面奇数的个数，它一定是奇数多一个的，1010个奇数和1009个偶数，奇数的个数是偶数，和一定是偶数。

生3：也可以用“求和”公式，（1+2019）×2019÷2=2020×2019÷2=1010×2019，所以结果一定是偶数。

【赏析】课堂因学生而精彩！在这个教学片段中，教师真正做到了将学生置于课堂的中心位置上，学生在这种自由对话中完成提炼、概括，将表面规律背后的本质内核越辨越明。这堂课不仅深化了学生对“结果为0的秘密”的认识，也提升了学生的思维能力。在这一过程中，教师只是观望者，只有充分放手才能聆听到学生谱写出的自由快乐的乐章。

4.回顾反思，感受数学方法

师：同学们，现在你们知道“结果为0的秘密”了吗？

生：用的就是书上的“和与积的奇偶性”，这些数相加的和是偶数就行，和是奇数就不行。

师：那这节课你们有什么收获？

生1：对于书本上学习的方法，我们要灵活应用。

生2：当我们研究问题时，要从简单的想起。

生3：对于复杂的问题，我们可以运用分类的方法。

生4：当我们有了猜想，就要去验证，如果不能严谨地推理证明，那么可以尝试举例的方法。

【赏析】课末引领学生回顾反思，学生在体验探究带来的成就感的同时，数学应用意识也得到了进一步的巩固加强。探究课也可以变得有法可依。

【总评】王老师将数学游戏“结果为0的秘密”开发成一节应用数学知识开展数学探究的活动课，有几个明显的特征：第一，游戏任务在开始时没有一个可预料的或者预演好的方法或路径可借鉴；第二，它要求学生探索和理解数学的观念、过程和关系的本质；第三，它要求学生对自己的认知过程进行自我调控，真正地学会猜想；第四，它要求学生启用相关知识和经验，并在任务完成过程中恰当使用，发展了学生的应用意识。课的重点在于引导学生寻找问题内隐的数学结构。“结果为0的秘密”是一节典型的“做数学”课例，它源于课本又生长在课本外，学生已经学习了苏教版《数学五年级下册》“和与积的奇偶性”，如何让课本内的“奇偶性”与课外的巧填符号“做数学”实现更好的对接和应用？学生是否可以寻找到问题内隐的数学结构，并在认知过程中不断进行自我调控，最终探得“结果为0的秘密”的有效解决路径？本节课的教学亮点纷呈，集中体现在以下三点。

第一，经验先行，让新旧知识有意义地对接。我们在教学中要关注学生的认知起点，以便于更好地将新知纳入原有的知识体系中去。那么本节课的认知起点在哪儿呢？教师认为，其一，学生明白结果为零就是要添加号的数字和与添减号的数字的和相等；其二，学生在混合运算的学习中已经充分掌握类似于“1+3−4+5−6=1+3+5−4−6”这样的“带着符号搬家”的运算技巧；其三，学生知道“和的奇偶性”与“积的奇偶性”的判别方式。基于这样的理解，教师设计了在经验基础上运用计算技巧、让新知自然生长的教学思路。教学中，教师紧紧抓住了“递等式”这个脚手架，一次次让学生感受不同题组结果为0都是分成两类的数学现实。当探寻出结果为0的秘密时，学生自然产生了对和的奇偶性的判断需求，连续自然数的求和，既能以数形结合巧妙地勾连梯形面积公式，也可以看奇数的个数，还可以用积的奇偶性找求和公式中的偶数。学生一系列的已有知识经验，就像一颗颗种子，在学生的动脑想、动手做、动口说中开出了美丽的花儿。

第二，问题驱动，让新知创生有意义。本节课的新知生长点为“分成相等的两部分”，于是教师紧紧抓住1到4和1到8两个问题的解题经验，再以一个“1~5怎么填”的问题杀了一个回马枪，此时学生已有的知识储备在解决“1~5”上遇到了瓶颈，“搭小桥”失灵了，学生在观察比较中感受到“搭小桥”只是一种方式，结果能不能为0还是得看能不能分成相等的两部分，如果不能，搭小桥的意义何在？针对“观察‘1~4’‘1~8’‘1~5’这3个例子，说一说你有什么发现”这一问题，教师放手让学生去说，去思辨，这其实就是已有经验在生长点所经历的荆棘和坎坷，越是磨砺越是美丽。因为有这样的生长点，所有错误的猜想都可以在举反例中夭折，比如“1+2−3”，它不满足奇数结尾，但是只要保证分成相等的两部分就可以使结果为0；因为有这样的生长点，才让原有经验打破后重组变得可能，

“1~5”不行的原因终究是不能分成相等的两部分，学生在看到“分成相等的两部分”表面现象的同时，理解内在的本质是“和为偶数”，进一步使知识实现有意义的创生。

第三，道理解读，让秘密看破不说破。本节课“结果为0的秘密”其实不止一个秘密：①当数的个数是4的倍数或数的个数除以4余数为3时，结果一定可以为0；②当和为偶数时，结果一定可以为0。这两点是特殊到一般的关系，前者是后者的表面现象，后者可以用来解释前者。但是二点的关系是应该捅破还是淡化呢？显然教师的做法是淡化。学生在“1~4”和“1~8”两组题目中用的“搭小桥”的方法，其实就是在潜移默化中运用每4个一组抵消为0，在一组一组中分成相等的两部分。当填写“1~8”的时候，教师特意把每个学生的思考成果在黑板上呈现，其实也是进一步让学生明确“搭小桥”的方法必定会使数的个数分成相等的两份，4个添加号，4个添减号，但第二位学生的方法却是5个数添加号，3个数添减号，在一题多解中揭示了分成相等的两部分指的是“和”而不是“数的个数”，当学生遇到“1~5”“搭小桥”遇到困难时就自然选择了“求和”的判断方法。由此，学生逐渐感受到“求和”背后的合理性。（见下图）

算　式	和
√ 1—2—3+4=0	10
√ 1—2+3—4—5+6—7+8=0	36
√ 1—2+3—4+5—6—7+8—9+10—11+12=0	78
√ 1+2—3=0	6
√ 1—2—3—4—5+6+7=0	28

发展学生的应用意识，需要关注“学以致用”和“用以促学”这两者的关系。“学以致用”讲的是先学而后以致用，“用以促学”讲的是在反复应用中促进更深刻地学习，从而达到“学用相长”的效果。王老师在学生已经学习了“和与积的奇偶性”的基础上，创造性地应用教材，且把应用意识贯穿在整个教学过程中，学生在反复应用“和与积的奇偶性”的过程中进一步提高了运算技能和思维能力。教师整堂课创设的民主开放的教学氛围，更是让学生在“做数学”中体会到了数学的应用价值，提高了自身的应用意识。

怎样上好复习课

一、复习课需要关注的教学要点

通过整理知识，达到查漏补缺、促进理解、发展提高，是复习的主要目的。

1.整理知识，教师为先

教师应当避免以练习代替复习。教师首先应对整册的教材内容进行整理，了解各领域中的教学内容，梳理知识之间的联系，将有联系的数学知识组成知识块，可以有效地提升复习的系统性。例如苏教版《数学四年级下册》“数与代数”领域，数的运算就包括三位数乘两位数、运算律、解决问题的策略等，复习时就可以把解决实际问题作为主线，将各部分内容合理地进行组织。

2.查漏补缺，调查为先

教师应根据相关知识的联系，以及学生在平时练习中出现的问题，确定复习的重点，有序地安排复习顺序和设计复习内容，加强复习的针对性。查漏补缺是复习的重要内容，教师要事先摸清学生学习过程中的“漏”和“缺”。事实上，多关注学生日常作业中的问题是了解学生学习上的“缺漏”的主要途径，也可以通过复习前的摸底调查去了解。为提高学生复习的自主参与程度，也可以事先布置学生进行相关内容的复习，在复习中发现问题，以便在复习课中有针对性地解决。

例如针对“空间与图形”领域，教师可以提出以下4点复习要求，请学生先自己进行知识梳理。①了解平面图形的特征，通常从哪些方面进行研究？在研究时用到哪些方法？（问题设计意图：复习不仅要复习数学知识，也要复习获得数学知识的方法。就小学平面图形的特征研究而言，大多从图形边的特征和角的特征两个方面进行研究，常用的研究方法有量一量、比一比、折一折等直观操作方法。）②三角形、平行四边形和梯形的特征分别是什么？你能利用表格进行整理吗？（问题设计意图：3种图形的特征可以利用表格进行整理，从边的特征和角的特征进行思考。如果复习时能做到数形结合，那么在学生描述特征时，可以同时结合实际操作，从而避免学生机械记忆图形特征。关于四边形的内角和，教材中没有作出要求，教师可以根据班级实际情况进行教学。）③你能用你喜欢的方法表示出三角形、平行四边形和梯形的分类吗？（问题设计意图：数学知识的整理虽然可以通过课堂教学时师问生答的形式进行，但是在教师引导下，学生自主整理知识，更容易理清知识本身的脉络，更容易理解知识之间的联系与区别。套用一句时髦的话：这是学生自主建构的！）④对照平时的作业，你发现有哪些操作要求？哪些你还有困难？（问题设计意图：对于学生的错误，除非学生自身对错误进行了自我的内在反省，否则外部的纠错仅仅是形式上的，同样的错误会再次发生。让学生对照作业寻找困难，正是自我内在反省的开始，从这个角度讲，教师创造一个民主的学习环境就非常重要，更重要的是，教师必须对学生错误有着真诚的理解并提供及时的帮助。）

复习时，教师除了要用好教材之外，也要结合复习内容精心设计练习题，习题应具有综合性，例如下题——

把一根长18厘米的小棒截成3段（每段的长都是整厘米数），围成一个等腰三角形，可以怎样截？请把截法填在下面的表里。

	第一种	**第二种**	**第三种**	**第四种**
底（厘米）				
腰（厘米）				
腰（厘米）				

此题既复习了等腰三角形的知识，又复习了两边之和大于第三边，也复习了等腰三角形与等边三角形之间的关系，发挥了习题功能，提高了复习效率。

3.促进理解，说理为先

理解数学知识在数学学习中是非常重要的。事实上，很多学生会做题，但并不表示他理解做题时用到的数学知识。因此复习时，我们应提升学生对数学知识的理解，使学生真正做到懂数学。例如针对“折线统计图”的整理与复习，学生要能根据数据特点和实际需要选择条形统计图或折线统计图表示数据，而在新授的学习过程中，学生往往对横轴与纵轴的关注不够，因此，某教师在复习时就通过下题来引发学生的思考。

两幅图分别表示两个股票的股价变化，如果把第11个交易日的股价与第1个交易日的股价相比，你认为哪个股票上涨的金额多？

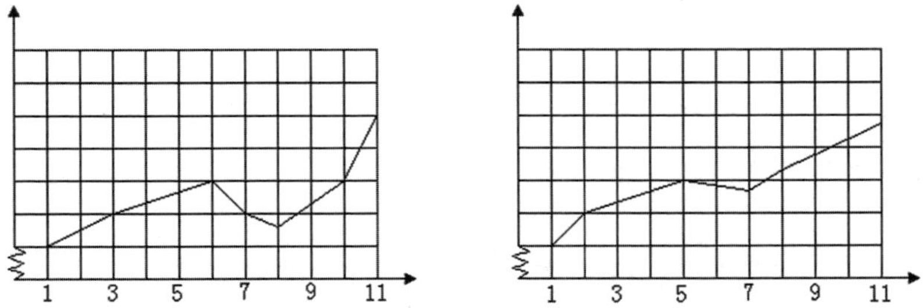

学生在看图之后，全部都表示上页左图的股票价格上涨得高。显然，学生的注意力放在折线的变化上，而影响折线起伏变化程度的因素是什么，学生并没有注意到。教师在听取学生汇报后，又出示了关于纵轴的相关信息。（见下图）

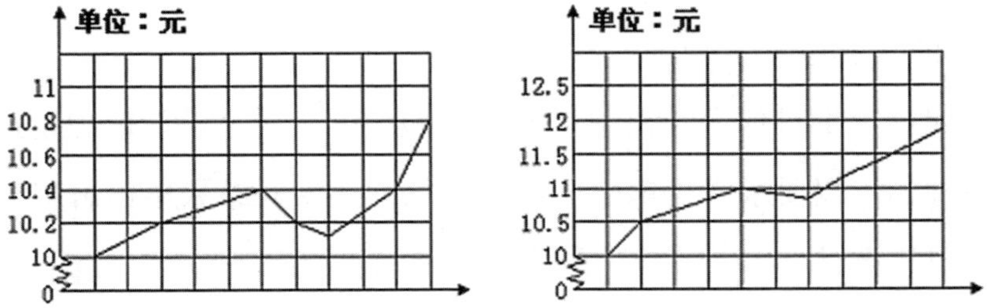

学生立即意识到“上当”了。教师进而引导学生思考和讨论：如

何科学地看待媒体中出现的统计图？看统计图时应该从哪些方面进行观察与思考？怎样的数据适合用条形统计图？怎样的数据适合用折线统计图？

4.温故知新，思维为先

所谓温故，就是复习旧知识，强化旧知识使知识系统化；所谓知新，就是对知识有新的认识、提高。复习课要“下要保底，上不封顶”，让在学习上处于不同层次的学生都有不同程度的提高。例如教师在复习2、3、5的倍数的特征时，设计了下题——

从下图选出3张数字卡片，组成三位数。

①这个三位数是2的倍数；

②这个三位数是3的倍数；

③这个三位数是5的倍数；

④在这些三位数中，2的倍数与5的倍数哪个多？为什么？

对于问题④，学生既可以通过有序思考，利用一一列举的方法予以解决；也可以进一步思考2的倍数与5的倍数的特征，只要确定个位上的数就可以了，这样也可以发现在用数字卡片组成的三位数中，2的倍数与5的倍数的个数是同样多的。

为促进学生对数学知识的理解，教师也可以通过设计说理题达到目的。说理题不仅要求学生解出问题的结果，还要对结果给出解释，真正达到“知其然而知其所以然”的程度。以下题为例——

能否从下表中选出5个数，使它们的和等于30？为什么？

1	3	5	9	7
3	5	7	3	5
5	7	9	1	1

学生对于数学知识的掌握，需要经过领会、巩固和应用的过程。而数学知识的应用，从信息加工理论的角度看，首要的工作就是激活长期记忆中的相关知识，而处于良好组织结构中的、具有紧密联系的知识的提取比只有松散结构的、随机联系的知识的提取要容易得多。很多学生在学习过程中，对知识之间的联系往往认识不足，所学的各个知识点犹如散落的珍珠，需要通过复习对其进行梳理，发现它们之间的联系，将它们联结成知识串，进而形成有联系的知识组块，这样，散落的珍珠就会成为一条光彩夺目的项链。

二、新教师复习课的案例分析

L老师是一位工作7年的男教师，诙谐幽默，与学生相处融洽，因此在他的数学课上学生敢于表达自己的观点，相互讨论交流是课堂教学中的常态。L老师很满意这样的状态。下面是L老师执教苏教版《数学六年级下册》总复习中“分数、百分数的复习”的教学片段。

师：请同学们拿出复习单，我想大家已经完成了，下面在4人小组中交流。

L老师的复习单由4组问题构成：你了解分数、百分数的哪些知识？分数和除法有什么联系，你能举例说明吗？分数的基本性质是什么？小数的基本性质是什么？它们有怎样的联系？小数、分数、百分数怎样互相改写，你能举例说明吗？

学生4人一组交流，历时9分钟。

生1：把单位“1”平均分成若干份，表示这样一份或几份的数叫作分数；表示一个数占另一个数的百分之几的数叫作百分数，也叫作百分率或百分比。

生2：分数分为真分数、假分数和带分数，真分数的分子小于分母，假分数的分子大于或等于分母，带分数大于1。

师：说得很好，不过我们重点要研究的是分数、百分数和小数的关系，谁来补充？

生1：百分数是特殊的分数，分数可以表示无限循环小数、无限小数，而百分数和小数就不能表示。

生2：我不同意，书上说计算除不尽时，得数保留三位小数，这说明小数是可以表示无限小数的。

师：他们说的你们同意吗？

全班同学表示同意。

生1：分数与百分数的意义不同，百分数是表示一个数占另一个数的百分之几的数，百分数不带单位名称，分数既可以表示分率，也可以表示具体数量。

生2：百分数不约分，它的分母是100，不过分数的分母是100的话，未必是百分数。

师：听上去有点绕，你们能理解吗？

学生表示能理解。教师要求学生完成“想想做做”第1题（见下图）并核对答案。

1. 分别用分数、小数和百分数表示图中的涂色部分。

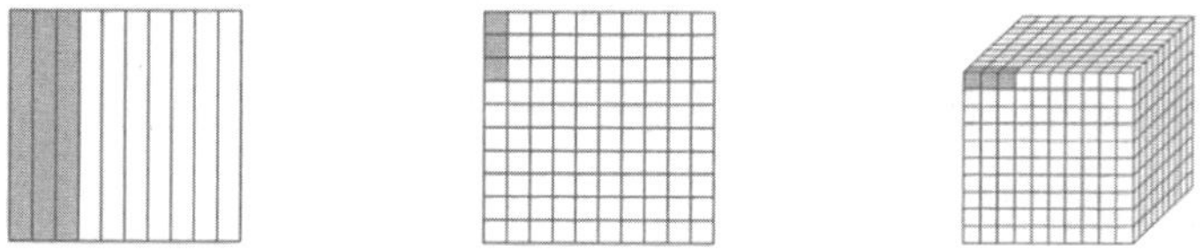

分数(　　)	分数(　　)	分数(　　)
小数(　　)	小数(　　)	小数(　　)
百分数(　　)	百分数(　　)	百分数(　　)

师：小数与分数有什么区别？在表示数时分别怎么表示？

生1：例如$\frac{1}{10}$可以用0.1表示，也可以用10%表示。

生2：小数是分数的一种表示形式。

生3：一位小数表示十分之几，两位小数表示百分之几，三位小数表示千分之几。

生4：$30\%=\frac{30}{100}$，把它化成小数，只要用30除以100，也就是小数点向左移动两位。

师：百分数、小数的互化后面再说。

生：分数基本性质与商不变性质差不多。

师：谁来说说这两个的性质？

学生答略。教师要求全班完成“想想做做”第2题。（见下图）

2.（1）$3 \div 5 = \frac{15}{(\quad)} = \frac{(\quad)}{15} = \frac{(\quad)}{(\quad)} = (\quad)\%$

（2）把一根3米长的绳子剪成同样长的8段，每段长是全长的$\frac{(\quad)}{(\quad)}$，每段长$\frac{(\quad)}{(\quad)}$米。

师：小数的基本性质是什么呢？

生：小数的末尾添上0或去掉0，小数的大小不变。

师：能举个例子吗？

生：例如“0.9=0.90”。

师：分数的基本性质与小数的基本性质有什么联系？

生：数值大小不变，但是计数单位不同。

师：其实这两个性质是一样的。关于分数、小数和百分数，你们还有什么补充？

生1：我们还学习了怎样将分数化成小数，可以用分子除以分母，如果除不尽，通常保留三位小数。

生2：百分数化成分数，可以先写成分母是100的分数，再约分。

生3：像3.5%这样的百分数，可以先将分子和分母同时乘10，然后再约分。

师：同学们说得很好。下面请大家完成“想想做做”第4题。（见下图）

小　数	0.4		
分　数		$\frac{3}{4}$	
百分数			120%

全班完成后核对答案。

师：我们还学了什么知识？谁愿意来说说？

生1：百分数的意义实际上是分率，不能带有单位名称，一般不写成分数，生活中常常表示各种百分率。

生2：利息、打折、利润中经常会用到百分数。

生3：农业中也会用到成数。

生4：分数的分子、分母不能为0，真分数小于1，带分数大于1，假分数等于或大于1。

生5：我不同意生4的意见，$\frac{0}{3}$不是分数吗？

师：$\frac{0}{3}$没有意义。谁再说说百分数的应用？

学生交流后教师要求学生完成“想想做做”第3、6、7、8题。

…………

我们与L老师进行了交流，他觉得起到了复习的效果，学生自主整理了知识，开展了小组交流汇报，完成了教材中的练习。这正反映了大部分教师对于复习课教学的认识，即只要学生自主整理、交流汇报、完成练习就算完成了复习任务。这看上去是有道理的，但细细分析，却又总觉得对问题的思考还没有深入进去。那不妨让我们回到原点去琢磨：复习课的功能是什么？它包括帮助学生回顾知识、查漏补缺、分析知识间的联系以形成知识网络；回顾学习过程中所用的学习方法，提升学习能力；通过反思促进理解，达到温故而知新。简单讲就是查漏补缺、形成网络、总结方法、促进理解、旧中见新。

从学生的角度看，有些知识似乎都明白，可就是不会用，因此教师需要针对学生日常学习中普遍存在的问题，做好收集整理工作，发现学生知识缺陷的关联性，在复习阶段设置相关问题以引发学生思考。就本节课而言，分数、百分数、小数三者之间有怎样的联系是核心问题，通过复习，让学生进一步理解分数意义的本质。

要形成知识网络，需要引领学生在自主整理的过程中，关注知识之间的联系，进而将其恰当地表示出来，使得所整理的内容变得有结构性。这样的能力不是一蹴而就的，在低年级段，教师可带领学生阅读课本，整理教学内容，通过课内讨论来完成单元结构板书。教师应根据单元内容展现不同的结构呈现方式，例如列表格、画树状图或分级图等，并渗透概念的呈现方式（例如举例子）。在中年级段，教师可以适度提高要求，让学生进行自主整理，教师重点要在课堂教学中引导学生有条理地表述，并组织学生观察、比较不同的呈现方式。在高年段，教师则需要引导学生针对整理结果开展评价，并让其有意识地回顾学习方法。

复习不仅仅是简单的知识回顾，而是需要在复习的过程中促进对知识的理解。可以从三个方面予以关注。首先，复习中需要关注数学概念理解的深刻性。例如，通过复习不难发现研究多边形的特征都会从边与角这两个角度开展，那么为什么要从这两个角度开展呢？所以，复习不仅仅是回顾知识“是什么”，更从“为什么”上去深刻地理解。其次，复习中需要提高解题方法运用的灵活性。通过复习整合知识网络，使得关联知识之间融会贯通，学生能够从不同的角度去思考解决问题的方法。例如在解决百分数问题的过程中，合理地将百分数与分率、比相互转化，灵活地解决问题，同步开展一题多解或题组训练，在变化中寻求不变，在不变中寻求变式，让学生感受到灵活运用知识解决问题的快乐。最后，复习中需要关注所学知识的延续性，为后续的学习做好铺垫。例如在复习用数对确定位置时，观察下图，思考以下问题——

图中A点的位置用数对可以怎样表示？你能用数对表示B点的位置吗？如果要用数对表示C点的位置，你有什么方法？用数对可以表示平面上点的位置，如果要表示空中的物体位置，例如飞行中飞机的位置，你能想到合适的表示方式吗？

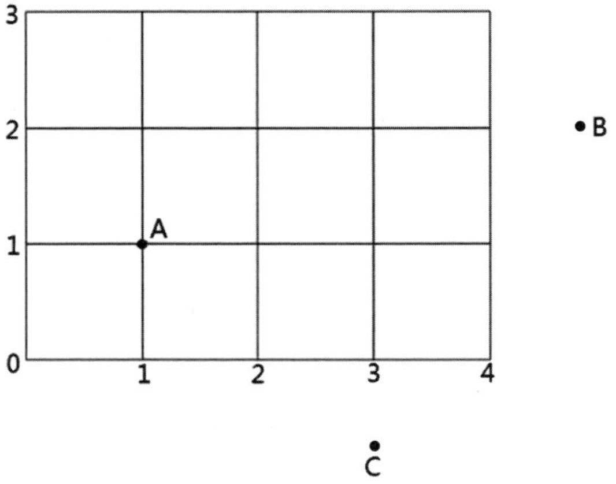

因此复习课不是简单的知识回顾，而是对知识的再加工，在原有认知的基础上加深理解，举一反三，融会贯通，旧中见新。引导学生更细致、更全面、更灵活、更深刻地理解所学知识，教师可以在问题的开放性上下功夫，促进学生的个性化学习，创造性地体验教学内容。例如在复习长方形、正方形的周长时，可以请学生在方格纸上设计周长为20厘米的平面图形，那么除了长方形与正方形之外，所设计的“凹形”“凸形”“楼梯形”等等，虽然不是长方形，但是在求周长时都会用到长方形周长的计算方法。又如求圆的面积时，既可以通过半径求解，也可以通过r^2求解。再如复习百分数的实际应用时，引导学生发现百分数与比的应用、与分数的转化在本质上是互通。要达成这样的效果，仅靠学生的自主学习是比较难以实现的，教师应在问题设计与习题设计上进行深度思考。以打折为例，除了常规问题之外，还可以设计这样的问题——

打折意味着亏本吗？

一种商品，商店的进货价是60元，售价是80元，如果想打折销售，最多打几折可以保本销售？

如果想盈利20%，应打几折？

在L老师的复习课中，教师要更准确地把握要复习的数学知识，包括有可能衍生出的相关数学知识，否则很难对学生的讨论进行有针对性的指导。在课堂讨论中，学生关于分数的分类、零分数的观点都是存在问题的，教师却“淡然处之”，这样“以其昏昏，使人昭昭”是行不通的。在与L老师交流中，他表示不知道零分数的概念，因此简单地以“没有意义”来处理。实际上，零分数是有意义的，在《小学教学全书（数学卷）》中是这样介绍的：在分数的原始定义中，没有包含分子为零的情况，但根据分数与除法的关系，可类推出“$0\div a=\frac{0}{a}=0$（$a\neq 0$）”，所以补充规定“$\frac{0}{a}=0$”，并称之为“零分数”。在小学里，对零分数一般不作专门介绍，它在分数减法运算中会自然出现。（顾汝佐、叶季明、王明欢《小学教学全书（数学卷）》）正如巩子坤与宋乃庆所认为的：掌握牢固的基础知识不一定就能成为一名好老师，但是，不掌握牢固的基础知识则肯定成不了一名好老师。（巩子坤，宋乃庆《“统计与概率”的教学：反思与建议》学生在复习过程中经历了知识的梳理，重新建构了知识网络，会产生新的问题，就像在复习了关于角的分类，自然会想到“大于180度而小于360度的角叫什么角”之类的问题。对此，教师应当有相应的知识储备，因此，加强日常学习是非常必要的。

复习要抓住核心知识开展，提纲挈领，不宜散乱地回顾知识点，所以“复习求联”是一个基本要领。在复习中，教师很容易以练代讲，只做不评讲，只做不说理，只做不比较。在上文所述课例中，教师让学生做一做“想想做做”的习题，说一说相关的数学知识，但是对于核心知识的研究显然不够，对知识间的联系也显得关注不足。这节课的核心问题应当是引导学生关注分数、百分数的意义，把这个问题弄清了，对分数意义的本质也就清晰了，那么分数的基本性质与小数的基本性质之间的关系自然也就明了了，进而也就理解了百分数问题与分数问题的本质是一回事。教学设计需要针对复习内容与学生现实，努力凸显核心概念，以此为基础强化概念间的联系，以利于学生形成知识网络。凸显核心概念、强化概念联系的常用教学方法就是在了解学生的基础上，设计有针对性的问题问题和有联系、有层次的题组。本节课中只是程序性地完成了教材习题，缺少二度开发与加工。只有在训练的基础上开展问题研讨和练习后的思考，才能促进学生在解决问题的过程中开展反思活动，解决数学问题的过程就成为反思的材料。

L老师的教学可以从以下几方面进行改进。第一，教师不仅要梳理教材中的数学概念与衍生概念，还需要对相关的数学史有所了解。这实际上就牵涉到一个重要的问题，即教师的专业知识应该包括哪些内容？怎样获得这些专业知识？

第二，教师要在课前深度了解学生自主整理的情况。从提高复习的针对性和有效性的角度看，教师需要事先了解学生的真实思维情况，包括学生自主整理的完备度、关联度及表达方式，即所有应该整理的内容是否都整理了、是否表现了相关知识间的联系、是怎样表达这种联系的。要想了解这些，教师可以通过学情调查的方法获取。良好的教学效果离不开有效的教学组织，而教学组织离不开对学生思维状况的了解。

第三，教师的教学设计要促进学生思考“为什么”，促进学生对核心知识的理解。通过不断地追问“为什么”，让学生的数学能力在会与不会之间螺旋上升，从单纯的知识整理行为上升到对数学思想、方法的感悟。例如思考分数、小数、百分数之间有怎样的联系？怎样表示这样的联系？这样表示的依据是什么？如果在整理单中增加新的数学概念，需要增加什么？为什么？进一步，还可以组织学生讨论：小学中所学关于“数”的概念有很多，怎样进行整理？分类的好处是什么？为什么会有不同的分类方法？不同的分类中，分类标准分别是什么？

第四，教师要将习题与问题整合为有序的题组，在不断的调整中，达到温故知新的目的。我国数学教学的许多经验是有效的，比如“大容量、快节奏、高密度”的复习课，独具特色，这是训练学生基本技能的重要手段，需要教师示范讲解，系统铺展知识，巧妙串接问题，没有扎实的数学基础，很难上好这样的课。没有基础不行，光有基础也不行，复习课中应做到基础知识全覆盖，练习层次有序递进，通过设计题组加强比较，促进学生思考。

第五，教师要关注学生的表达、倾听与质疑。语言是思维的工具，也是思维的表达。通过个体、同桌、小组交流等方式让学生表达对复习内容的理解，进一步明晰概念，强化概念与概念、概念与应用之间的联系。培养学生能够认真倾听他人观点，并且能对他人的观点做出相应的评价，例如表达同意某某所说的哪些方面、不同意哪些方面及对哪些方面还有补充等。此外还要高度关注学生的质疑。学贵有疑，疑则有进，小疑小进，大疑大进。学生主动质疑正是学习主体性的具体表现，学生质疑能力的高低从一个侧面反映了教师对学生学习力的关注程度。学生质疑的可以是不会的习题，可以是对数学概念的不理解，也可以是从复习内容联想出的数学问题等。

总的来说，要上好复习课，必须在了解学生的基础上，通过问题设计凸显核心知识，强化概念间的联系；尊重学生的主观感受，尊重个性化的表达方式，引导学生用自己的语言表达，注意倾听他人的观点并能给予评价；复习课中需要有练习，光说不练的课是不行的，简单机械地完成教材习题达不到好的复习效果，要将复习内容与习题合理编制成层层递进、有关联的题组，从而促进学生深度思考。

第五章　教师的自我发展

教师要有教学主张

教学主张是教师在专业发展过程中，基于自身教学实践和对教学的理性认识，提炼总结的教师个体对教育教学哲学认识的核心观点，并以此指引自己的教学行为。一般会从学科教学观、学生发展观、教育教学观等方面进行提炼。

教师要形成自己的教学主张，首先需要坚持对一些本源性问题进行长期的思考，例如“教学生什么”“教学活动的目的是什么”等。教学行为是教学理念的外显，只有在长期的教学实践过程中，坚持对教学主张进行思考，并逐渐使之明晰化，才会使我们的内部理念与外部行为相一致。课程改革已经二十余年了，很多课改的理念已为广大教师熟悉并接受，但是很多并没有内化为教师自身的信念，因而教学行为并不能与教师口中所说的观点相契合。根据调查，很多教师认为学习应当以学生为主体，然而在他们的课堂教学中鲜见学生的自主学习，多以教师讲授为主。所以有好的想法，并不一定会有好的行为，因为这个想法并不是自己在实践中悟出的，也就并不能上升为统领教学行为的教学主张。很多教龄在20年之上的教师也未必有明确的教学主张，这就表明如果只是日复一日地重复教学过程，并不能够自然地产生教学主张，教学主张的形成需要在理论指导下的长期教学实践过程中对教学本质进行深刻地思考，进而获得自我对教学的理解，形成具有个性色彩的对教学的哲学认识。这其中，理论学习、理论指导下的实践、以学习和实践为基础的长期思考都是形成教学主张的要素。

有些教师的职业生涯只有量的变化，这样的教师缺少学习与思考，哪怕从教了十余年，也只拥有一年的教学经验；有些教师的职业生涯既有量的变化，也有质的变化，他们在实践中坚持学习，会主动地将理论与实践建立联系，以更好地用理论指导教学实践，同时坚持思考，从而形成自己的教学主张，具有这样特质的教师，专业发展的速度远超同龄教师。笔者在做教师专业发展研究的过程中，曾和很多老师聊天，其中一个话题是“您教什么”，绝大多数老师回答的是自己所教的学科，只有极个别的老师回答“我教孩子”“我教做人”。很明显，这些教师对教学的理解是有其独特看法的。十多年前，笔者在多次为南京市小学数学骨干班教师进行培训时，都问过同一个问题“你认为教给学生什么最重要”，当时的回答基本聚焦在“数学知识与技能”方面，少数则会谈“解题技巧与方法”方面，只有极少数会谈“数学思想”。近两年，笔者问一些骨干教师同样的问题，他们的回答就比较多元化了，回答有“教给学生公民意识最重要”“教学生学习数学的方法”“教学生发现问题和提出问题”“教孩子形成正确的价值观”等等。比较回答的变化，不难发现经过课程改革，教师的教学视野已经不再囿于学科教学，而是更多地体现在通过学科教学，立德树人。

为什么如此强调教学主张的重要性？对教师的专业发展来说，教学主张是教师教学的根本，其他的各种教学知识与技能都是建立在此根本之上的。如果用大树来比喻，教学主张就是树根，其他的都是生发出来的枝叶。所以，教学主张是“道”，教学知识与方法是“术”。笔者曾就一个案例组织教师进行讨论：在博物馆中，如果你6岁的孩子指着藏品大声向你提出了一个问题，你怎么办？教师的回答通常都是先看自己是否知道，如果知道就告诉孩子答案；如果自己不知道，就会问工作人员或者上网查找答案，然后告诉孩子；如果实在查找不到答案，就坦白地告诉孩子，或者回去后与孩子一同查找问题的答案。几乎所有的回答都指向了“找到答案并告诉孩子”，因为孩子提出了问题，这是多么好的学习状态，如果作为家长都不能满足孩子的学习需要，那无疑是莫大的罪过。只有极少数的教师表示不会回答孩子的问题，并且会提醒孩子在博物馆参观时，应当不说话，以免影响别人，有问题可以出去再问。这个案例是希望让教师注意到，学科教学的基点是育人，所有教学活动指向的都是学生的发展，这里的发展并不囿于学科知识的发展，而是综合性的发展，如果只顾及学科知识的学习，忽视甚至影响了其他方面的发展，有时是得不偿失的，就如爷爷奶奶为了小朋友的兴趣而在小区的水池中捞鱼或是采摘小区中的瓜果那样。法国数学家汤姆说过，所有的数学教学法都建立在一定的数学哲学之上。

有教学主张的教师，教学视野更开阔、眼光更深邃。就像盖伊·莱弗朗索瓦兹在《教学的艺术》一书中提出的：“为了成为有效的或者模范的教师，……首先，你必须确定教学过程的长期目标和短期目标。……你计划和期望的具体学习结果是什么？这些结果与这一学科的广义目标有什么关系？与这一年级的关系是什么？与这一学校的关系是什么？与这个城市和国家的关系是什么？这些目标如何与你的价值观和信念相匹配？它们是如何重要？”这就很明确地点出了教学主张的重要性。具有教学主张的教师能够从整体的视角对教学进行长程设计，对学生个体和班级群体的发展具有规划意识，并且能有效地将长期目标与短期目标结合起来。我们经常听到教师接手一个新班级时发出抱怨——这个班比我原来那个班差远了——实际上这往往是错觉而已，主要的原因是学生与你之间的默契程度还不够。换一个角度想，即便学生还没有达到教师心中的预期，教师是否就心中的预期进行过规划呢？学生需要在作业习惯、听课习惯、发言习惯、合作学习等诸多方面发展，这些发展在一个月后、一个学期后、一年后会出现哪些具体的行为变化？这些变化都是需要通过每一节数学课去落实的，教师有这样的规划意识吗？在学校听课时，笔者常问教师“今天教什么”，教师的回答都是具体的课时内容，关注点聚焦于知识与技能，几乎关注不到其他方面。笔者因此常常会和年轻教师说，既然不满意学生的课堂发言水平，就必须落实在每一节数学课的学习过程中，有意识地发展学生的表达水平，如果每节课都是以知识讲解和作业训练为主，那么学生的数学表达怎么会有进步呢？

教师必须要对教育教学工作的意义进行深刻地理解，自觉地提高对数学教育哲学的认识。数学教师需要经常地思考关于数学教育的一些本源性问题：数学是什么？数学教学活动是什么？我们教什么？什么对于儿童来说才是最重要的？……并且还必须站在社会和国家的层面对上述问题进行思考。这些问题的思考尽管无法得到一个最终答案，但是可以促使我们的思想走得更远，可以逐步形成自己的教学主张，可以让我们的教学不再是无灵魂的重复行为，而是充满活力、不断进取的生命进程。

立足教学，走向教育

教师们都不得不常常面对这样一种让人感到尴尬的事实：任凭自己用什么方法，学生总是会出现这样或那样的问题。这些问题有些表现为学习困难，有些表现为学习态度上的不配合。它们的出现正说明了教师工作的专业性，即并不是懂小学的知识就能够去教小学生的。面对专业性的问题，教师们常常在教学方法上寻求破解的渠道，这无疑可以解决部分问题，但也仅仅是部分问题而已。教学的时间越长，我们常常囿于各类细小问题的解决，容易忽略一个非常核心且重要的问题：教学问题的出现，其根源是什么？如果这个问题不能从根本上解决，那么我们的工作必然会陷入拆东墙补西墙的泥沼中。

诸多教学问题从本质上看都是教育问题。例如作业负担过重的问题反映的是教师在行为主义观念下的机械训练意识的外显；教师的教学失误反映的是职业道德观念下的责任缺失问题，如果对于所要教学的内容自己还没有把握准确，无疑是在备课环节出了问题；师生情感问题反映的是教师没有真正地将自己的工作理解为教育工作者，而仅仅是教学工作者，导致往往将目光聚焦在孩子的分数上，用分数来给孩子贴上“好学生”和“坏学生”的标签。

有一个案例是这样的，一位处于青春期的初二男生，对同班的一位女生有好感，还远远不到“恋”的程度，仅仅是青春期男孩对女孩的一种心理萌动。有一天放学后，男孩子尾随着女孩子，就想知道女孩子的家住在哪里，恰好当天女孩的父亲去接女孩，在回家途中遇见女孩，并且发现了尾随的男孩。作为女生家长，自然是提防早恋这种事情的发生，特别是需要切断影响中考的一切因素，于是第二天到学校找了班主任。班主任是一位新教师，非常重视，结果男孩的父亲在第二天下午就被召到学校。班主任将此事定性为“早恋”，男孩的父亲恼羞成怒，尽管男孩再三解释没有早恋，而父亲只是追问“你如果不早恋盯着女孩干什么”，将男孩暴打一顿了事。这件事之后，男孩心中对班主任充满了怨恨，他决定报复班主任，而选择的方法又是非常惨烈的。因为班主任教语文，所以男孩选择报复的方法是不学语文，认为这样可以拉低全班的语文均分。到初二结束时，男孩的语文成绩已然不及格，在班主任眼中就是不折不扣的差生，到初三中考结束，男孩没能考上高中。那么，男孩的语文成绩差，是态度问题还是智力问题？抑或是情感问题？如果不了解事情的来龙去脉，自然会简单地归类于态度问题，那么又是什么原因导致出现态度问题？教师要竭尽全力地去了解学生，理解学生，保护他们的心灵，因为教师的行为会影响学生的一生。

所以说，细究“教育教学”，重点是落在“教育”上，还是落在“教学”上，或是两者并重呢？当教师长年累月、周而复始地上课、批改作业、辅导学生、参加培训的时候，已经形成了无意识的惯性，这种惯性会使得我们忽略这些非常重要的思考。《国家中长期教育改革和发展规划纲要（2010—2020年）》明确指出“百年大计，教育为本”，并且要“把育人为本作为教育工作的根本要求”。所以只将知识和技能作为教育的诉求，无疑是教育最大的失败。教学是达成教育目的的路径，教学工作的核心是育人，要让受教育者学会思考、勇于担当、拥有理想，而不是单纯地拥有知识和技能。如何理解教育工作的本质是所有教师需要真正思考并实践的，要引发自身精神的变化并通过行为反映出来的呢？就是说，要通过学习与思考来改进我们的教育理念，并通过课堂教学来演绎我们的教学理念，这就需要摒弃学科本位思想，立足教学，走向教育。教师要明确地认识到究竟需要培养怎样的人，更进一步思考未来的社会需要怎样的公民。

在六年的小学生活期间，我们都期盼孩子能够发展成为善良的、明理的、坚韧的、谦逊的、会生活的人。“善良”当以德为先；“明理”重在培养辩证思维；“坚韧”是孩子们所需要的那种面向目标，百折不挠的精神；“谦逊”旨在学会与他人相处；“会生活”则要从生活技能、艺术审美等方面给予关注。这些目标的实现不能仅靠学校教育来完成，要整合学校、家庭和社区的教育资源共同为孩子的发展服务。但是其中最为重要的是教师的理念，这直接关系到班级教育发展的方向。

具有教学主张的教师在回答“教学过程中你认为教什么最重要”时，他们的回答是多元的：培养公民最重要；教价值观最重要；教学生学会感恩最重要；教“问为什么”最重要；教学生对问题有自己的想法；让学生找到学习的理由；教学生互相尊重；让学生懂，知道为什么；让学生有学习的愿望；等等。可以看出，他们关注的重心是人的持续发展，更多地关注教育层面。与之形成鲜明对照的是大多数的教师目前更多关注教学层面，如学生的知识掌握情况，解题技巧掌握情况等。因此，我们需要调整教育理念，如我们需要强化学生的规则意识和学习能力，而这些重要的内容在一年级入学之初就应当开始。学生的持续发展是以学习能力和良好的规则意识作为保障的，教师要告诉学生个体实现自我需求与社会群体关系之间的基本行为规则。在一年级新生入学后，我们需要放慢教学进度，花较长的时间引导学生熟悉并遵守班内学习的规定，这些规定将教学班级就看作一个小的社会，每个成员在这个群体中的行为都要符合社会对成员的基本要求。这看上去似乎会影响教学进度，但从长远来看是非常值得的。我们还需要更加关注学生持续学习的能力，除去各种要遵守的规则之外，新生入学还要掌握相应的学习技能，如怎样听课、怎样作业、怎样记笔记、怎样复习等。要重视知识，但是更重视知识是如何获得的。每位教师对执教的每个班级需要有学科精神建设，这是班级文化的核心。时代的发展需要教师教学视角的改变，只有站在教育的立场去思考教学，以教学的开展来促进教育，才能真正地迎来教育的春天。

站在小学数学教师的角度思考：怎样让教学工作赋予教育意义呢？我以为可以从“学会”“会学”“自长”“共生”四个方面得以实施。

“学会”即从学科学习的角度，让学生在学习过程中通过主动建构，理解并掌握数学知识，会用具有个性的方式解释相关的数学概念，能发现知识间的联系并且形成相应的连接，能够运用知识解决问题，形成相应的技能。这是数学课堂中最容易观察到的教学现象。

“会学”即从数学思考的角度，让学生在学习过程中逐渐掌握学习的方法与策略。通过教师的引导，了解具体的学习方法，并且真正地应用在自我的独立学习过程中。例如收集与整理信息，提出问题；通过观察与比较学会加工信息，发现联系；通过归纳与验证，获得结论；通过运用结论解决问题，发展举一反三的迁移能力。在这个过程中通过调用举例、列表、画图、转化等一系列具体的方法发展数学活动策略，并逐步学会“数学地”思考。

“自长”则关注学生的自我发展，在长期的教学过程中逐步发展学生的元认知水平。可以通过让学生拟定计划、学会质疑、顺着问题继续想下去、自己发现难点并掌握对结果进行检验等具体的方法，让学生学会及时对解决问题的实施过程、结果的合理性进行监控，学会及时地调整解题方法，快速地调动不同的解题方法去尝试解决问题，发展相应的解题策略，活动结束后开展自觉的反思。《义务教育数学课程标准（2011年版）》强调发展学生的数学活动经验，仅靠参与数学活动还难以获得数学活动经验，能否形成经验需要很强的认知参与过程，需要学生在长期的学习过程中逐步发展对数学活动的价值、目的的认识，掌握活动方法，重视结论分析、活动反思。这关系到学生自我管理水平的发展程度，在从事活动时，学生要认识到在做什么、为什么要做、怎样做、做的效果如何、需要怎样调整、结论是什么等等。

“共生”即让学生认识到学习共同体的重要性。有团队意识、在团队中懂得合作、可以交流和表达、相帮互助、接受公平公正的社会规则、通过对不同意见的接纳初步理解多元文化共存的必要性与互补性是“共生”的核心内容。在教学过程中帮助学生逐步认识到个体与群体的关系、个体与群体的协同发展是教师教学工作的重要内容。

归根结底，教育教学工作的核心是为了学生的发展，要实现愿景，还需要我们脚踏实地去研究、实践。这正是教师工作的挑战所在、意义所在，也是乐趣所在。

警惕“舒适性依赖”

人们开车时，已经习惯于利用导航帮助自己规划路线。导航规划的路线有多种不同的选择，可以选择路程最近的，或是耗时最短的，极大得方便了人们的出行，即便是去陌生的地点，都不用再像几十年前的司机那样需要事先查阅地图来帮助自己规划路线。笔者问过许多人一个问题：如果是利用导航到达陌生的目的地，那么不用导航可以再次顺利到达该地吗？多数的回答是“不能”，因为“没有记路”。是啊，有了导航，谁还会记路呢？

就像原来需要学生自己进行的单元知识整理，现在已经有商家售卖各个学科的知识结构图；各种输入法带来的便利，已经让人无须借助笔进行书写；阅读已经从文字阅读发展到各种app开发的听读；等等。这些都是“舒适性依赖”！

我们无须拒绝外部条件为生活、学习带来的各种便利，但是需要警惕这种舒适感带来的对外部条件的过度依赖。提笔忘字已然常见，更不能要求书写美观了；阅读带来的想象空间和节奏变化，在听读中已经无法再现了；依赖各种学习资料的简单获取，学习能力的提升则宛若空中楼阁，可望而不可即了。

过度的“舒适性依赖”在教学工作中有没有呢？有的。对电子教案的过度依赖使教师逐渐失去开展高质量教学设计的机会；每天重复进行简单的工作，惯性慢慢演变为惰性；教辅资料的盛行导致教师编制试卷能力的弱化；等等。

教师需要摆脱过度的“舒适性依赖”，摆脱的关键在于对教师工作的理解与敬畏。外科泰斗裘法祖接受采访时说：患者走上手术台，就是把命交给了你。那么，当孩子走进学校时，教师面对的是孩子一生的发展。家庭教育、学校教育、社区教育、自我教育是教育的不同形态，核心指向的是自我教育。对学生是这样，对教师同样如此。教师如果意识不到教师职业的社会价值与自我价值，就不能理解立德树人的时代必要性，工作中难免会出现对自我的低标准和低要求，疏于学习，陷入“舒适性依赖”。正如《原则》的作者雷·达里奥所说：如果你现在不觉得一年前的自己是个蠢货，那说明你这一年没学到什么东西。

教师必须不断地思索教学工作的价值和意义，强化自己对教学问题的研究意识并付诸行动，才有可能面对复杂多变的教育教学问题并更好地解决它。即便是教材中的教学内容，也可以有不同的教学方法，尝试用不同的方法实施教学，以便发现最贴切孩子发展的教学设计，是一件很有意思的事情。教学面临的挑战需要教师敢于“苟日新、日日新、又日新”。正如苏霍姆林斯基说的：凡是难以完成的，不仅是需要的，而且是美好的、值得赞美的。（B. A. 苏霍姆林斯基《怎样培养真正的人》）

从“不怕慢，就怕站”谈起

“不怕慢，就怕站”是好友张勇成说给我听的，讲的是农村插秧的道理。慢一些没关系，总能把秧苗插完，但是站着不动了，这件事就半途而废了。想想还真是这么回事，回忆自己当年在晓庄师范读中师的时候，毛笔字考核第一次没有过关，放暑假的时候从描红到临帖，每天坚持写，也就一个暑假的功夫，开学再次考核也就顺利过关了。教学研究如果能按“不怕慢，就怕站”的要义去做，相信也会见效。

一、“不怕慢，就怕站”首先强调的是实践

教学研究必然从实践中来。苏教版小学数学教材主编孙丽谷先生讲过，要当好教师就从认真上好每一节课开始。认真上好每一节课，就是认真插好每一株秧苗。认真插好每一株秧苗，就是实现量的积累。插着插着，插一株苗的本领自然就见涨了。其中最见功夫的就是坚持，如同长跑时身体承受力到达极点时那样，需要有强大的信念帮助自己去克服困难，信念的基础是对职业理解和操守，最重要的是对职业的热爱。就像母亲抱着婴儿，手臂再酸，也会紧紧地抱着、呵护着。

笔者给年轻教师的建议就是：如果每周能认真地按公开课的标准上一节课，对自己专业发展的提升是非常有益的。因为要上好一节课，需要认真地研究教材，查阅文献资料，对学生开展学情调查，琢磨教学设计，考虑课件与教学设计的契合，自己设计练习。期间所耗费的时间与精力是与随堂课不可相提并论的。下面以苏教版《数学四年级上册》“认识垂线”为例说明分析。（见下图）

6

根据上图可以画出下面三组相交的直线。

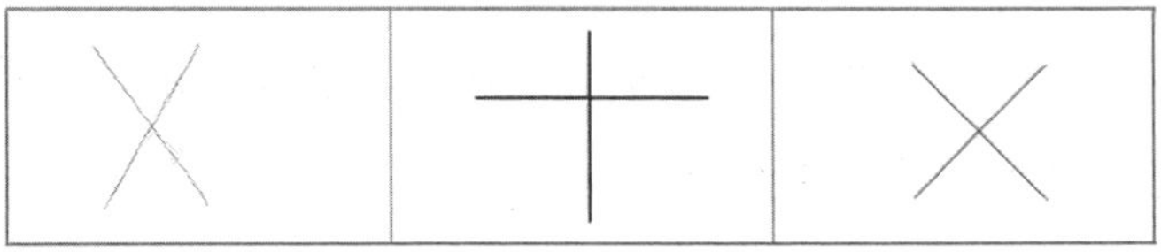

比较这三组相交的直线，你有什么发现？

两条直线相交成直角时，这两条直线互相垂直，其中一条直线是另一条直线的垂线，这两条直线的交点叫作垂足。

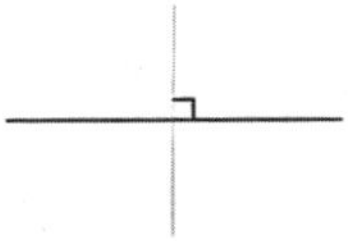

教师首先要认真阅读教师用书。苏教版《义务教育教科书数学教师教学用书四年级上册》中指出：由于定义垂直与平行都需要用到相交的概念，认识相交是认识垂直和平行的必要前提，且垂直是相交的一种特殊情况，学生在认识相交的基础上更容易建立垂直的概念。如果教师教学中没有在相交的基础上教学垂直，也没有引导学生关注垂直是相交的一种特殊情况，只通过简单的下定义的方式进行概念教学，会导致学生概念学习的混乱。我们请学生判断：在下面5幅图中，两条直线相交的是哪几幅？两条直线互相垂直的是哪几幅？

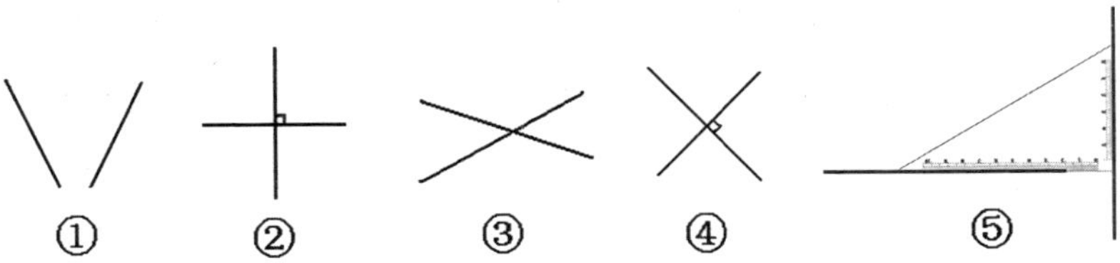

结果与预期高度吻合，对概念不清的学生都将图②、④、⑤只当作互相垂直，认为5幅图中两条直线相交的只有①和③。显然，学生没有理解相交与垂直的属种关系。下面的教学片段则较好地处理了相交与垂直的关系。

师：（出示比萨图片）吃过比萨吗？如果将比萨分成4份，可以怎么分？请同学们在圆形纸片上画线分一分。

教师收集学生的不同分法在投影下展示。

师：这些同学的分法都将比萨分成了4份，如果将分比萨的两条线看作两条直线，这两条直线都怎样了？

生：两条直线都相交。

师：（在黑板上画出相交的两条直线）相交是两条直线的一种位置关系，这个点叫作交点。两条直线相交，会得到这样的4个角（依次标出角1至角4），观察这4个角，你有什么发现？

生：角1和角3相等，角2和角4相等。

师：（用三角尺比画）角1和三角尺上的这个角相等，是45°，怎样证明你的结论呢？

生1：角2就等于180°减45°是135°，角3等于180°减135°是45°，角4等于180°减45°是135°。

生2：实际上180°减角2既可以得到角1，也可以得到角3，所以角1和角3不管是多少度，肯定是相等的。同样，180°减角1就得到角2或者是角4，所以角2和角4肯定是相等的。

师：确实，这样就可以确定刚才我们的发现。现在知道两条直线相交，会有一个交点，并且所得到的四个角，像这样相对的角的大小也是相等的。在纸上画两条直线，有可能相交，当然也有可能不相交。像这样在方格纸上画两条直线就不会相交，不相交也是两条直线的一种位置关系。（见下图）

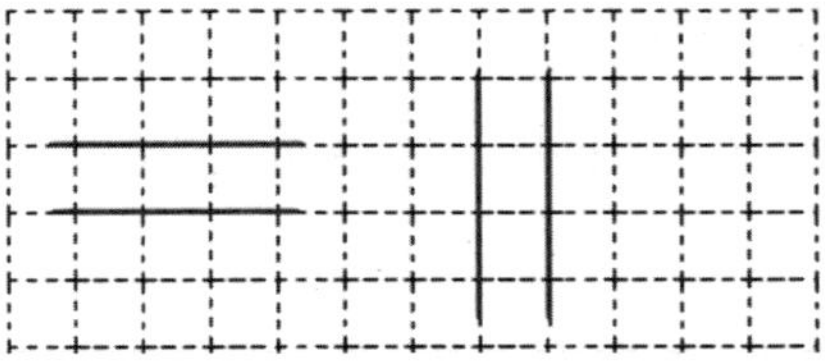

师：下面哪幅图中的两条直线相交？

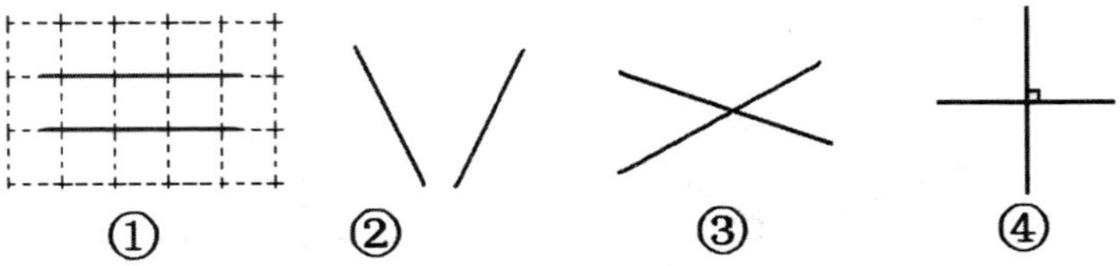

生：图①中两条直线不相交，后3幅图中的两条直线都相交。图②中两条直线看上去没有相交，但因为它是两条直线，所以是可以无限延长的，当然也相交。

师：（出示下图）看来同学们对相交已经理解了。如果可以旋转一条直线，你能使这4个角同样大吗？用两支笔代替两条直线，自己试一试。

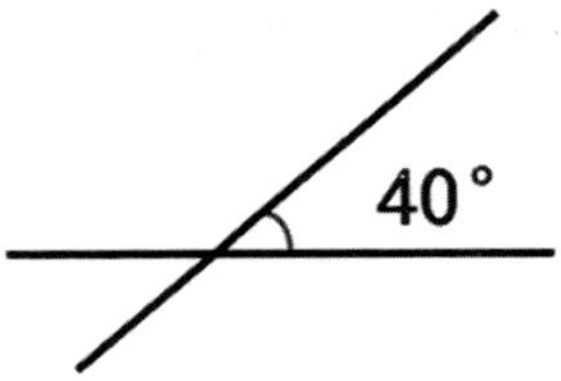

教师请一位同学上台演示。

师：当什么时候4个角同样大，你能描述一下吗？

生：当4个角都是直角的时候同样大。

师：（出示下图）两条直线相交成直角，叫作这两条直线互相垂直，它们的交点叫作垂足。因为4个角都是直角，所以通常只标1个直角符号。

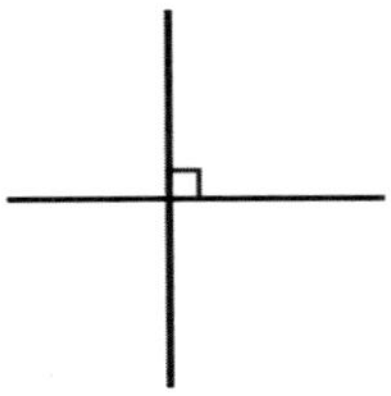

师：当两条直线互相垂直时，其中一条直线就是另一条直线的垂线。如果我们将两条直线分别叫作直线a和直线b，你能说一说谁是谁的垂线吗？

生：直线a是直线b的垂线，直线b是直线a的垂线。

师：（指着黑板上的图，见下图）比一比，这都是两条直线相交，它们有什么相同和不同呢？

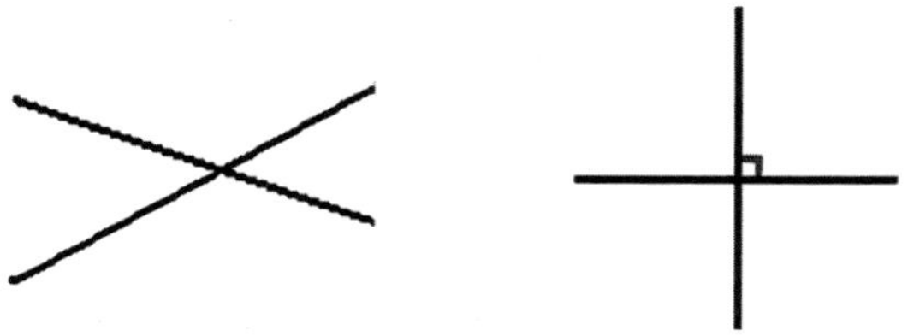

生：它们都有一个交点，都有4个角，相对的两个角相等，但是如果互相垂直的话，4个角就都是直角。

师：所以，尽管都是两条直线相交，但是当两条直线互相垂直时，4个角都相等，都是直角，因此互相垂直是两条直线相交的特殊情况。（出示练习图，见下图）5幅图中，两条直线相交的有哪几幅？两条直线互相垂直的有哪几幅？

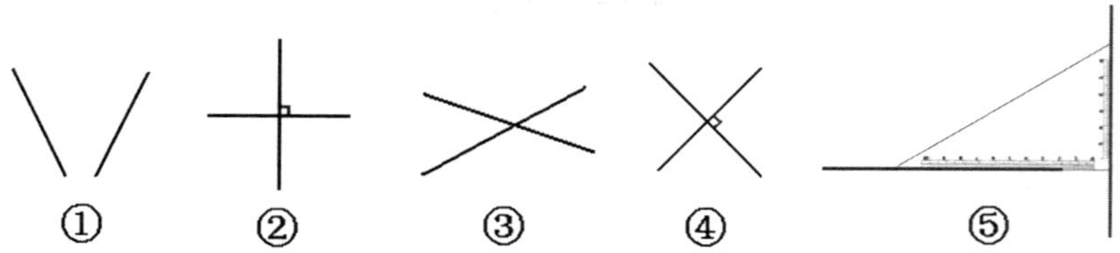

生：这5幅图中的两条直线都相交，互相垂直的有②、④和⑤。

师：你怎样判断两条直线互相垂直呢？

生：看图中的直角符号，有直角符号就说明这两条直线相交成直角，就是互相垂直。

师：（出示下图）可以看出，5幅图中的两条直线都相交，但是②、④、⑤中的两条直线又是互相垂直的，所以互相垂直是相交的一种特殊情况。

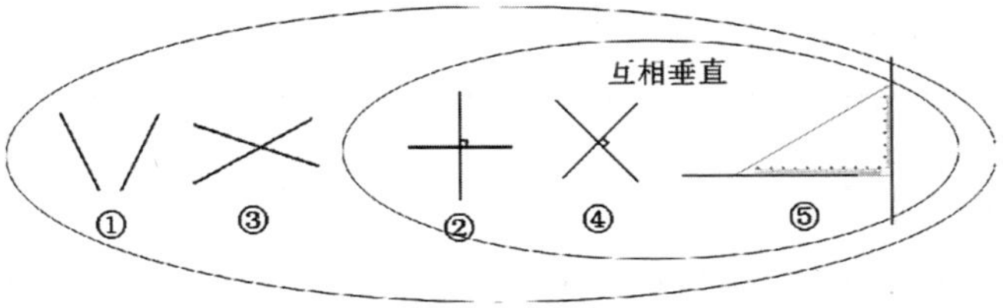

相交

上述案例突出了在相交的基础上开展互相垂直知识点的教学，首先就相交所形成的4个角的大小关系进行比较，发现相交的两条直线的特征，进而通过“旋转其中的1条直线使相交所得的4个角变得同样大”的操作活动，让学生发现了互相垂直是怎样从一般相交演变而来的，有利于学生理解互相垂直是相交的一种特殊情况。教师进一步引导学生比较一般相交与互相垂直的相同与不同，完善学生对两者的关系认识。

二、“不怕慢，就怕站”体现的是主题突出

就插秧这项工作而言，若能将插秧的动作完成好，坚持下去，总能见到成效。教学研究也应围绕主题开展，尽可能避免散点式的研究。围绕一个系列或者是一个专题开展，可以使思考变得更深入。也可以借助教学反思，避免局限在课时教学本身。试想，如果将不同的课例进行比较与分析，发现并归纳出有效的教学行为，是非常有趣并且有成功感的。相信只要有了量的积累，经过反思的催化，一定会引发质的变化。

例如在图形与几何领域，从低年级到高年级都有图形的认识与测量，教师可以进行以下几方面的思考——

各年级关于图形的认识与测量的具体内容分别是什么？它们之间的联系是什么？教材为什么这样编排？这是关于教学内容编排的研究。

各年级在教学图形的认识与测量时，教学设计有哪些相通之处？不同年级教学图形的认识与测量时，具体的教学要求有什么区别？练习设计的主要内容有哪些相同点？为什么会存在这些相同点？这是关于教学方法的研究。

不同年级的学生在学习图形的认识与测量时，他们对教学内容的原

认识和经历学习过程之后的认识有什么变化？学生在学习哪些内容时会存在困难？产生困难的原因是什么？教师在教学中如何解决？这是关于学生学习过程的研究。

通过图形的认识与测量，怎样培养学生的量感、空间观念和推理意识？这是关于发展学生数学核心素养的研究。

这些研究，多数是很难在短时间内完成的。不过，慢一些是没有关系的，只要心中有研究目标，持续地在教学实践中关注研究主题的相关素材，坚持理论联系实际，最终一定会在某个方向形成自己对这一主题的研究见解。

三、“不怕慢，就怕站”提醒教师要善于学习

秧苗插得直不直、快不快，并不是单靠信心就会取得好效果。一个好的想法有时未必会转化为一个好的行为。为了插得快，忽视秧苗的间距与深浅，反而会欲速而不达。开始时，还是要认真插好每一株秧苗，把根基先打好。要善于从他人的经验中学习，同样也需要从书籍中学习，并且要把学习的成果应用在实践中，去不断地发展自我。

对教师的专业发展来说，最值得重视的就是自身的学习、实践与思考。认真听课、在办公室和其他教师讨论教学问题、学习其他教师管理学生的做法等就是从他人的经验中学习，听课不能只听自己任教年级的课，因为不同年级的教学内容是有内在联系的，教学方法是相通的，教学中对突发情况的处理是可遇不可求的。教师中有大循环教学经历（从一年级教到六年级）的很少，多数教师只对自己任教过的教学内容比较熟悉，这会制约教师对教材的理解。听课时要有代入感，要时刻去思考如果是自己在上课，某个环节会怎样处理。听课就像照镜子，教师可以将听课的班级与自己的班级进行比较，思考存在哪些优势与不足。教师要坚持阅读，除了教学杂志，最好能阅读专著。在阅读时特别需要关注的就是理论联系实际，一定要将相关理论与自身的教学经历联结起来，这样可以更好地知道教学中的成功与不足产生的深层原因，也更容易迁

移到类似的课型当中。

“不怕慢，就怕站”是一种态度。累了，就慢些；不熟练，就慢些；遇到挫折，就慢些。但是心中的目标很明确，信念不动摇。在慢一些的过程中，学习、感悟、实践，静待羽化成蝶。偶尔站一下也无妨，就当作是中途的加油站，蓄满能量，再度起航。就怕站久了，再也不愿俯首劳作。因此还可以与插秧的伙伴结伴而行，相互鼓励，携手走下去。

挟泰山以超北海，此不能也，非不为也；为老人折枝，是不为也，非不能也。有很多事情，都要想想是“不能”还是“不为”。因此，借着“不怕慢，就怕站”的比方，明白只要坚持下去，凡事也可“有为”，教学研究亦是如此。

阅读在于唤醒自我

有的书籍供人娱乐，看时心情愉悦，过后也就忘了；有的书籍供人学习知识，让我们对陌生领域有所了解，增长学识；有的书籍供人反省内心，在宁静中寻求存在的意义；有的书籍供人思辨，教会我们透过事物的表面发现熟悉中的陌生。

就自己来说，从小到大看过的书已记不清有多少本了。从小学到初中，看书以娱乐为主，从童话故事、古典名著到武侠小说，但凡好玩，便是我的阅读大餐。读师范时，迎来了首个阅读高峰。当时参加了学校里许多兴趣小组的活动，这些活动经历大大拓宽了我的阅读面。《纽约摄影学院教材》让我学会站在不同的角度去观察，发现事物在不同姿态下的风景；《培根随笔选》让我领略哲人对人生世态那充满哲学的深入思辨；《古今中外》就是一个多学科知识的大拼盘；唐诗、宋词、元曲的意境之美令人惊叹，读者与作者的情感共鸣通过字里行间悄然迸发……这期间的阅读涉猎广泛，全凭兴趣。不仅了解了诸多不同学科领域的知识，更感受到阅读所带来的思想自由的感觉。阅读构建了一个无限广阔的思维空间，思想可以在其中驰骋，全无拘束；阅读也可以帮助心灵趋于宁静，可以更清醒地认识生活中的点点滴滴。

工作的前十年，我看的专业书籍主要是各类教辅材料和小学数学竞赛书籍，当时购买了书店中几乎所有的小学数学竞赛书籍，每天都在做题和与同事、朋友交流解题思路的过程中度过。竞赛题的训练对教师自身专业发展是非常重要的，大量的解题过程会促使教师不断地通过比较，举一反三，形成相关问题的认知结构，并且在此过程中发展解决问题的思维能力，促进教学过程中习题编制水平的提高。而对于教育理论书籍，我也买过几本，不过实在是看不下去，感觉就是套话、空话，所以很多次参加培训时，心里总是对台上的专家嗤之以鼻，“讲那些理论有什么用，有本事来教个毕业班，看谁的班级均分高”就是当时的心理写照。

工作十多年时，我参加了省级骨干教师培训班，有学友问我什么是数学。初听这个问题，觉得这根本就不是问题，但越想下去越觉得这是一个无法回答的问题。后来又听郑毓信教授的讲座，郑教授开门见山地提出3个问题：什么是数学？教怎样的数学？怎样教数学？听讲座之前，感觉还能对3个问题找到些心中的答案，听完讲座后，发觉心中已经没有答案了，因为原先认为的答案根本站不住脚。和郑教授交流后，老先生很幽默地说：“我是搞哲学的，就是要将你们认为清楚的搞成你们不清楚的，我的目的就达到了。”作为一名数学教师，如果心中对这些问题没有自己的认识，教育教学工作难免会有穿靴戴帽之嫌。怎样清楚地认识这些问题，从而使自己的数学教学走在正确的轨道上呢？加强数学教育理论的学习就是一条出路。我真正精读的第一本教育理论书籍就是郑毓信教授的《数学教育哲学》，看完这本书花了近一年的时间。后来又陆续读了20多本教育教学理论书籍，在读书的过程中，我才真正体会到时间是挤出来的。

对教师来说，广泛阅读是非常重要的，特别是阅读专著，收效远比阅读杂志和朋友圈的文章要好得多。在阅读过的专业书籍之中，有些书籍我愿意推荐给大家。

金成梁先生编著的《小学数学疑难问题研究》。教师在研读教材的过程中，会对数学概念的理解与处理上产生诸多困惑，如果处理不当就会在教学过程中出现失误，甚至会产生科学性错误。对语文教师来说，《新华字典》可能是必备的工具书，而对小学数学教师来说，专业发展的首要任务是加强对学科知识的理解，必须阅读相关的具有工具书性质的专业书籍，比如人民教育出版社于1990年出版的李润泉、曹侠、陈国盛主编的《小学教师之友　数学卷》，上海教育出版社于1995年出版的顾汝佐、叶季明、王明欢编著的《小学教学全书　数学卷》等。金成梁编著的这本书将小学数学教学中教师常见的疑难问题系统地划分为“数与代数”“图形与几何”“统计与概率”“综合与实践”“数学、逻辑及其他”5个板块，每个板块又以问题的形式细分为若干条目，针对每个问题都给出具体的解释，帮助小学数学教师明辨是非，从而杜绝教学中知识性错误的出现。

曹才翰、章建跃两位先生所著的《数学教育心理学》。这本书虽然是以中学生的数学学习过程为基本线索，开展对学生数学学习心理的分析，但是书中关于数学概念、数学思想方法和数学技能等的学习与教学，以及关于学生元认知能力培养的论述，对小学数学教师的教学实践同样能起到指导作用。

苏霍姆林斯基著、蔡汀先生翻译的《怎样培养真正的人》。这本书的内容似乎与小学数学教学没有直接的关系，不过，教育最重要的意义在于通过外显的教育行为使教育者和受教育者的精神得到升华，从这一层面上说，这本书似乎又与所有的学科教学都有关系。书中就学生成长过程中面临的诸多涉及教育伦理的问题进行了分析，就如何通过活动促进人的精神世界的发展进行了论述，有利于教师理解学生、理解教育本质。

不过，对我教育思想形成影响最大的非郑毓信教授所著的《数学教育哲学》莫属。学习教育理论需要毅力，《数学教育哲学》出版之时，书中所研究的问题都是当时国际数学教育界最为关注的一些问题。事实上，书中研究的内容在当下仍然是热点问题。当时自己的教育理论严重匮乏，开始时的阅读往往会因为不熟悉某些术语而导致阅读困难，像心理学中关于“凝聚”的解释，读了几遍后才理解。所以，我的阅读方法是通常将这些专业术语先跳过去，先看相应的例子，等过两天再回头看；或者尝试将书中的观点与自己的教学实践联系起来，以自己的教学案例来对书中的观点做出解释。付出总是有回报的，我通过阅读首先弥补了自己在教育理论方面的基础知识，能够让自己从更高的视角去认识数学教学。原来只认为教学的目的是让学生考出好成绩，从未想过数学教学的目的，更谈不上从认识论的角度去认识数学学习和教学活动。此外，书中所列举的诸多教学实例都是我们所熟悉的，但是又总能另辟蹊径，从一个全新的视角引发我们对其展开思考，用辩证的视角去分析习以为常的事物，从“是什么”“为什么”的角度启发我们进行思辨，让我们不再拘泥于表面的形式，从而更加深入地思考原本的面貌。这正是这本书最吸引我的地方：从不告诉我应该怎样做，而是启发我思考可以怎样做。白石老人说过：学我者生，似我者死。更进一步地，这本书又在不断地让我形成一种思考习惯：为什么这样做？做的效果怎样？如何进行调整？可以说，在阅读的过程中，我会不时地问自己“我的教学主张是什么呢？”教师的研究不能只停留于微观的例题教学研究，也需要从宏观的角度去思考对数学教学乃至于数学教育的具体认识。阅读《数学教育哲学》，唤醒了“数学教育的自我”。

我给新教师阅读的建议是，先从读一本书开始，不要急于购买很多专业书籍，读完一本再继续阅读第二本。读完一本书的秘诀就是坚持每天阅读，事实上，如果能坚持每天阅读10页，通常1个月左右就能读完1本书。阅读中，一定要学会将书中的内容与自己的教学实践联系起来，可以在书上勾画、书写，这样能促进对书中内容的理解，进而尝试逐步地用书中的理论指导教学设计，把应用看作是对阅读的一种奖励，认真去感受理论指导下的实践与经验指导下的实践的区别。另外，在写论文的时候，合理地引用文献，会使论文写作不再浮于案例的描述。

以下为《数学教育哲学》一书中的片段——

数学不应被等同于数学知识（事实性结论）的汇集，而应主要地被看成人类的一种创造性活动，从而，除事实性结论外，我们也就应当把“问题”“语言”“方法”等同样看成是数学（或者说，数学活动）的重要组成部分。

一个数学教师也可能在从事了多年的数学教学以后，对为什么要教数学和应当如何去教数学仍然缺乏明确的认识。

人不是被动地接受全部外部信息，而是有选择地对其中的某个方面或层次进行反映。……正是主体已有的知识和经验起了决定性的作用。

如果我们唯一地注重实用，即如以“具体问题的求解”作为数学教育的唯一目标，就必然会导致这样的后果：学生（甚至教师）只是满足于用某种方法（包括观察、实验和猜想）去求得所面临问题的具体解答，而不去进一步追究相应的解释，也不去思考是否存在有不同的解答，以及是否可能对所获得的结果作出进一步的推广，等等，而这显然是与真正的数学思维大相径庭的。

做一个会思考的教师

教师接受培训是教师专业发展的重要路径，要使培训取得实效，一方面来自培训者根据培训内容制定的培训方案与受培训者之间的契合程度，另一方面来自接受培训教师参与的程度。

目前教师培训的现状往往是：培训时，培育人员投入地谈论如何进行课程改革、如何改进教学行为等，教师们认真记录；培训结束后，两方“皆大欢喜”——培训人员完成了培训任务，教师们“顺利”地经历了培训。总结就是培训前萌动，培训时激动，培训后不动，最终还是按自己原先的方式开展教学活动。出现这种情况的根源是“需求错位”。培训人员选定的培训内容、培训形式与教师的需求之间存在较大的分歧。通过访谈，教师们普遍反映他们需要将理论与实践紧密结合的、具有较强操作性的案例培训，他们不需要的是空泛地讲“新理念”“新结构”等宏观的内容，而需要培训人员讲“新理念”怎样具体地指导教学，最好是通过实际的教学演示新理念如何落实，他们更期望专家能亲自“下水”示范，用老师们的话说就是“是骡子是马，拉出来遛遛”。这就需要负责教师培训的专业人员对培训工作进行调整。

除此之外更重要的是，接受培训的教师需要真正参与到培训中去。数年前，笔者与一位知名高中语文特级教师一同外出讲课。在车上聊天时，他说这次培训讲座的任务比较轻松，因为是讲给小学语文教师听。我觉得好奇，于是问：“都是给教师培训，为什么给小学语文教师培训就轻松呢？”他说给小学教师做讲座，他们听得很认真，记录也很认真，他们相信专家，从不质疑。而中学教师，特别是高中教师，质疑意识和能力都很强，他们会问你讲座中的观点来源、实验方法、数据取样等诸多方面的问题，因此一个讲座需要准备的内容特别详细，工作量是非常大的。这无疑说明了一个事实：只会机械接受学习的小学教师亟待改变学习方式，要有质疑意识，要发展自己的批判性思维，要培育内心的理性精神。任何学习培训，都需要教师有独立思考的能力，能批判性地学习，而不是跟着潮流人云亦云。每个人的内心都有理性精神，在学习和工作中，因为缺少学习和思考，很多人内心的理性精神逐渐泯灭了。课程改革要取得成功，需要依靠自上而下的行政推动和自下而上的教师对课程理解的基础力量，自下而上的基础力量来自教师对课程改革认识的觉醒，依赖于教师理性的觉醒。

由于很多教师从小到大的学习方式都是以机械接受学习为主，考试内容和考试方式也主要与知识记忆的扎实程度和技能应用的熟练程度有关，当他们踏上工作岗位之后，这种经验会影响他们的教学方法，并在他们的学生身上再现。这种缺少质疑与反思的精神状态，会让许多时髦的口号与心灵鸡汤植入教学工作。诸如“日日清、课课清”，想法的初衷无疑是一个极佳的理想状态，强调能在课堂上掌握的东西不留到课后，当天所学的知识当天掌握，该背的会背，该运用的会运用，做错的要订正，强调教师要负责任，学生要尽责任，这都是有积极意义的。不过真的能“日日清、课课清”吗？学生不是知识的容器，学生是学习的主体，学习过程是学生在环境影响下个体对知识的建构过程，在此期间存在路径差与时间差，因而学习结果是极具个性化色彩的。我们可以确认不同的人在同样的时间内对同样的知识的掌握很难达到同一水平，即便这个水平是一个基础水平，学生之间也必然会产生分化，且在不断学习进程中，在这种不断分化累计叠加的效应下，如何能实现“日日清、课课清”呢？这种口号只关注了知识的掌握和技能的形成，没有将学习过程和人的发展联系起来，正如心理学家约翰·D.布兰思福特认为的：很多思维形式并不像思维，计算和推算的过程，仅仅包含了一套固定模式的发展，没有给创造发明留有余地，没有猜想或使人惊奇的地方，没有机会去发现，事实上，就是没有人的需要。（约翰·D. 布兰思福特等《人是如何学习的：大脑、心理、经验及学校》）研究表明哪怕是幼儿在解决问题时，也表现出投入专心学习情境的强烈愿望，他们既是问题的解决者，又是新问题的创造者，他们会在此过程中寻求和创造新的挑战。心理学家马斯洛在《科学心理学》中指出：每一个正常人，甚至每一个儿童，都是一个单纯的、未发展的、不熟练的科学家，原则上在接受教导以后都能成为更老练、更有技巧、更高级的科学家。（亚伯拉罕·哈罗德·马斯洛《科学心理学》）

所以，教师只有具备独立思考的能力，结合自身工作经验，积极学习，对各种口号能够批判性地思考，才不会陷入“时髦的错误”之中。当下的教师培训都是听讲座为主，这是效率比较高的培训方式，可以在短时间内对更多的培训对象开展培训。教师接受培训也需要自身积极地投入，首先是情感上的参与，需要对培训以悦纳的心态去参加；其次是行为上的参与，能够在接受培训前就培训主题开展些思考，阅读些资料，就像现在倡导的“先学后教”一样，事先有些准备，培训时更容易引发共鸣；再次，提倡教师要有认知上的参与，接受培训时不仅要记录，还需要及时思考，将学习内容与教学实践建立联系，这样更容易理解培训内容，最好还能够就培训内容产生一些新的想法或者是问题；最后，建议教师在接受培训之后对培训内容进行再学习，就如牛的反刍一样，吃透培训内容才行，否则只依赖于讲座记录，与现实中教师对学生的灌输效果是一样的。

做一名会学习、会思考的教师是如此的重要！教师需要在实践与学习的过程中发展自己的教育主张，这是一个长期的过程，也是曲折的、螺旋上升的，在这个过程中要不唯我、不唯书、不唯上，尊重内心的理性。就像马斯洛所说：获得知识的过程（在各种水平上）和对知识的沉思与享受，正在变成审美观中最丰富的源泉之一，这种感情经验是一种终极的生活欢乐。（亚伯拉罕·哈罗德·马斯洛《科学心理学》）

教学研究不妨“老生常谈”

人们总是喜欢“新”，正如手机明明还能用，只要有新款就买新去旧。这种“逐时新”的文化现象寄托了人们对新的追求。教学研究也“逐时新”，因为要满足社会发展对人才的新要求，例如当下就必须关注教学中落实核心素养的研究；还要适应科技发展的新成果，如大数据、云计算、人工智能、虚拟现实等势必会与教育教学融合，因此“逐时新”是教学研究适应社会发展和科技进步的必然选择。

从宏观角度看，“新”代表的是一种趋势，是社会发展对教育要求新变化的趋势，是教育理论和教育技术发展的必然现象。对教师个体来说，需要在这种大的趋势中寻求自我研究的定位。就教师个体的教学研究来说，逐新未必就要弃旧，旧问题如果没有研究透彻，对教师个体来说就仍然是个新问题，更不用说很多所谓的旧问题都非常值得关注。正如什么是数感？怎样培养学生的数感？在20世纪50年代提出数感以来，得到数学教育界的普遍重视，在2001年出版的《义务教育数学课程标准（实验稿）》中将数感列为核心概念，至最新的《义务教育数学课程标准（2022年版）》中数感仍是核心素养之一。在百度中搜索“数感”的相关结果有216万条之多。那么在现实中，学生关于数感的现状又是什么呢？

2021年6月，笔者在六年级学生中做了个测试，告知学生“甲班50人中有8人得优，乙班49人中有7人得优，丙班49人中有8人得优”，问哪个班的优分率高，并且要说明自己的想法。全班36名学生中有34名选择了计算优分率进行说明，2名学生通过比较分数的大小（$\frac{8}{50}<\frac{8}{49}$，$\frac{7}{49}<\frac{8}{49}$）来说明。有学生表示“一看到优分率就想到了计算”。这个例子和邬瑞香老师所举的例子如出一辙。邬老师的女儿在幼儿园时能解决“一块比萨饼199元台币，3块比萨饼多少钱”的问题，女儿的回答是“付600元，找回3元”；上学以后遇到同样的问题，女儿却告诉妈妈“没有纸和笔就算不出来了”，对此邬老师表示“只差了两年，我女儿就变得不会解题，只会计算了”。邬老师女儿的例子和我所做的调查这两个例子发生的时间间隔至少超过了10年，我们有必要反思当下的教学是否真的重视了数感并且培养了学生的数感？是否真的在发展运算能力而不仅是运算技能？更重要的是，当下是否真的有了发展学生数感的教学研究成果，而不是囿于对数感的理论研讨。

有些教师一会儿研究“有效教学”，一会儿研究“高效教学”，一会儿研究“核心素养”，一会儿研究“双减”，几乎流行什么就研究什么，倒是有些像童话里的狗熊掰玉米，每看见一根新的玉米，就把原先掰下的玉米抛掉，最终什么也没有。顾泠沅先生的青浦实验持续至今已开展了40余年，目前仍在继续。教学研究需要有坐冷板凳的准备，最好就一个主题开展研究，例如开展有关计算教学的研究，确定好研究主题后，就需要落实在一节节课的研究当中。苏教版小学数学教材主编孙丽谷先生曾说，要把每一节课当作公开课来上。研究过程中，学习相关文献，整理研究资料，及时总结并撰写研究成果，最终一定会形成自己的研究成果。千万不要期待很短时间就有成果，就像今天吃了一块肉就思考明天会长在身体的哪个部位一样。

天下大事，必作于细。教学研究需要脚踏实地才行。正如很多教师和家长谈话说要培养孩子好的学习习惯，那么具体的学习习惯有哪些？这些习惯怎样培养？数学教师都知道“理解”的重要性，那么可以从哪些方面判断学生已经理解了？培养学生的元认知很重要，那么怎样培养学生的元认知？诸如此类，需要教师开展研究的内容是非常丰富的。要开展相关的研究，离不开相关的文献研究，了解相关研究的进展和已经取得的成果，这也正是教师专业发展的重要路径。在确定研究方向和内容之后，需要持之以恒地进行，不积跬步，无以至千里。在确定研究目标、研究内容后，制定研究计划，收集研究资料进行整理和分析，及时总结回顾。量变会引发质变，没有量的积累就不会有质的变化。

勿以新旧论好坏。脚踏实地开展教学研究，不妨“老生常谈”，及时汲取最新的研究成果，融合新时代的要求，“老”中自然也会见“新”。对“有效教学”的研究取得成果之后，“高效教学”自然应约而来；当“发挥学生的主体作用”的研究结满硕果，“让学”“理学”“优学”“助学”“展学”“问学”“怡学”“蒙学”等自然殊途同归。相对于理论研究，教学研究更关注教学实践，重视研究成果的可操作性，而不是不断地提出些新名词来，对此就不再一一而论了。

总之，教学研究不可浅尝辄止，不妨“老生常谈”；当不断精进，温故也可知新。

教师怎样开展听课与评课

听课与评课活动是一线教师进行教学研究的常见团队活动，也是教师专业成长的重要方式。要判断听课的效果，关键还在于评课，可以说评课的质量是教学研究活动是否有效的关键。正如我们强调学生参与学习活动要关注学生的参与程度，既要有行为参与，还要有情绪参与和认知参与，教师的听课、评课亦是如此。

教师参加教学研究活动需要有好的情绪参与，即从内心认同该活动对于自己专业发展的重要性。这需要教师有积极的心态面对自己的工作，认识到教学工作的复杂性需要有专业支撑，教学的困惑需要通过研究才能得以解疑，教学的灵感需要通过交流来激发，教学的思想需要通过碰撞来升华。

有了情绪参与的基础，教师就可以在行为参与上提高对自己的要求。即便不是自己上课，也可以做些事先功夫，比如这节课的知识点是什么？教材是怎样编排的？教师和学生在理解知识点时会有怎样的不同？学生可能存在的学习困难是什么？解决的办法是什么？等等。同样，听课时不仅要记录教师的提问、关注学生的回答，还要记录每个环节所用的教学时间、教师的板书设计，也要下位走到学生中观察学生学习的实际状态。

听课时不仅要进行观察与记录，更重要的是将现实的教学过程与自己所做的事先功夫进行验证，如同批阅作文一样，在听课本上及时地写下“旁注”，即你对教学片段的看法。全课结束后要再做个“总评”，将整节课划分为相应的板块，整理出设计脉络，提出对本节课的整体观点，包含值得自己借鉴之处和自己的相应观点。

对于如何评课，并无定论，但总是有共性的，这正如“教有法，无定法”。评课评什么？如何评？这是做好评课活动的两个重要方面。建议教师关注课堂教学中的情感、立意和学生表现。

所谓“情感”，是指教师与学生、学生与学生、师生与数学之间，在教学活动中是否产生发自内心的情感。这是区别教学活动是单纯的、冷冰冰的、机械的知识传授，还是一种充满生命活力的、社会性的学习活动的重要标准。这种真情不是仅靠笑容和礼貌用语便能实现的，师生之情是在师生相互信任与尊重之中从心底里自然流露出来的；师生对数学的情感是建立在充分经历有意义的数学活动之后，生发于对知识的深刻理解基础之上的。

所谓“立意”，是指数学教学中教师对例题处理的“立意”是否直指人的发展。在教学中，应体现出数学知识的社会属性，它包含着数学与生活的联系，以及数学知识中蕴含的人文精神；教学过程中既要学习知识，也要关注为什么要学、学了有什么用；同时要善于结合知识产生历史中所呈现的人们对真、善、美的追求；教学过程还应关注学生的个体学习与团队间的合作学习。学生只有认识到学科价值，才会增强学习的目的性；只有在学习中学会与他人及团队合作，才能更好地发展社会适应力，才会在学习过程中更加投入，使学习更加见效。

所谓“学生表现”，是指教学过程是否有利于学生的发展。在关注数学知识的“逻辑序”的同时，还要考虑是否关注了学生的“认知序”；要关注学生的活动是“程序性参与”还是“实质性参与”；小组合作中是否存在“话语权的霸凌”，每个学生是否都有思考的“时空”，教师要尊重学生，避免发生“思维替代”；要了解教师对生成性教学资源的利用情况；对于教学过程的真实与扎实的情况，教师是否有及时反馈；是否有效地利用学生的错误作为教学资源；在关注技能的同时是否能兼顾数学思维的发展；等等。总之，教学过程是否有利于为学生的发展服务，不仅要看教师“如何教”，更应看这样教是否有利于“学生学”。对教学中的意外，不能单从学生身上找原因，比如“这个班的学生不行”，更应考虑教师教学设计的问题。

有了对课的关注点，评课时自然可以从以上各点谈起，但要避免大而空，也应避免过于纠缠细节。最好做到小中见大，从教学片段的研讨中发现具有共性的问题。

首先，我们在听课前要做深层次的思考。如果就事论事，讨论的结果相应来说就缺少一定的可迁移性。例如就教学“三角形的稳定性”而言，如何避免与“三角形在生活中的牢固性”这一现象混淆，通过一个“就事论事”的研讨，其研讨成果对于这节课当然是有所帮助的，但从更广的角度想，就牵出了另一个话题，即作为教师，对所教的数学内容该掌握到何种程度？又如对计算教学中的学具操作，既要思考对本节课而言，如何优化操作过程，又要做进一步思考，同类型的计算课是否都需要学具操作？如果需要，是否具有一定的范式？如果能从一节课的视角拓展到一类课的研讨，无疑会延伸研课的广度与深度。

其次，要关注将教育理论与教学实践相结合。很多情况下，老师们往往说“这节课上得好”，至于为什么好、怎样做才导致教学效果好，并未深究。因此，我们需要加强自身理论的学习，这样才能体会其中三昧，评课才能品出味道。例如“隔位退位减”法的学习与儿童注意力的分配、短期记忆的特点之间的关系，如何利用相关的心理学研究成果与教学设计有机结合等。从这个角度看，评课不应是单向的，即听课者对上课者的点评，而应是围绕一个问题开展的团体交流。

最后，还应胸怀坦荡，实事求是，勇于提出自己的不同意见。事实上，高质量的研讨往往离不开对问题的争论，这并非要分出谁对谁错，重要的是享受不同思想的交流，触发自己对问题做出更深的思考，以及尝试从不同的角度看待问题。我们必须关注教师批判性精神的培养，这正是教师专业成长过程中一个重要的分水岭，也关系到校园中多元化、民主化氛围的形成。

以下为笔者所做的“分数的意义”一课的听课笔记（见下组图），该课是从分数单位度量的角度认识分数的意义。

分数的意义

3.11

1. 自己想一个分数，说：表示什么（$\frac{2}{3}$…）（$\frac{1}{5}$…）已学过…… 揭题 | 以❷为例，引出 ①"1" ②平均、几份

2. 出示：═══ 以粉作标准，黄彩带有多长？ 带生审题，以粉去量，为标准

（粉5cm…）没长度（粉是黄$\frac{1}{2}$，黄是粉2倍）发现，确实量2次 | ①平放些 ②语言描述

没剩下

═══ 现在（一样长）黄有1个粉那么长。

═══ 又用一些（黄比粉少）怎样才能表示出黄有多长？ | 你认为是1"几分之几 就是以（ ）为单位，有（ ）个这样的单位

（黄是粉$\frac{?}{?}$，用一些，可能平5…）很好，找到平均分

师出示 ═══ 平均分割去量黄彩带，师放视频示范，（发现比$\frac{1}{2}$多一些）

怎么办呢？出示要求：把粉平2.3.4…去量，比较是怎么量的？黄彩带

8'30 有多长？ | 小组中分工合作，组长分配任务，找到结果后在组里说

12'30 3. 反馈（有3个$\frac{1}{4}$粉带那么长）板贴，3个$\frac{1}{4}$根那么长，即$\frac{3}{4}$根 | 发现$\frac{3}{4}$根 关键是什么？$\frac{1}{(\ )}$

困难的（用$\frac{1}{3}$）你说不借助工具，能折得出来$\frac{1}{3}$吗？（折不出来）

用$\frac{1}{3}$去量不行，所以用（$\frac{1}{4}$） | 前面的，单位的 需要和味道 没有出来

16' 4. 回顾过程，比$\frac{1}{2}$长一些，用$\frac{1}{4}$根作单位去量，比$\frac{1}{4}$根长

用$\frac{1}{4}$量，3个$\frac{1}{4}$根，所以黄有$\frac{3}{4}$根粉彩带那么长。 | 突出重点① 标准② 单位

回顾：从开始，用整根粉带去量，后来，比粉短，把粉平均分，用更小的单位去量。

19'37 5. 练习 ① 粉与蓝 ② 粉与绿 | 要缩短时间 | 此处回顾只需突出单位的选择，以例题图为课件底子。

24'30 6. 反馈（蓝有4个$\frac{1}{3}$粉带那么长）用多长的单位合适（$\frac{1}{3}$根）量完，用多长的单位（绿有5个$\frac{1}{4}$根，即$\frac{5}{4}$根那么长） 发现（$\frac{4}{3}$、$\frac{5}{4}$，分子比分母大）

指出图2一说，为什么分子比分母大？（比得再取1份，才能等于蓝/绿的长度）你们发现什么？（蓝比粉长，$\frac{1}{3}$作单位，$\frac{1}{4}$作单位）蓝（$\frac{1}{3}$）绿（$\frac{1}{4}$）说明什么（蓝比绿长）这样对吗？（不是）

发现

（选平均分的分数）不同的分数单位度量，得不同的分数。

将 $\frac{1}{2}$、$\frac{1}{3}$、$\frac{1}{4}$ 去量，得不同的分数。

更小（$\frac{1}{5}$）（$\frac{1}{6}$）（$\frac{1}{7}$）……

31′/7. 出例2. ① $\frac{2}{5}$（涂2份……）为什么2份？（分子2）有2个 $\frac{1}{5}$。

② $\frac{5}{5}$（把0~1平5，涂5）③ 那 $\frac{9}{5}$ 怎么涂？（平分9份）（平5、9份要2个0）

（20. 平5. 一个满. 一个涂 $\frac{4}{5}$）④（$\frac{1}{5}$）⑤ 4份（$\frac{9}{5}$）再涂1份（$\frac{10}{5}$）

分数累积越多，分数越大。

34′15/8. 如果分类，怎么分？（＜分母，＞分母）

数学上，……真分数，……假分数。自己举例，真分数（……）

假分数（……）

36′50/9. 练习 ① 用分数表示涂色部分

② 分母是5的真分数，假分数。（……）

41′/ 请到数轴上来。

真分数在数轴的哪个位置（下）哪一段（0~1）之间。

真分数（＜1） 假分数（≥1）

43′/ 10. 收获（一个分数的真分数是有限的，假分数无限）

分母一定时，（＜1，≥1）（真分数＜分母相同的假分数）

（怎样测量物体）

反馈

① 生汇报 ② 师指出（强调）所用单位 ③ 全班反馈 ④ 小组讨论，比较2个分数的异同 ⑤ 重点 a. 以……为标准（相同） b. 单位不同（不同） c. 有几个单位（方法相同） d. 比……大于1（以此引入下一个例题）

▲ 板书设计重点不明显

教师如何反思教学

教学反思是教师成长的有效路径，通过对具体教学现象的思考，寻找教学的成功与不足，积累教学经验，改进教学行为，更新教学理念，从而实现教师专业素养的提升，这已经成为教师的共识。目前，教学反思中常见的问题有以下几个方面。

反思过于主观，对于出现的教学问题，教师往往简单地将问题出现的原因归咎于学生。

反思无法深入，很多时候教师能发现教学中的问题，却难以想出问题出现的原因及相应的解决方法。正如教师们所反映的——“每次拿起笔写教学反思时，仿佛在写检讨，这节课我哪儿没设计好、没处理好……可究竟该如何改进，改进后真的能比前一次教学效果好吗？教学反思似乎总是在重复那些已有的困惑，真不知这样如何能提高我的教学水平。”“刚开始写教学反思时还有话可说，可越写到后面越觉写不下去，所反思的问题不就是前面课堂中出现过的不足之处吗？真是老调重弹呀！这样重复的、没有深度的、没有寻找到对策的教学反思还需要、还有必要写下去吗？”

反思流于形式，为了完成反思而进行反思。例如有教师的反思是：这节课上得不太好，下次要注意改进。是啊，教学反思不是通过提口号、下要求就能简单实现的，开展有效的教学反思体现了教师的教学素养，教学反思需要与自己的教学经验、理论学习、同伴互助紧密结合，才能将教学反思落在实处。如果只注重形式上的反思而不对教师的教后反思进行相应的指导，会使教学反思流于形式，最终距离我们原先的美好愿望越来越远。

一、反思，从教育的视角进行

学习知识绝不是儿童进学校的唯一目的，教育的根本在于促进人的本质的变化，教育的力量在于引领人发生“精神的作用”。教育可以开发人的各种能力，使其发展为完整的人。所以对于教学中出现的众多教学组织的问题，就应当站在教育的立场思考问题的成因与解决的对策，而不能简单地归咎于学生的纪律问题或参与意识不强等。要从教育文化学、教育人类学思考教学行为，才能从根本上有效地改变教育理念，洞悉简单现象中丰富的教育因素。

有位学生的作业反复出现错误，教师不断地批评他的学习态度，结果学生想要跳楼。我们和学生交流之后，了解到孩子的父亲长期出差，母亲在外地工作，爷爷和奶奶没有辅导孩子学习的能力，尽管孩子付出了努力，但是得到的不是教师的认可，而是鄙视与不屑。出现这样的现象，是一种不幸，也是一种悲哀。这位教师的眼中没有学生，只有正确与错误。好在其本性善良，只是因工作经验不足才造成了这样的现状。我们和教师交流之后，教师和孩子的父母进行了交流，也和孩子建立了良好的师生关系。教师在教学中应该更多地关注孩子的学习情况，给孩子更多的机会去展现自己的学习过程，建立孩子的学习信心。对学生出现的错误，可以请学生先说说自己的想法，再给予合适的指导，帮助学生进步。经过改进教学方法，学生的学习状态发生了很大的变化，最重要的是他接纳了他的老师，不再害怕上课，能正确地面对错误，成绩和原来相比有所提高。要想这位学生有更大的进步，需要很长时间的多方共同努力，对教师来说，需要爱心，更需要恒心。

二、反思，从理论的视角进行

对于出现的学科教学问题，不能只从现象描述方面进行简单的反思记录，还需要分析问题产生的原因，寻求解决问题的方法。例如，“隔位退位减”的教学失误往往与短期记忆的特点及数学知识学习过程的凝聚机制有关，缺少相应的理论学习往往使得教学反思难以深入。所以要达到这样的要求，必须加强理论学习，坚持理论联系教学实际。否则囿于自身水平，教学反思将难以真正落实，教师也体会不到教学反思对教学带来的促进作用。

再如，教学中发现学生在学习“分数的初步认识”一课时经常会出现这样的错误——会用$\frac{2}{4}$或$\frac{2}{8}$表示下图中的涂色部分。

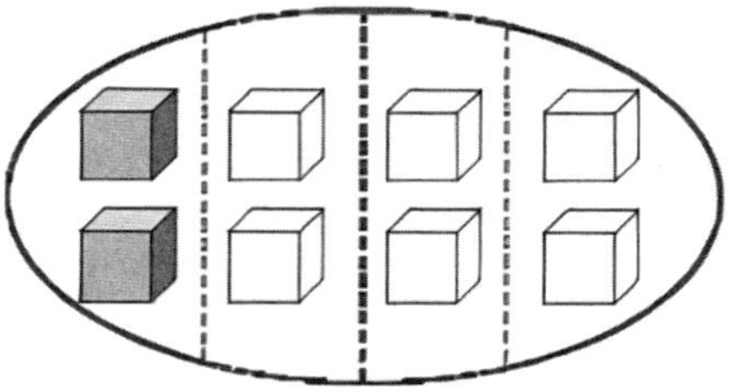

(　　)

为什么每年都会有学生出现这样的错误？这一定与学生学习过程中的知识建构有关，如果不厘清错误的内在机制，即便教师反复强调平均分的份数与涂色部分所表示的份数，这样的错误也一定会反复出现。教师需要对学生进行数学概念学习过程中的心理机制进行探究才行，仔细地了解概念同化与概念形成的过程，并用以分析学生的学习过程。

在学习分数之前，学生都是用整数表示生活中物体的个数。当学生看到两个苹果时，会自动想到“2”，看到5个皮球会想到“5”，他们习惯用整数去表达物体的数量。当要求将两种量进行倍数比较时，在他们眼中看到的是两种量，并且有着明确的比较要求，比较的结果尽管也是整数，但是这与他们用于表示物体个数的整数在理解上是不同的。通常来说，儿童更擅长用整数表示物体个数，迁移与经验在发生作用，我们不妨称之为儿童认识世界的“整数视角”。

在学习“分数的初步认识”时，通常是根据部分与整体之间的关系学习分数，正如教材中“把1个蛋糕平均分成两份，每份是它的$\frac{1}{2}$”，这里的$\frac{1}{2}$反映的是1份与整体之间的关系，也就是我们称之的“分率的倍数关系”。分数当然也可以表示量，1个蛋糕的$\frac{1}{2}$就是$\frac{1}{2}$块蛋糕。这样的描述对三年级的学生来说，并不能区分出其中的不同，像绕口令的语句反而会让其愈发得迷茫，因此教材并不在这里突出分数意义中量的属性，而是通过平均分的份数与要表示的份数之间的关系，来让学生初步理解分数。这样的安排在学习“分数的初步认识”的第一阶段不会对学生产生干扰，因为在第一阶段都是将一个物体进行平均分，其中的1份或几份既是这个物体的几分之一或几分之几，同时又是几分之一个或几分之几个物体。学生这时并不需要特别区分他所写的分数究竟是一个表示倍数关系的分率还是表示具体量的数值，因为写出的分数是相同的一个数。正如下图所示，将一个蛋糕平均分成2份，每人分得多少？我们既可以说每人分得蛋糕的$\frac{1}{2}$，也可以说每人分得$\frac{1}{2}$块，两者并不冲突。

而这种情况在学习“分数的初步认识”的第二阶段时，平衡被打破了：表示1份的分数与这1份中的物体个数不相等。下图是苏教版《数学三年级下册》“分数的初步认识（二）”第七单元的例1，把一盘桃（6个桃）平均分成两份，每只小猴分得这盘桃的$\frac{1}{2}$，分得的桃子有3个。对其中的1份而言，它就是3个桃子，这与学生所拥有的整数视角是一致的，而对于这盘桃来说，就需要将1份与整盘桃进行比较，比较的结果就是一个分数，这样比较的视角不妨称之为“分数视角”，反映的是部分与整体之间的关系。

1 把一盘桃平均分给2只小猴，每只小猴分得这盘桃的几分之几？

两种视角给学生观察同样的对象提供了不同的体验，就例题中的3个桃来说，从整数视角观察，我们看到“3”；从分数视角观察，与整体比较时，我们看到“$\frac{1}{2}$”。事实上，“3”与“$\frac{1}{2}$”表达的是同样的对象，两者相互之间的关系就是量率对应的关系，而观察视角的不同就会有不同的观察结果。同一对象的两种视角在学生的认知过程中形成的冲突是造成分数表达错误的主要原因。接下来，一起看下图所示的例题。前两幅图无论是等分的份数，还是涂色部分的物体个数都不会引发歧义，所以正确率都会比较高。有学生将第三幅图答案填成“$\frac{2}{4}$”，原因在于：等分的份数是4份，每份中有2个。实际应该用1份与4份比较，学生却用1份中的物体个数与份数进行比较，他们在观察1份时，整数视角在发生作用，所以看到的是1份中的2个小正方体。而将结果填成“$\frac{2}{8}$”的同学则是用整数视角观察涂色的小正方体个数与整体的小正方体个数，并没有考虑平均分的份数。通常教师的教学中只关注份数，而不关注每份的个数，更谈不上通过比较让学生发现同一对象的两种表示方式，因此学生在表示分数时，每份的整数个数与平均分的份数之间容易纠缠在一起引发错误。

2. 用分数表示涂色部分。

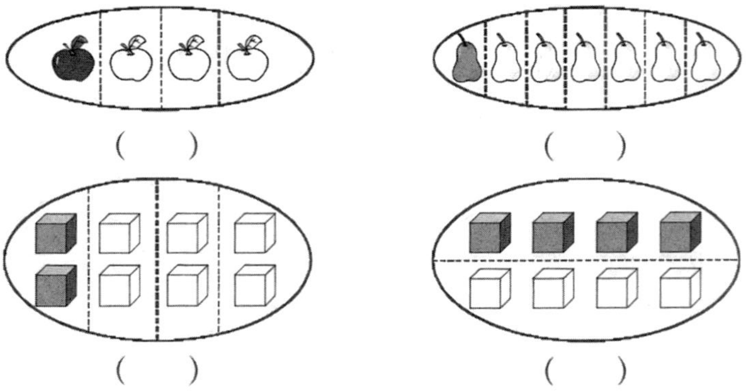

解决这一问题的方法是在教学过程中，让学生观察到同一对象的两种表示方法，在比较的过程中达成认知平衡。教师可以设计如下表格，

让学生在学习过程中逐步填写，并适时地组织学生观察每份的个数与每份表示的分数，让学生体会到在表示分数时是“论份不论个”，不管这份中有多少个桃，它就是1份，所以就是这盘桃的几分之一。

一盘桃的个数	平均分的份数	每份的个数	每份是这盘桃的几分之几
2	2	1	$\frac{1}{2}$
4	2	2	$\frac{1}{2}$
6	2	3	$\frac{1}{2}$
8	2	4	$\frac{1}{2}$

学生通过学习，能够发现在用分数表示时，要关注平均分的份数与所要表示的份数，平均分后每份的个数仍然是客观存在的，只是考虑分数时要看的是份数而不是个数。

三、反思，从学生的视角进行

对于出现的问题，我们不要困在自我认知的范围内寻求解答，既然学生是学习的主体，教学是为了学生的成长服务，我们为什么不征求学生的意见呢？课后要多和学生交流，站在学生的视角看看他们是如何评价的。有了这样的了解，就为有效的教学反思提供了鲜活的材料，也为教学设计的调整提供了方向。

教学过程中，教师往往会站在成人的视角去看待教学现象，不会细致地考虑学生的学习感受，由此出现的教学失误反映的就是教师缺少教育的视角。下面，以苏教版《数学一年级上册》第九单元“认识11~20各数”的教学片段说明。

教师在课件中出示了一些贴纸。

师：同学们，这儿有多少张贴纸呢？我们一起来数一数。

全班同学一起数，共数出12张贴纸。

师：你能用小棒表示吗？请你数出12根小棒，贴在小磁板上，同桌互相检查数得对不对。

学生自己数出12根小棒，同桌互相检查。多数学生是数出12根小棒堆在一起，也有学生将12根小棒1根1根地摆成一排。

师：你能动手移一移、摆一摆，让人一眼就看出是12根吗？

学生调整小棒的摆放。等学生摆好后，教师选择了几位学生的小磁板贴在黑板上。

师：他是怎么摆的？（见下图）是12根吗？我们一起数一数。

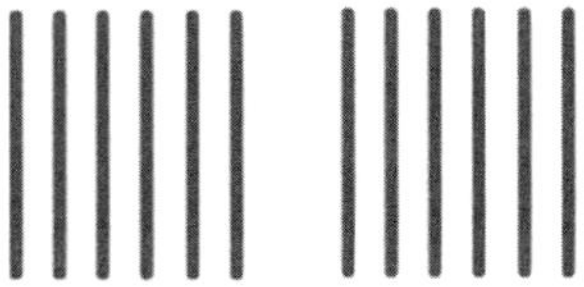

生：是12根，左边有6根，右边有6根。

师：6根6根地摆，是12根吗？（学生答是。）能一眼看出来吗？（学生回答这不能一眼看出来，要数才知道。）

师：再看一下这位同学是怎么摆的？（见下图）

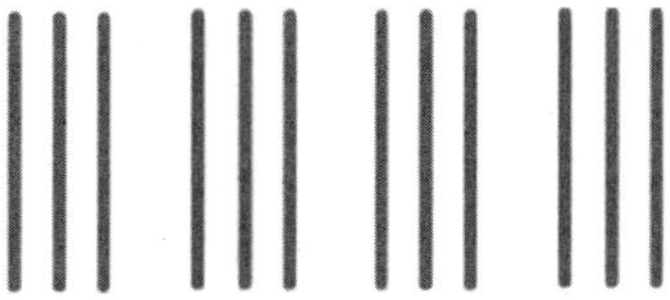

生：他是3根3根摆的，3、6、9、12根。

师：能一眼看出来12根吗？

生：能看出来。

师：能一眼就看出来吗？

生：能。

师：继续看一下这位同学是怎么摆的？（见下图）

生：他是2根2根摆的。

师：能一眼看出是12根吗？

生：能。

师：能吗？

生：能。

师：最后一起看看这位同学的摆法。（见下图）

师：左边摆了10根，右边摆了2根，能一眼看出是12根吗？

生：能。

师：我们通常是这样做的，先数出10根小棒，捆成1捆。10根1捆，就是以前学过的10个1是1个10，谁能这样说一说？（教师贴出下图，并请学生复述。）

师：反过来说，1个10是？（学生口答10个1。）谁再这样说一说？

师：现在好摆了吧！像这样调整一下，把10根小棒捆成1捆，再摆出2根小棒。

学生按教师的要求，将10根小棒捆成1捆，再摆2根小棒。

师：现在我们怎样摆12根小棒？

生：先摆1捆，再摆2根。

教师对于课堂中发生的意外很困惑：为什么问学生“能一眼看出是

12根吗”，学生都回答“能”。按教师的预设，对于其他的摆法，学生应该回答“不能”，通过比较才有利于优化摆法，体会用1捆小棒表示10根进行摆小棒最方便。

学生为什么对不同的摆法都说“能一眼看出是12根”呢？笔者和学生进行了交流，学生回答“能一眼看出是12根”具体有以下几个原因。这些摆法是他们自己想出来的，而且他们知道这些小棒是12根。对老师的提问“你能一眼看出是12根吗”，学生也会有不同的理解方式，他们会将问题理解为“你知道这里有12根吗”；另外，低年级学生总是期待自己的学习行为得到教师的肯定，因此需要表现得自己很厉害的样子，如果回答“不能”，那就显得自己水平低了，回答“能”的才是好孩子。那么，怎样真正帮助学生理解用1捆小棒和2根小棒合起来表示12最好？其本质在于规定了1捆小棒就表示1个10，因此在数小棒根数时，看到1捆就知道表示1个10，只需要再数单根的小棒有多少根，与1个10合起来就是十几。让学生认识这点同样需要有相应的体验活动。还需要关注的是，学生的不同摆法都是对数12的不同表示方式，因此在关注摆法优化的同时，也可以关注理解的多样化，因为这样可以丰富学生对12这个数的认识，12可以是12个1，也可以是2个6，还可以是1个10和2个1等。

有多少教师愿意花时间去倾听孩子的声音、去理解孩子们的想法呢？如果教师不懂孩子，怎么可能开展真正的教育？那样每天在校园里重复的都是类似于工厂流水线上的零件生产，看不到感情的交流，也得不到精神的升华。从上面的分析可以看出，对于这一教学过程的反思，有时并不能囿于教师个体的思考，需要通过与学生交流、理解教材、反思设计等不同的路径进行，才能真正地理解学生，才能站在尊重学生并促进学生发展的角度重新设计有效的教学过程。下面是反思后的教学片段。

师：以下5种摆法，你认为哪一种能让人一眼就看出是12根？

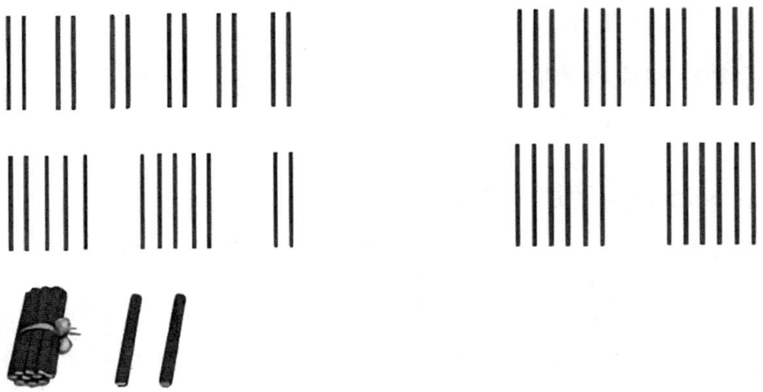

生1：最后一种摆法一眼就能看出来，因为看到1捆就是10根，再加上2根就是12根了。

生2：我喜欢第四种方法，因为2个6很容易看出来。

师：小朋友的想法还很不同呢！下面老师要用不同的方法摆一个数，你能一眼就看出老师摆的是多少吗？（见下图）

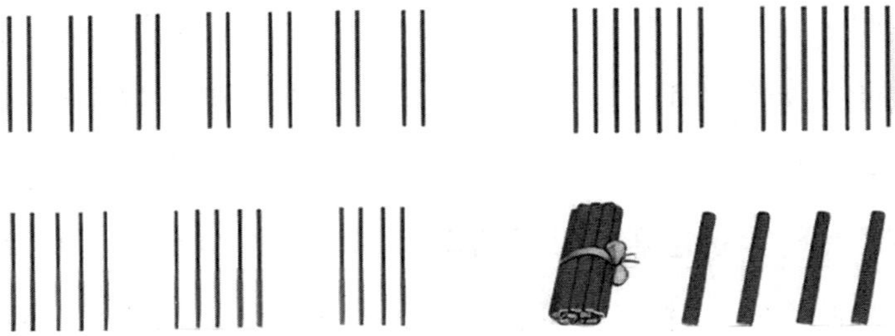

生：你摆的数是14。

师：这4幅图中的小棒都表示14，你们是看到哪幅图就迅速知道这个数是14的呢？

生：我看最后一幅图，一眼就看出来了，1捆是10根，还有4根就是14。

师：是啊，前面的图虽然也表示14，但是都需要数后才知道。我们一起数一数。

教师带领学生数出前三幅图中的小棒数。

师：但是第四幅图，我们一看到是1捆，马上就知道它表示1个10，只要看后面有4根就能知道一共是14根了。这个办法好不好？请小朋友也数出10根小棒捆成1捆。

学生数出10根小棒捆成1捆。

师：你能用这样的方法摆出11根小棒吗？

四、反思，从专题的视角进行

教学反思不能仅就课论课、就现象论现象，这样的反思并不能很好地迁移到其他类似情境中。我们应当尽可能地围绕某个教学理论反思教学，或者围绕同类型的某些课型进行反思，这样从专题的视角进行教学反思，有利于发现教学规律，自觉地与教科研结合起来，可以起到举一反三的效果，真正实现从“教书型教师”向“研究型教师”转变，更大地体现自身价值，更好地为学生服务，更多地体会工作中的快乐。

很多情况下，所谓的“专业发展的高原期”恰恰是教师缺乏研究意识造成的，面临教学实际，教师有着丰富的问题素材可以研究。教师可以反思的专题很多：情境创设的目的是什么？怎样有效地创设教学情境？整数的认数教学有怎样的规律？怎样把握可能性教学过程中的学生操作？怎样发展学生的数感？练习设计的方法是什么？等等。如果能够围绕自己感兴趣的专题开展反思活动，那么必然会在自己的教学实践和丰富的教研活动中，对丰富的课例进行比较与整理，从而寻到心中的答案，提升自己的专业水平。

要有发现数学问题的能力

一、数学学习需要发展“问”的能力

“问”的能力是指在数学学习过程中，针对学习素材、学习过程，发现问题、提出问题的能力。学生在数学课上需要更主动更积极地参与，这种参与并非被动完成教师指令下的学习任务，而是以自主的态度参与到学习过程中。教师要解放思想，鼓励发展学生的批判性思维，让学生用自己的新思想去改变对问题求解的浅层认识。发现问题、提出问题、分析问题、解决问题正是自主学习能力的具体体现，由此实现行为参与、认知参与、情绪参与的高效融合。数学课堂要体现时代发展的需要、社会发展的需要和教育发展的需要。

二、学生需要发展“问”的能力

不过，发现问题、提出问题并不是每一个学生生而知之的，也需要在教师引导下通过学习获得相应的能力。学生往往聚焦于对答案的获取，缺少对其中深刻性原理的关注。例如教学“和的奇偶性”时，教师请学生观察黑板上的算式，问发现什么，学生往往会回答发现了奇数加奇数的和是偶数，偶数加偶数的和也是偶数，奇数加偶数的和是奇数。这是对表象的复述，需要进一步思考：为什么奇数加奇数的和是偶数呢？这是更值得研究的问题。如果人们囿于熟悉的现象而失去思考，就不会出现牛顿因为苹果落地而发现万有引力的事情了。教师的重要作用就是引导学生学会观察与比较，并在此基础上进一步开展深入思考。下面的这些问题就值得引发学生的关注——

书上用什么方法解决问题的？每步的意思是什么？

书上给出了两种不同的解法，它们的相同点是什么？不同点又是什么？

书上给出了不同的解答，为什么最后例题的解答只选用了其中的一种方法？它的优势是什么？

这个例题和过去的知识有联系吗？

…………

教师应将帮助学生学会思考、学会质疑放在教学的重要位置。学起于思，思源于疑，小疑则小进，大疑则大进。教师要鼓励学生质疑，还要教学生怎样开展质疑，质疑本身就是发现问题、提出问题的过程。教师可以从对算法的质疑、对算理的质疑、对评价的质疑、对联系的质疑等方面指导学生开展质疑活动。

不断深入的课程改革，也促使教师尽快更新教学观念，履行更加符合现代社会要求的教师的职责，要站在学生的立场上教。站在学生立场上，并不意味着迁就学生。尊重学生、理解学生是有效教学的前提，但是更重要的是引领学生发展。

促进学生“问”的能力的发展，教师可以从三个方面发展学生“问”的能力。首先是促使学生想问，鼓励学生针对数学问题，将自己想问的问题提出来。其次是教会学生会问，学生学会抓住“是什么”与“为什么”去展开提问。第三是引导学生善问，引导学生抓住学习材料的相同点和不同点进行比较，开展思考。

三、教师需要发展“问”的能力

当下制约学生发现问题、提出问题的主要因素恰恰在于教师发现数学问题的能力不足。课堂中学生提出的数学问题通常较为雷同，就像段子手编的“黄金三问”：你是谁？你从哪儿来？你到哪里去？在课堂中则演变为：它是什么？它是怎么来的？它有什么用？学生结合情境图的提问也常常囿于常见的数量关系当中，教师也基本围绕例题开展教学，一旦问题得到解决，就不会再做进一步深入的思考并提出新的问题，使得对问题的学习和研究往往浮于表面，难以深入，导致有些问题看上去是会了，但只是会解例题，而不是了解类似问题的数学结构。以苏教版《数学五年级下册》“解决问题的策略”的教学为例说明。（见下图）

2 计算 $\frac{1}{2}+\frac{1}{4}+\frac{1}{8}+\frac{1}{16}$。

教材提供了利用几何图形的方法，帮助学生直观理解运用“转化”的策略来解决问题的思路。（见下图）

把正方形看作单位“1”，把算式中的加数填入下图。

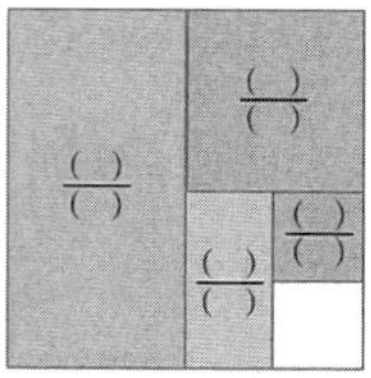

教师在教学中通常只围绕例题进行讲解，学生似乎也掌握得很好。但是学生真的掌握了吗？对学生的课后测试中，笔者设计了一道题：计算“$16+8+4+2+1+\frac{1}{2}+\frac{1}{4}+\frac{1}{8}+\frac{1}{16}$”。学生的解答均为将整数部分与分数部分分开进行计算，有趣的现象在于将这个问题给师范生和教师解答时，多数的解答与学生是一致的。这就产生一个问题：学生是否真的理解了这类问题的解决方法？同样，对教师来说，教师是否理解了例题？从本质上说，这是一个公比为2的等比数列求和问题，小学生学习时，利用几何直观的方法，可以将算式转化为具体的图形结构。那么图中的大正方形究竟表示什么？这实际上是该例题的核心，对例题而言，大正方形表示“1”，也就是2个$\frac{1}{2}$，对课后测试题来说，大正方形表示“32”，即2个16。如果教学中不能对类似的结构进行解析，学生学到的就仅仅是例题而已。

所以，要发展学生发现问题、提出问题的能力，核心还是教师要有发现数学问题的能力。教师在解读例题时，可以从以下几个方面提出问题。

第一，关注逆向思考。例如竖式计算中，加法、减法、乘法都是从低位开始计算，是否可以从高位开始计算？检索相关的数学史不难发现结论，这些都可以成为教学资源。

第二，关注知识本质。例如图形的平移与旋转毫无疑问是图形的运动，那么轴对称为什么也是图形的运动？

第三，关注知识应用。例如用数对确定位置，究竟在生活中有什么用？

第四，关注知识联系。哪些已学知识与例题是关联的？它们有怎样的关系？

第五，关注解法的一般性。例如题目是：小明把960毫升果汁倒入6个小杯和2个大杯，正好都倒满，已知小杯的容量是大杯的$\frac{1}{3}$，那么小杯和大杯的容量各是多少毫升？如果将例题中的“$\frac{1}{3}$”改为“$\frac{3}{4}$”，怎么办？再如这一道例题：在边长10厘米的正方形的四个角上剪去四个同样大的小正方形（边长为整厘米数），然后将剩下部分折成无盖的长方体纸盒，纸盒的容量最大是多少？学生自然可以通过枚举的方法发现本题的解答，不过一旦将“边长10厘米”改为“边长18厘米”，答案是否还与原来一致？更进一步，教师是否满足于让学生通过枚举获得类似问题的答案？会不会组织学生进一步研究其中是否存在一定的规律？

第六，关注例题的变式。例如常见的“草坪问题”：有一个长20米、宽10米的长方形草坪，王叔叔在草坪中设计了两条宽为2米的小路，这个草坪的面积是多少平方米？（见下图）

如果将图形变化为下图呢？

根据调查的情况，教师和学生都会错误地解答这个问题。事实上，当两条小路中的一条与长方形的边平行时，解答方法与原图是一样的。（见下图）

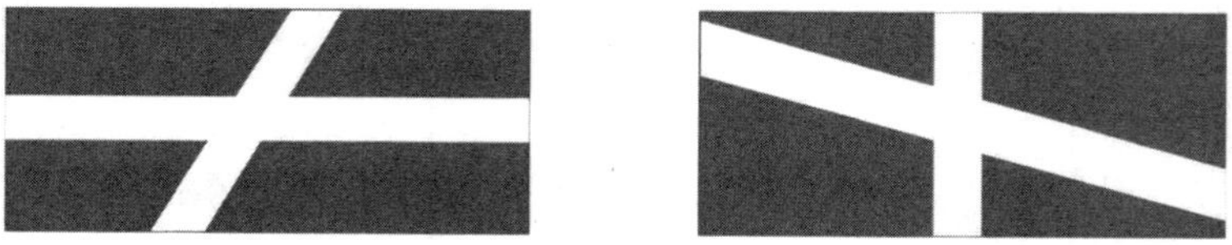

研究是不是到此为止了呢？有兴趣的读者还可以自己试一试当两条小路互相垂直时的情况。类似的例子是比较多的，从例题延伸出去，看一看由此发展出的一系列问题，往往会更加理解例题本身。

第七，关注思维定式的突破。经验的优势在于提高解决相似问题的熟练程度，经验的缺点则在于囿于经验产生的思维定式，限制了解决问题过程中的思路。例如“涂色的正方体”，即将正方体表面涂色后，再切成若干个同样大的小正方体。经调查，诸多教师已经形成了相应的思维定式，认为3面涂色的小正方体就是在原大正方体顶点处的，共有8个。事实上，如果是单层结构的话，3面着色的小正方体并不在顶点处。（见下图）

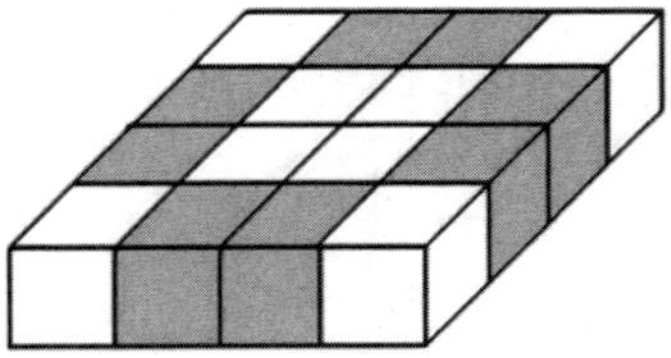

再如，很多教师教学“圆的面积”之后，会提问要求圆的面积必须知道什么条件，引导学生回答必须知道圆的半径，进而回归到相应的公式中。期望通过反复的定向训练帮助学生建立圆面积与半径之间的联系，可以说出发点是好的。不过，这样的教学将知识简单化与绝对化了，视角局限在教材例题之中，忽视了练习的后续发展。事实上，我们既可以通过半径去求解圆的面积，也可以通过半径的平方求解圆的面积。所以，教师如果不能突破思维定式带来的负面干扰，就容易发生将知识教“死”的现象，学生只会机械地进行技能操练，思维却得不到发展。因为这样的定向训练只给学生求解圆的面积留下了一个唯一通道，即圆的半径，会对学生求解其他题目产生负迁移，就像这道题：已知下图中的阴影部分面积都是30平方厘米，试求各图中圆的面积。

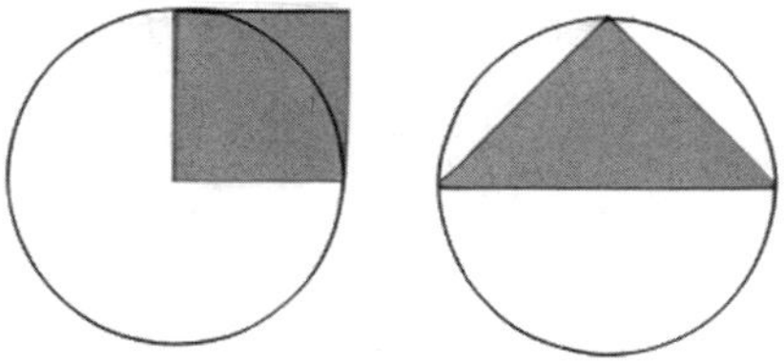

第八，关注题组问题的比较。例如：用2粒算珠可以在计数器上表示哪些三位数？答案是3个（200、110、101）。如果是3粒算珠呢？答案是6个（300、210、201、120、102、111）。这里教师关注的往往是有序思考与一一列举的策略，观察这两个问题，不难发现3粒算珠可以表示的三位数比2粒算珠可以表示的三位数要多。那么是否算珠越多，可以表示的三位数就越多呢？答案显然是否定的，因为如果用27粒算珠，就只能表示1个（999）。这自然能引出另一个有趣的数学问题：分别用1~27粒算珠在计数器上表示三位数，各可以表示多少个三位数？它们之间有什么规律？

数学学习只需要笔、纸和头脑，历史上数学家大多是被各种有趣的数学问题所吸引而投入到数学研究之中。数学学习并不只是学生按照教师的要求去解决一个个预定的问题而掌握相应的知识与技能，而是在学习过程中学会发现新的有趣的问题，并且能够用所学的知识和技能去解决问题，在这个过程中享受思维的乐趣。而比较就是一种重要的学习方法，有利于在学习过程中发现问题。同样，学会比较也能够培养学生举一反三的能力，发展学生的反思质疑水平可以提高学生的元认知水平。只有学会比较，才能避免单纯的题海战术，避免一题一题开展学习，而是一类一类进行学习。

教师要发展自身发现问题的能力，才有可能在教学上重视并发展学生发现问题的能力，才有可能让学生通过“问”，更加逼近问题的本质，看出问题的结构，理解过程中蕴含的规律，这才是“问”的核心价值所在。它直接指向了学习的本质，既学习了知识，发展了能力，同样也拓展了思维，让个人的主体意识得到充分的发展。

四、学习单的设计要关注“问”的设计

纵观多数学习单，仍以例题知识学习为主，内容直接针对例题的解答过程和答案，忽视引导学生思考为什么这样解答，对于自学的方法基本没有涉及，存在重算法轻算理、重知识轻思维的倾向，教学过程中教师也以学习单的反馈取代例题的讲授。这样的现象会使得学习单变异为以教材为蓝本的按图索骥的作业，学生只需将教材中例题的解答过程抄抄便可，至于学习方法几乎没有涉及，更不用谈对学习能力的培养了。下面我们以Y老师设计的苏教版《数学三年级下册》“两位数乘两位数的笔算”学习单为例进行分析。（见下图）

“两位数乘两位数的笔算”学习单

1.我会学

自学第3页例题3，想一想“24×12”可以怎样计算？

2.我会算

用竖式计算“24×12”，想一想书写竖式时要注意什么？

3.我会查

怎样检验“24×12”的计算结果呢？想一想乘法可以怎样验算？

4.我会用

李大爷在蔬菜大棚里种了13垄卷心菜，每垄32棵，一共种了多少棵？

Y老师设计的学习单是以学习“两位数乘两位数的笔算”为主的，安排了4个层次的自主学习内容，由于是以自学课本为出发点，教材中又给出了相应的解答方法和竖式计算格式，学生通过模仿可以在学习单上完成相应的内容。这样的学习难以触及深层理解，即便学生能通过模仿来完成相应的计算，也并不表示对两位数乘两位数的计算方法达到融会贯通的程度。当然，仅靠学生的自主学习很难达成这样的目标，还需要教师在教学过程中通过提问、思考、交流来促进学生的深层理解。Y老师的课堂教学又是如何开展的呢？我们一起看一下。

师：请同学们回顾学习单上的要求，并和同桌说一说你是怎样完成的。（学生开展交流。）

师：例题要我们求12箱南瓜，每箱24个，一共多少个？书上的方法只写了一半，剩下的一半你们想出来了吗？

生：可以用“24×6”，再乘2。就是把2箱看成1组，一共有这样的6组。

师：第二种方法又是怎样想的？

生：可以用“24×10”，再用“24×2”，最后把它们加起来。

师：也就是怎样分的？

生：分成10箱和2箱。

师：除了这样的方法，我们还可以列竖式。竖式计算分几步呢？和同桌说说你的想法。

生：第一步用“2×24”，求出的是2箱南瓜的个数；第二步是用“10×24”，得到240，就是10箱南瓜的个数。

师：这个10是十位上的1，乘以的24表示24个10，所以4要写在哪一位上？

生：写在十位上，表示24个10。

师：最后把它们加起来就得到12箱南瓜有多少个了。怎样验算呢？说一说你是怎样验算的。

生：可以调换24和12的位置再乘一次。

Y老师的课堂教学虽然也经历了学生的同桌交流和全班汇报，完成了教材例题中的相关内容，总体看还浮于表面。如果学习单的设计和相应的教学过程都只关注知识结果而不关注知识的形成过程，只关注例题提供的解答而不关注意义的建构，只呈现零碎的知识片段而不关注算法之间的比较，就会出现“只见树木，不见森林”的教学结果。学习单的设计必须关注发展学生的思维品质，要向“讲活”“讲懂”“讲深”的方向改进。“讲活”就是指教师应该向学生展示活生生的数学研究过程，而不是死的数学知识；“讲懂”就是指教师应当帮助学生真正理解有关的教学内容，而不是死记硬背；“讲深”就是指教师在教学过程中不仅让学生掌握具体的数学知识，而且帮助学生领悟数学内在的思维方法。

对于两位数乘两位数的笔算，教材例题为“幼儿园购进12箱迷你南瓜，每箱24个。一共有多少个？”并且提供了情境图和两种不同的解题思路。（见下图）

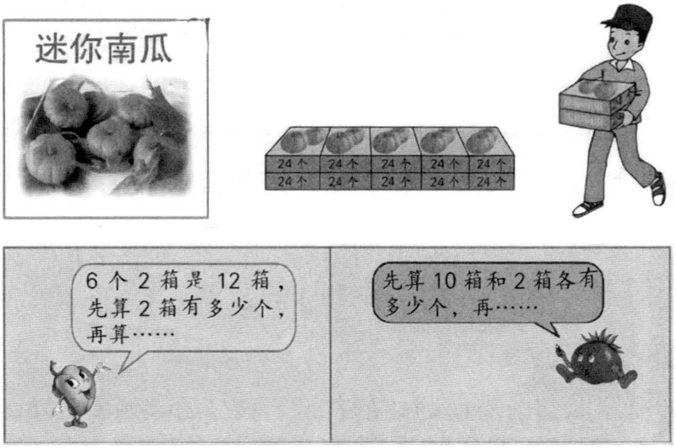

教材的情境图很好地解释了笔算竖式的算理，因此怎样结合情境图促进学生的有意义理解是需要考虑的。教材提供了两种解题思路，这两种思路的本质都是“拆”，但是“拆”的方法不同：第一种思路是将一个乘数拆成两数之积的形式，再利用乘法交换律与结合律进行计算；第二种思路是将一个乘数拆成两数之和的形式，再利用乘法分配律进行计算。那么从这个角度分析，还可以怎样拆？是不是还可以有以下的方法：

$24\times12=24\times3\times4$

$24\times12=24\times4\times3$

$24\times12=24\times6\times2$

$24\times12=24\times(9+3)=24\times9+24\times3$

…………

这样的拆法可以怎样通过数形结合的方式来理解呢？是否可以从点

子图开始，例如“24×12=24×3×4”可以用下图表示。

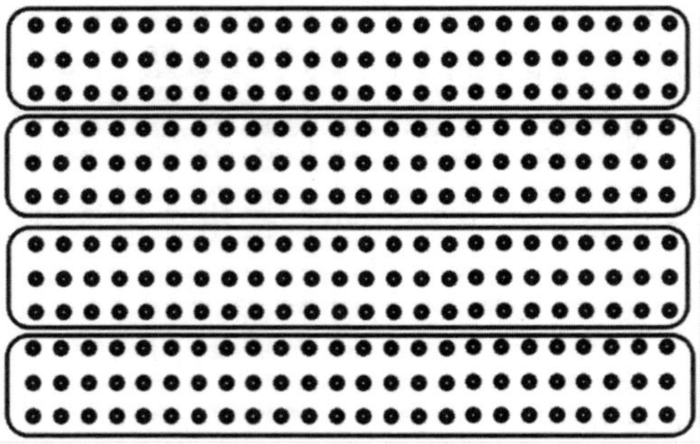

“24×12”的乘法竖式显然采用了“24×12=24×（10+2）”的拆法，这就值得思考，这么多拆的方法，为什么选用这个方法来进行竖式计算呢？这个方法有哪些优势？如果是计算“24×13”可以怎样拆？如果计算“17×13”可以怎样拆？把这些问题想透了，两位数乘两位数笔算竖式的道理就真正弄清楚了。

想要达到促进学生深层理解的目的，既需要关注学习单的设计，同时又需要教学设计向“讲活”“讲懂”“讲深”的方向迈进。由于学习单是教学设计的基础，所以学习单的设计绝不是一件简单地将例题内容进行模仿的事情，这样做只会导致“伪学习”的发生。学习单的意义在于帮助学生在自主学习知识的过程中学会思考，掌握学习方法，从而学会学习。因此“思”是学习单的核心要素。思什么？怎样思？应该成为学习单设计的核心。

学习单的设计应将促进理解放在核心地位。教师在设计学习单的过程中应促进学生学会结合情境对例题的解答赋予意义。从这个角度考虑，结合情境对每个解题步骤所表达的意义进行解释就显得尤为重要。在上述案例中，对于教材中给出的两种解题方法，教师应该引导学生结合图意表述每个步骤的意义。教师还要引导学生学会观察与比较，并在此基础上进一步开展深入思考。

学习单的设计应将帮助学生学会质疑放在重要地位。学生有种观念认为学习之后还有疑问是能力不足的表现，所以总是希望表现出“我都会”的状态，这种现象与任课教师的教学行为有关，教师要鼓励学生质疑。光鼓励还不够，还要教学生怎样开展质疑。不过，教学中也确实存在学生不会质疑的现象，因为当指向唯一例题结果时，过程就被自动忽略了。教师可以从下面几个方法指导学生开展质疑活动，并且在学习单的设计中安排相应的质疑环节。

第一，对算法的质疑：书上的解法分几个步骤？还有什么解法？

第二，对算理的质疑：每步的意思是什么？可以用图表示吗？

第三，对评价的质疑：不同解法的特点是什么？哪种解法好？好在哪里？其他的解法有优势吗？

第四，对联系的质疑：和过去的什么知识有联系？还能解决什么问题？

这些质疑活动旨在培养学生的思维习惯，不仅能解决问题，还会通过解决问题理解相应知识的形成过程，这种刨根问底的思维习惯对于促进深层理解是有益的，并且有利于知识的迁移运用。

基于上述的考虑，仍以苏教版《数学三年级下册》“两位数乘两位数的笔算”为例，展现一下更新后的学习单。

“两位数乘两位数的笔算”学习单

1.阅读课本第3页至第4页例3，并划出你认为重要的地方。

2.小青椒的算法是先求什么？再求什么？你能在下图中圈一圈吗？

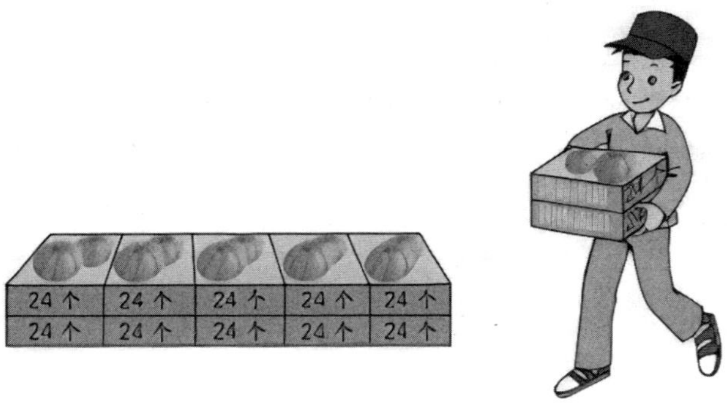

如果用点子图表示小青椒的算法，你能圈一圈表示吗？

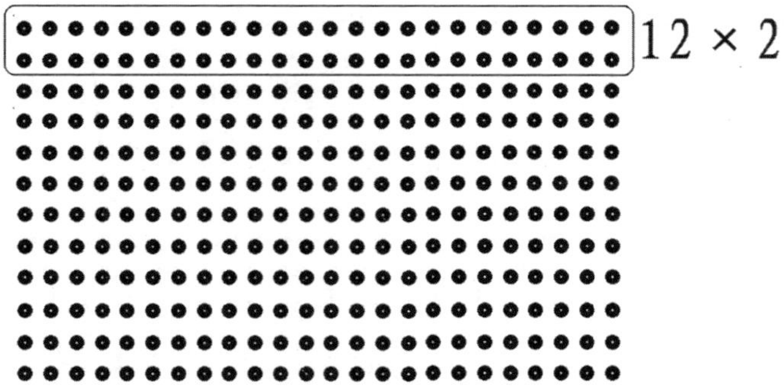

3.小番茄的算法是先求什么？再求什么？你能在图中指一指、说一说吗？

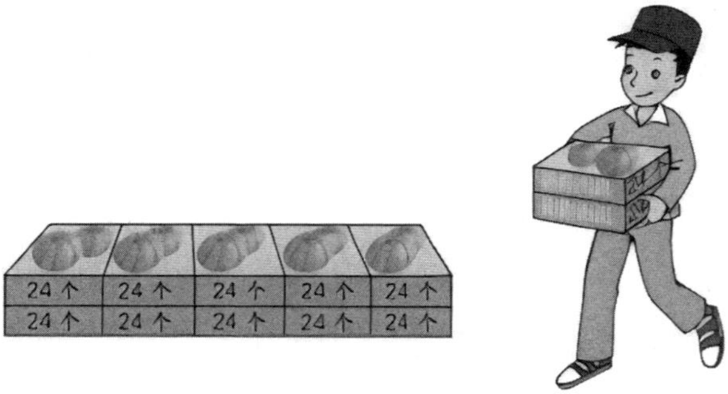

如果用点子图表示，你能圈一圈表示出小番茄的方法吗？

4.比一比两种方法，你能发现它们有什么相同点和不同点吗？

5.你还能想到其他方法计算“24×12”吗？可以在下面的点子图中圈一圈、写一写。

6.第4页“24×12”的笔算竖式和上面哪种方法的道理相同？你能说出竖式中的每一步求的是什么吗？

7.想一想，如果计算“17×13”，你会选择哪种方法计算？为什么？

8.你还有什么想法或者问题，写在下面。

当然，要发挥好学习单的作用，仅靠设计学习单还是不够的，也应该在体现学生学习主体性的相应的教学过程中下功夫，这种主体性更深刻地反映在学生学习的参与程度上。在课堂活动中，教师应鼓励学生通过口述或书面的形式表达自己的想法，学生应把学数学看成班级群体的一种活动，既有个人的理解，又需要在与他人交流的过程中不断地完善，要学会以集体合作的方式解决问题，也要学会在各种想法和办法的冲突中，做出令人信服的论证。

好的教学过程，总是以教师的“教”引导出学生的“问”来贯穿始终的。教师要很好地处理讲授与学生自主学习之间的关系，以学生为本，通过课前对学生问题的了解，及时地调整教学预案，更合理地安排学习材料的次序及相应的组织方式。教学本身并不排斥教师的作用，并且对教师提出了更高的要求，教师要通过提高自身的专业素养为学生解决问题提供更好的学习环境。正如奥苏伯尔指出的，无论是接受学习，还是探究学习，关键要看是否有意义。在课堂中，教师的提问与学生的提问共同构成学习的主线，在“问”的过程中，实现教学相长。发现问题能力的发展会进一步创造伙伴学习的“时空”，如同桌互助、小组讨论等，从而形成更紧密的学习共同体，有效地将课内学习与课外研究整合起来，并促进学校校本课程的开发，学生也会成为校本课程开发的积极参与者。师生共同达到想问、会问、善问的层次，学会工作，学会学习。问学于道，最终实现从学科教学向学科教育的视角转换，达成全科综合教育，走向促进师生全面发展的理想境界。

参考文献

[1]盖伊·莱弗朗索瓦兹．教学的艺术[M]．佐斌，等，译．北京：华夏出版社，2004.

[2]吕赞．只教给学生知识就够了吗？[N]．中国教育报，2007-05-18（5）.

[3]佐藤学．学习的快乐——走向对话[M]．钟启泉，译．上海：复旦大学出版社，2007.

[4]全美数学教师理事会．美国学校数学教育的原则和标准[S]．蔡金法，等，译．北京：人民教育出版社，2004.

[5]王蒙．我的人生哲学[M]．北京：人民文学出版社，2000.

[6]朱正．字纸篓[M]．广州：广东人民出版社，2000.

[7]胡典顺，何晓娜，赵军．数学教学走向对话[J]．数学教育学报，2008，17（3）：11-13.

[8]小威廉姆·E．多尔．后现代课程观[M]．王红宇，译．北京：教育科学出版社，2004.

[9]严士健．面向21世纪的中国数学教育[C]．南京：江苏教育出版社，1994.

[10]萧文强．数学史和数学教育——个人的经验和看法[J]．数学传播，1992，16（3）：23-29.

[11]巩子坤，等．2006~2007数学教育高级研讨班纪要[J]．数学教育学报，2007，16（3）：99-102.

[12]王新民，等．数学“四基”中“基本活动经验”的认识与思考[J]．数学教育学报，2008，17（3）：17-20.

[13]孔企平. 数学教学过程中的学生参与[M]. 上海：华东师范大学出版社，2003.

[14]孙晓天. 数学课程发展的国际视野[M]. 北京：高等教育出版社，2003.

[15]陈向明. 谁决定教师的专业需求[N]. 中国教育报，2007-11-10（3）.

[16]巩子坤，宋乃庆. “统计与概率”的教学：反思与建议[J]. 人民教育，2006（21）：24-27.

[17]中华人民共和国教育部. 义务教育数学课程标准（2022年版）[S]. 北京：北京师范大学出版社，2022.

[18]B. A. 苏霍姆林斯基. 怎样培养真正的人[M]. 蔡汀，译. 北京：教育科学出版社，1999.

[19]潘小福. 小学数学教材的专业化解读[M]. 南京：江苏凤凰教育出版社，2017.

[20]斯苗儿. 小学数学课堂教学案例透视[M]. 北京：人民教育出版社，2003.

[21]王东敏. 今天，我们怎样备课（上）[J]. 教育研究与评论：小学教育教学，2010（2）：16-24.

[22]刘艳，王凌. 开展学情调查，实现有效教学[J]. 教育研究与评论：小学教育教学，2010（10）：9-12.

[23]王凌. 对《隔位退位减》的教学思考与实践[J]. 教育研究与评论：小学教育教学，2011（6）：65-70.

[24]郜舒竹. 小学数学这样教[M]. 上海：华东师范大学出版社，2015.

[25]王凌. 教学设计应关注教学法的选择[J]. 教育研究与评论：课堂观察，2016（5）：57-61.

[26]曹才翰，章建跃. 数学教育心理学[M]. 北京：北京师范大学出版社，2002.

[27]中华人民共和国教育部. 义务教育数学课程标准（2011年版）[S]. 北京：北京师范大学出版社，2011.

[28]戴维·A. 苏泽. 人脑如何学数学[M]. 赵晖，等，译. 上海：上海教育出版社，2019.

[29]朱莉娅·安吉莱瑞. 如何培养学生的数感[M]. 徐文彬，译. 北京：北京师范大学出版社，2007.

[30]王林，等. 小学数学课程标准研究与实践[M]. 南京：江苏教育出版社，2011.

[31]吴正宪. 小学数学教学基本概念解读[M]. 北京：教育科学出版社，2014.

[32]王凌. 估算要求的变化及教材编写分析[J]. 小学数学教育，2015（Z2）：35-37.

[33]王凌. 关于数学教育若干重要问题的探讨[J]. 人民教育，2008，7：39-45.

[34]陈丽兰. 小学四～六年级儿童估算策略选择的干预研究[J]. 数学教育学报，2011，20（3）：63-66.

[35]董奇，张红川. 估算能力与精算能力：脑与认知科学的研究成果及其对数学教育的启示[J]. 教育研究，2002，（5）：46-51.

[36]J. L. Martin. 教与学的新方法·数学[M]. 史静寰，审译. 北京：北京师范大学出版社，2004.

[37]郑毓信. 数学教育哲学[M]. 成都：四川教育出版社，2001.

[38]顾泠沅. 教学改革的行动与诠释[M]. 北京：人民教育出版社，2003.

[39]胡作玄. 数学是什么[M]. 北京：北京大学出版社，2008.

[40]郭庆松. 做数学：思想渊源与课程实施[J]. 教育研究与评论，2022（2）：40-43.

[41]臧楠楠. “小游戏”有“大学问”——王凌老师《结果为0的秘密》一课教学赏析[J]. 教育研究与评论（课堂观察），2020（6）：41-45.

[42]顾汝佐，叶季明，王明欢. 小学教学全书（数学卷）[M]. 上海：上海教育出版社，1998.

[43]约翰·D. 布兰思福特，等. 人是如何学习的：大脑、心理、经验及学校[M]. 程可拉，孙亚玲，王旭卿，译. 上海：华东师范大学出版社，2013.

[44]亚伯拉罕·哈罗德·马斯洛. 科学心理学[M]. 方士华，译. 北京：北京燕山出版社，2013.

[45]李士锜. 熟能生巧吗[J]. 数学教育学报，1996，8（3）：46-50.

[46]姜勇，高维华. 教师教育转型研究："虚拟现场"与教师成长[J]. 全球教育展望，2006，35（06）：56-59.

[47]弗赖登塔尔. 作为教育任务的数学[M]. 陈昌平，唐瑞芬，译. 上海：上海教育出版社，1995.

[48]成尚荣. 儿童立场：教育从这儿出发[J]. 教育理论与实践：学科版，2008，28（06）：4-5.

案例索引

书中案例有的涉及苏教版小学数学教学例题分析，整理下表，便于读者查询。

案例名称	年级	单元	例题	篇章名称
认识11～20各数	一年级（上）	第九单元	例1	教师如何反思教学
9加几	一年级（上）	第十单元	例1	例题加工的常用方法
认识100以内的数	一年级（下）	第三单元	例1	从发展数感的视角设计认数教学
两位数加一位数（进位）	一年级（下）	第六单元	例1	厘清认识，发展运算能力
怎样变得同样多	二年级（上）	第一单元	例3	发现例题背后隐藏的风景
有余数的除法	二年级（下）	第一单元	例1	例题加工的常用方法
两位数加两位数的口算	二年级（下）	第六单元	例1	新教师怎样备课
隔位退位减	二年级（下）	第六单元	例7	教学方法的选择（二）
两、三位数乘一位数	三年级（上）	第一单元	例5	从单元整体视角把握单元例题关系
分数的初步认识（一）	三年级（上）	第七单元	例1	从发展数感的视角设计认数教学
两位数乘两位数的笔算	三年级（下）	第一单元	例3	厘清认识，发展运算能力
分数的初步认识（二）	三年级（下）	第七单元	例1	教师如何反思教学

案例名称	年级	单元	例题	篇章名称
小数的初步认识	三年级（下）	第八单元	例1	从发展数感的视角设计认数教学
认识垂线	四年级（上）	第八单元	例6	从“不怕慢，就怕站”谈起
旋转	四年级（下）	第一单元	例3	例题加工的常用方法
近似数教学引入	四年级（下）	第二单元	例6	学生发展是有效教学的出发点
认识整万数	四年级（下）	第二单元	例1	教学方法的选择（一）
求一个数的近似数	四年级（下）	第二单元	例7	例题加工的常用方法
乘法分配律	四年级（下）	第六单元	例5	厘清认识，发展运算能力

注：该书案例的例题内容如未特别注明均以苏教版小学数学教材2013年版为准。

后　记

我从2002年开始从事小学数学的教研工作，工作中经常会面对教师提出的各类问题，由此引发出自身对教研工作的诸多问题，其中特别关注的是教研工作能否摆脱经验而是有规律可循的、培训内容能否避免散点式的而成为具有相应课程模式的，以及能否揭示出教师专业发展内在的规律与发展阶段。

三十而立，四十不惑。于我而言，在而立之年经历了学习与工作的历练，立下工作的志向；在几近于不惑之年时，更应该进一步明晰志向，不再左右摇摆，“不惑”更似“明志”。记得是在2007年，我曾对同事开玩笑说：“人生为一大事而来，做一大事而去。”那么开展对小学数学教师专业发展的探索就是我这一生的大事了。

在十五六年前（具体时间记不清了），每年暑假南京市教育局都会在金陵中学河西分校开展农村骨干教师培训和市骨干教师培训。在培训过程中，我将当时总结出来的一些经验、方法向学员做了介绍，我将其称为“教学技术”，而好友提出“教学艺术”更合适，因为“技术”一词相对于工业更合适，而教育应该成为“艺术”。我想，当教学工作成为“艺术”的时候，自然也就更接近教育了，但是对于职初教师而言，他们更需要的是“技术”，也就是教学方法中的“规范”。有感于“教有法而无定法，贵在得法”，描述了一个令教师向往的教学艺术境界。不过，我们不能忽视这样一个事实：要达到“无定法”“得法”的境界，重要的前提是“有法”。教学中诸多失误的出现，其根本原因在于教师还没有掌握相应的教学方法，因此，教师专业成长的一个有效路径就是聚焦于教学中存在的问题并且及时地反思、纠误。

当年，我曾向南京市小学数学教研员陈双九老师、南京市小学教师培训中心金春平老师汇报过我的做法，他们都很支持。在二十多年的小学数学教研工作中，我持续关注年轻教师的就职现状，了解他们的发展需求，研究他们的教学实践，在改进他们存在的教学失误中力求寻找具有普遍意义的方法，从现状调查、教师观、学生观、教学方法研究、教师的自我发展等方面进行了一些思考，围绕职初教师的专业发展撰写了一些研究文章。缘于凤凰出版传媒集团游建华先生和朱凌燕女士的支持，我在《教育研究与评论》杂志开辟了"诊断有道"专栏，撰写了一系列面向职初教师的有关教学失误及其改进的文章，感谢杂志主编严秀蓉女士，编辑杨春、顾俊的辛勤工作。我想将这些年的研究成果结集成书，又恐还不成熟，在和南京大学吕林海教授、晓庄学院刘娟娟教授、苏教版小学数学教材编委侯正海老师、《小学生数学报》副主编殷英老师交流了我的想法后，得到了他们的肯定与支持。

这是一本写给从事小学数学教学工作的年轻教师的书，希望能对年轻教师的专业发展起到一些作用。感谢南京市教科所刘大伟所长为图书的出版做出的努力，并在撰写过程中对整体框架的构建提出了建议。感谢南京出版社提供了出版机会，感谢编辑们的辛苦付出，感谢在研究过程中向我提供帮助的所有人！